Zimmer — Leerkörper

EPISTEMATA

WÜRZBURGER WISSENSCHAFTLICHE SCHRIFTEN

Reihe Literaturwissenschaft

Band 584 — 2006

Christina Zimmer

Leerkörper

Untersuchung zu Franz Kafkas
Entwurf einer medialen Lebensform

Königshausen & Neumann

Bibliografische Information Der Deutschen Bibliothek

Die Deutsche Bibliotnek verzeichnet diese Publikation in der Deutschen Nationalbibliografie; detaillierte bibliografische Daten sind im Internet über <http://dnb.ddb.de> abrufbar.

D 5

© Verlag Königshausen & Neumann GmbH, Würzburg 2006
Gedruckt auf säurefreiem, alterungsbeständigem Papier
Umschlag: Heinz Carapezza, Bornheim
Bindung: Buchbinderei Diehl+Co. GmbH, Wiesbaden
Alle Rechte vorbehalten
Dieses Werk, einschließlich aller seiner Teile, ist urheberrechtlich geschützt.
Jede Verwertung außerhalb der engen Grenzen des Urheberrechtsgesetzes ist
ohne Zustimmung des Verlages unzulässig und strafbar. Das gilt insbesondere
für Vervielfältigungen, Übersetzungen, Mikroverfilmungen und die Einspeicherung
und Verarbeitung in elektronischen Systemen.
Printed in Germany
ISBN 3-8260-3465-1
www.koenigshausen-neumann.de
www.buchhandel.de
www.buchkatalog.de

Meinen Musketieren
Ingchen, Senhor und Claudl

Inhaltsverzeichnis

Einleitung 9
Forschungsvorhaben 13

I. Grundkonflikt: *Beschreibung eines Kampfes*, 1. Fassung 25
   1. Die intrasubjektive Spannung 25
   2. Die Krise des Subjekts: Die Rahmenhandlung 26
   3. Die Trägheit der *res extensa* – der Dicke 31
   4. Die Haltlosigkeit der *res cogitans* – der Beter 37
   5. Die Auflösung von *res cogitans* und *res extensa* 48
   6. Kafkas Idee eines „fraktalen Subjekts" 58

II. Problemanalyse: *Beschreibung eines Kampfes*, 2. Fassung 65
   1. Wenn das Denken aufs Glatteis führt: Die Rahmenhandlung 65
   2. Vom Denken genarrt oder närrisch durchs Denken? 77
   3. „Zugrundegehn" als Ausweg 85
   4. Vom Ausweg zur Lebensform 94

III. Versuchsaufbau: *Hochzeitsvorbereitungen auf dem Lande* 103
   1. Leben als unaufhörliche Vorbereitung 103
   2. Der mediale Stellvertreter übernimmt das Leben 104
   3. Selbstvergessenheit und mediale Existenz 111
   4. Entstehung des Leerkörpers durch Selbstvergessenheit 117

IV. Versuchsdurchführung 121
   1. Der Selbstversuch: Kafkas Briefe an Felice 121
   2. Betrügen ohne Betrug: Das Verführungsspiel 127
   3. Kafkas Vision einer vernetzten Welt 135
   4. Medialität als Schutzraum 141
   5. Exkurs: Entwurf einer medialen Gemeinschaft 146

V. Versuchsprotokoll: *Ein Bericht für eine Akademie* 153
   1. Die mediale Lebensform als Ausweg? 153
   2. Die Erzählung als Leerkörper 162

VI. Abschlussbericht 167
   1. Die Abrechnung mit der Hungerkunst: *Forschungen eines Hundes* ... 167
   2. Exkurs: Entwurf einer tätigen Gemeinschaft 185

Literaturverzeichnis 195

Einleitung

Franz Kafka wurde am 3. Juli 1883 in Prag geboren; er starb nach einem kurzen, durch Krankheiten gekennzeichneten Leben am 3. Juni 1924. Der Zufall wollte es, dass sein Geburtsjahr mit der Veröffentlichung zweier Werke zusammenfiel, die auf sehr gegensätzliche Weise die Zukunft des Menschen im 20. Jahrhundert zeichnen: Friedrich Nietzsches *Also sprach Zarathustra* und Friedrich Engels *Die Entwicklung des Sozialismus von der Utopie zur Wissenschaft*. Beide Werke entwerfen Zukunftsvisionen, die unterschiedlicher nicht hätten sein können: Auf der einen Seite formulierte Nietzsche die Forderung nach uneingeschränkter Selbstentfaltung und die Bejahung der Macht des Stärkeren; auf der anderen Seite proklamierte Engels soziale Verantwortung und den Schutz der Schwächeren als Ziel der gesellschaftlichen Entwicklung. Beide Theoretiker zeigten eine mögliche Richtung auf, welche die Entwicklung an der Schwelle zum neuen Jahrhundert nehmen konnte. Welcher Weg sollte eingeschlagen werden?

Die Beantwortung dieser Frage beschäftigte auch Kafka; die Suche nach dem richtigen Lebensweg wurde für ihn zum persönlichen Anliegen. Sein Leben war geprägt vom Versuch einer Positionsbestimmung, von der Suche nach einem Platz in der Welt. Mit knapp dreißig Jahren hat er sich offenbar eingerichtet im Leben: Ende 1912 bittet er Felice Bauer, ihm keine Ratschläge hinsichtlich seiner Lebensführung zu geben. Dies sei überflüssig, „da ich Dir doch schon geschrieben hatte, wie froh ich bin, die gegenwärtige Lebensweise gefunden zu haben, welche die einzige halbwegs befriedigende Lösung der Widersprüche ist, in denen ich leben muß." (F, S. 112)

Offen lässt er, welcher Art die „Widersprüche" sind, die das Spannungsfeld seines Lebens bilden, aber es ist anzunehmen, dass die Koordinaten, innerhalb deren sich seine Verortungsbemühungen vollzogen, mit der in der Forschungsliteratur immer wieder angeführten Dichotomie von bürgerlicher Existenz und Künstlertum nur unzureichend beschrieben sind. Zum Problem wurde Kafka nämlich nicht nur die Entscheidung zwischen Brotberuf und Berufung, sondern grundsätzlich jede definitive Entscheidung. Er fürchtete, die Verantwortung für eine eigene Willenserklärung übernehmen zu müssen. Wenn er eingesteht: „Verantwortungen weiche ich aus wie eine Schlange" (F, S. 196), kann dies als Bekenntnis eines feigen Menschen aufgefasst werden oder aber als Bekenntnis eines besonders skrupulösen Menschen, der glaubt, Entscheidungen nur dann treffen zu können und zu dürfen, wenn, um ein Wort des promovierten Juristen zu verwenden, die Faktenlage zweifellos ist. Mag es diese Situation in der Juristerei geben – im alltäglichen Leben gibt es keine eindeutigen Tatbestände. Kafkas Entscheidungsunfähigkeit resultierte aus dem Erkenntnisdilemma, das im *Prozeß* pointiert formuliert ist: „Richtiges Auffassen einer Sache und Mißverstehen der gleichen Sache schließen einander nicht vollständig aus." (KKA 3, S. 229) Und im Bewusstsein einer unsicheren Faktenlage soll man entscheiden und handeln können? Eine unmögliche Vorstellung für Kafka.

So bereitete ihm das wirkliche Leben, wie sein Ringen um die Ehe, seine ohne Konsequenzen bleibende Abneigung gegen den Brotberuf oder seine prinzipielle Unfähigkeit, Entscheidungen zu treffen, zeigen, große Schwierigkeiten. Die kognitive Verarbeitung einer unmittelbaren Realitätserfahrung wurde für ihn zum Problem. Er fürchtete sich vor der Realität. Eine Begegnung mit ihr empfand er als schmerzhaft, so dass er sich jeder unmittelbaren Konfrontation entziehen wollte.

Ein wesentliches Merkmal seines problematischen Verhältnisses zur Realität war eine Angst, die man heute vermutlich als ‚Sozialphobie' bezeichnen würde. Paradoxerweise hatte er nur so lange das Vermögen zur sozialen Interaktion, solange das Verhältnis zum Anderen insofern fiktiv war, als es noch nicht offiziell beglaubigt und damit real geworden ist. An Felice Bauer schreibt Kafka, dass die Legitimierung ihres Verhältnisses durch eine Ehe für ihn ein unüberwindliches Hindernis darstelle. Selbstverständlich könne er den ersten Schritt wagen und ihrem Vater schreiben, aber über diesen schriftlichen Vorstoß in die Wirklichkeit könne er nicht hinausgehen, denn „bei der geringsten Annäherung der geringsten Realität wäre ich unbedingt wieder außer Rand und Band und würde ohne Rücksicht, unter dem unwiderstehlichsten Zwang das Alleinsein zu erreichen suchen." (F, S. 466)

Ein Einfall, der realisiert wird, so ließen sich Kafkas Ängste umschreiben und deuten, wird eindeutig und beginnt zu wirken; ein Gedanke ist eine Möglichkeit, deren potentielle Realisierung verführerisch ist. Was Kafka so sehr zu ängstigen schien, war der Einfluss der Realität auf sein Bewusstsein. Die Wirklichkeit fordert Klarheit und Eindeutigkeit des Denkens; sie verbietet selbstvergessenes Träumen. So sah Kafka seine Sehnsucht, der Einengung des Daseins durch die Realität zu entgehen, dauerhaft als unerfüllbar an: „Nein, es ist dafür gesorgt, daß mich jede Wirklichkeit so gegen die Stirn schlägt, daß ich wieder zur Besinnung komme." (F, S. 468)

Betrachtet man Kafkas Furcht vor der Realität auf der einen und die Niederschrift seines „traumhaften innern Lebens" (KKA 10, S. 167) auf der anderen Seite, scheint die Frage nach dem Verhältnis von Fiktion und Wirklichkeit, von Literatur und Leben problemlos zu beantworten zu sein: Kafka entzog sich der Realität, von der er sich überfordert fühlte, und flüchtete in die Literatur. Das Schreiben bildete für ihn aber keinen Gegenraum zur Wirklichkeit, wie Sandra Schwarz in ihrer Untersuchung „Verbannung" als Lebensform behauptet. Sie vertritt die Ansicht, dass Kafka in der Literatur eine Ersatzheimat gefunden habe, die ihm zum Zufluchtsort geworden sei, nachdem er weder im Judentum noch in der Assimilation an die deutsche Oberschicht oder bei der tschechischen Bevölkerung in Prag eine Heimat gefunden habe: „Der *exul poeta* will *im* Literarischen leben: in einem Wort, einem Buch, ‚im Innersten meines Romans' – wie in einer Heimat"[1].

---

[1] SCHWARZ, „Verbannung" als Lebensform, S. 150.

Eine nicht nur andere, sondern eine gegensätzliche Antwort entwickelt die vorliegende Arbeit: Der Literatur, also der Fiktion, kommt bei Kafka der Status der Realität zu. Die Welt als geschriebene Vorstellung ist wirklich, weil ihr die Kontingenz der Dingwelt fehlt. Die Literatur bildet die gesicherte Faktenlage, die Kafka in der Empirie vermisste, denn: „Was nicht aufgeschrieben ist, flimmert einem vor den Augen und optische Zufälle bestimmen das Gesamturteil." (KKA 10, S. 21)

Die von Kafka gefundene „Lösung" der sein Leben kennzeichnenden „Widersprüche" war das Schreiben. Im Schreiben hoffte er, eine ‚Wirklichkeit der Möglichkeit', eine neue Realität, schaffen zu können, in der die Realien durch Nominalien ersetzt werden. Die erschriebene Welt erhält die Offenheit der Möglichkeit, weil ihre Elemente selbstreferentiell sind, also auf keine Wirklichkeit außerhalb ihrer selbst verweisen. Die Schaffung einer Hyperrealität lässt die Grenzen zwischen Realität und Fiktion schwinden. Beide Sphären sind bei Kafka so verschmolzen, dass eine Trennung zwischen Werk und Biographie unmöglich wird: „Da ich nichts anderes bin als Litteratur und nichts anderes sein kann und will." (KKA 10, S. 192)

Die Distanz zur Dingwelt erscheint bei Kafka als Voraussetzung für eine neue Realität. „Wenn man Türen und Fenster gegen diese Welt absperrt, läßt sich doch hie und da der Schein und fast der Anfang einer Wirklichkeit eines schönen Daseins erzeugen." (F, S. 320) Die Abkehr von der Welt bildet die Voraussetzung für einen Neubeginn. Wenn sich Kafka schreibend von der Realität abgewandt hat, dann nicht (nur), weil er fliehen wollte, sondern möglicherweise auch, um den „Anfang einer Wirklichkeit eines schönen Daseins" zu begründen. Kafka als Prophet einer unheilvollen Zukunft ist eine gängige Vorstellung. Aber Kafka als Utopist?

Auch wenn, oder gerade weil der Gedanke so ungewöhnlich ist, erscheint es interessant, seinem Schreiben einen utopischen Charakter zu unterstellen. Worin sollte dieser bestehen? Ganz sicher beschreibt Kafka in seinen Erzählungen und Romanfragmenten keine gesellschaftlichen Idealzustände; literarische Utopien sind seine Werke nicht. Utopischen Charakter erhält sein Schreiben aber, indem er behauptet, *selbst* Literatur zu sein: „Meine Lebensweise ist nur auf das Schreiben hin eingerichtet", betont er in einem Brief an Felice Bauer (F, S. 67), und an anderer Stelle heißt es noch deutlicher: „Der Roman bin ich, meine Geschichten sind ich, wo wäre da, ich bitte Dich, der geringste Platz für Eifersucht." (F, S. 226) Kafka und sein Werk sind amalgamiert, so dass sich weder das Leben als verunreinigendes Element zwischen sie schieben, noch der Autor aus der Verbindung mit seinem Werk ins Leben ausbrechen kann. Ein bürgerliches Leben, wie es seine Anstellung als Jurist eigentlich ermöglicht hätte, wäre für Kafka unbefriedigend – mehr noch: unmöglich – gewesen: „Da ich nichts anderes bin als Litteratur und nichts anderes sein kann und will" (KKA 10, S. 192).

Sein Insistieren auf die Einheit seines Lebens und Schreibens hat eine Vielzahl biografischer Deutungen seines Werkes angeregt. Auch Sandra Schwarz versucht die Äußerungen Kafkas über die Absicht einer Transformation von Leben in Literatur auf seine Werke zu applizieren. Sie erläutert allerdings nicht näher, was es bedeutet, in der Literatur eine Heimat zu finden. Im Falle von Kafka sicherlich nicht, dass er sich eine ideale Welt erschreibt, in die er sich träumend von der Wirklichkeit zurückzieht. Kafka *erschreibt* sich in seinen Erzählungen und Romanen keine Heimat, sondern er *beschreibt* Versuche, sich im Leben zu positionieren. Karl Roßmann, Georg Bendemann, Gregor Samsa, Josef K. oder K., um nur einige zu nennen, gleichen sich darin, dass sie alle in einem Missverhältnis zur Gemeinschaft stehen. Sie alle sind bemüht, dieses Missverhältnis zu bereinigen – ihr Außenseitertum zu überwinden oder ihrer Fremdbestimmung zu entgehen. Diese Thematik verbindet die Figuren mit ihrem Autor und eröffnet einen Zugang zum Verständnis seiner beabsichtigten Transfiguration von Leben in Literatur.

Die betonte Einheit von Leben und Werk lässt nicht nur die Deutung der literarischen Schriften aus der Biografie des Autors zu, sondern wirft auch die Frage auf, ob Kafkas wiederholte Hervorhebung dieser Einheit nicht eine eigene Art von Biografie darstellt: nämlich die Beschreibung einer medialen Lebensform.

Forschungsvorhaben

Das Schreiben als die von Kafka gewählte „Lösung" für die „Widersprüche" des Daseins sind nicht zuletzt ein Reflex auf die Sprach- und Erkenntniskrise um 1900. In seiner Idee für eine semiotische Simulation von Wirklichkeit lässt sich der Einfluss der Zeit auf einen Autor erahnen, dem die Aura der Geschichtslosigkeit anhaftet. Doch auch wenn Kafkas Leben äußerlich ereignisarm war, er seine Geburtsstadt, mit Ausnahme einiger Urlaubsreisen, Sanatoriumsaufenthalte und der temporären Übersiedlung nach Berlin kurz vor seinem Tode, nicht verlassen hat, er nicht nur an Prag, sondern sogar an die elterliche Wohnung derart gebunden war, dass er die längste Zeit seines Lebens dort wohnte, entgingen ihm nicht die Spannungen, welche die Jahrhundertwende begleiteten. Im Gegenteil: Er besaß ein seismografisches Gespür für die Tendenzen und Entwicklungen der Zeit. Er war nicht nur Zeitzeuge, sondern „zweifelloser Zeitgenosse" (Br, S. 150) einer existentiellen Veränderung des menschlichen Daseins.

Kafkas Schwierigkeiten bei der Bewältigung des Lebens haben ihren Ursprung nicht allein in einer persönlichen Unzulänglichkeit, sie entspringen auch nicht nur einer genuin jüdischen Problematik, sondern sind Ausdruck des Dilemmas des modernen Menschen im Allgemeinen: Zwar lebt dieser in einer technisch immer perfekter werdenden Welt, dennoch – oder gerade deshalb – krankt er an einem Gefühl der Obdachlosigkeit, der Heimatlosigkeit. Sein existentielles Dilemma ist die unmittelbare Folge der fundamentalen Veränderung der Lebenswirklichkeit um die vorletzte Jahrhundertwende. Eine Wirklichkeit, für deren Erfassung die von Kafka anlässlich einer Flugschau in Brescia formulierte Feststellung zutrifft: „Zwei Augen genügen nicht." (KKA 1, S. 319)

Die Beschleunigung des Lebens führte nicht zuletzt zu einer Überforderung des Wahrnehmungsvermögens. Der Übergang vom 19. zum 20. Jahrhundert war eine Zeit des Umbruchs, in der sich die Welt rasant veränderte. Das 19. Jahrhundert war ein Zeitalter der technischen Innovationen. Insbesondere die Entwicklung neuer Medien wie Telegraf, Telefon, Fonograf, Fotografie und die Entdeckung des stroboskopischen Effekts, der für die Entwicklung des Kinos entscheidend war, führten zu einer tief greifenden Veränderung des Welterlebens und des menschlichen Zusammenlebens, die Kafka hautnah miterlebte. Neben der unmittelbar erfahrbaren Wirklichkeit etablierte sich eine technisch simulierte Wirklichkeit, die es bis dahin nur in Form von Bildern gegeben hat. Nicht zuletzt durch diese immer stärker werdende Konkurrenz wurde das jahrhundertealte metaphysisch-ontologische Weltbild allmählich verabschiedet, so dass man im Zusammenhang mit der Entwicklung technischer Medien geradezu von einer ‚Wirklichkeitserschütterung' sprechen kann.

Denn die in Konkurrenz zur faktischen Realität tretende Hyperrealität stellte, neben anderen Faktoren, die Selbstverständlichkeit des bis dahin geltenden modernen Weltbildes in Frage: War es angesichts der zunehmenden Gefahr einer sinnlichen Täuschung, und zwar sowohl der optischen als auch der akustischen, möglich, sich *der* Realität sicher zu sein? Peter V. Zima nennt als Charakteristikum der Ende des 19. Jahrhunderts einsetzenden Spätmoderne das „Reflexivwerden der Moderne", in dem „ihre eigenen Schlüsselbegriffe wie Wahrheit, System und Subjekt problematisch werden."[2] Die epistemologische Verunsicherung rief eine existentielle Krise hervor. Mit aufkommenden Zweifeln an den Möglichkeiten der Welterkenntnis stürzte der Mensch in einen Zustand der Orientierungslosigkeit, weil die bisher geltenden Koordinaten des Lebens ihre Gültigkeit verloren hatten. Diese buchstäbliche Erschütterung der Weltanschauung erforderte eine neue Definition für den Begriff „Wirklichkeit" und daran anschließend auch eine neue Definition für das Verhältnis des Menschen zu dieser Wirklichkeit.

Entscheidend für eine Umformulierung der Subjekt-Objekt-Relation waren epistemische Überlegungen. In der Folge der Säkularisierungstendenzen des 19. Jahrhunderts gewann insbesondere der Empiriokritizismus als erkenntnistheoretische Strömung zunehmend an Einfluss. Indem er jede Metaphysik ablehnt und sich allein auf die Erfahrung stützt, wird nicht nur die Abgrenzung zwischen Ich und Welt brüchig, sondern der Begriff des modernen Subjekts generell liquidiert. In der bekannten Formulierung Ernst Machs: „Das Ich ist unrettbar"[3] kulminiert die Folge des Empiriokritizismus. Ich und Welt sind keine gesonderten Einheiten mehr, die im Erkenntnisakt in Relation zueinander treten, sondern lösen sich beide in ein Konglomerat bloßer Sinneswahrnehmungen auf.

Das Problematischwerden der Weltrezeption einerseits und die Wirklichkeitserschütterung und Identitätskrise des Subjekts andererseits spiegeln sich in einem Schreiben wider, dem nach Kafkas eigenen Aussagen „kein künstlerisches Verlangen" zugrunde liegt (Vgl. KKA 9, S. 223), sondern der Wunsch, das Gefühl einer existentiellen Verunsicherung, wenn nicht zu beseitigen, so doch wenigstens zu kompensieren. Kafka war demnach weniger an der ästhetischen als an der sozialen Dimension des Schreibens interessiert. Der Versuch, in der Schrift eine Realität zu begründen, deren Einheitlichkeit im Kontrast zur kontingenten empirischen Welt stehen sollte, erfolgte in der Absicht, die spätmoderne Krise zu überwinden und eine verlorene Sicherheit wiederzuerlangen.

Indem Kafka aber darum bemüht war, einen neuen Lebensgrund zu schaffen, musste er sich vollständig von dem in seinen Augen nicht mehr tragbaren alten Gemeinsinn lösen. Für Christian Schärf führt der damit verbundene Versuch, schreibend einen Ausweg aus der Krise zu finden, in ein Dilemma. Die gefundene Lösung stelle zwar möglicherweise einen Ausweg aus der Krise dar, aber unzweifelhaft mache sie auch schuldig, denn: „Nicht mehr die Wahrheit zu meinen, sondern die Wahrheit zu sein, bedeutet, das Leben, die Gemeinschaft, ja vor allem die Kommunikation zu verraten und zu hintergehen, aus der Reihe der Lebendigen herauszutreten. Schreiben bedeutet in diesem Sinne, die Strafe auf sich zu ziehen, unmittelbar und aus Notwendigkeit."[4]

---

[2] ZIMA, Moderne/ Postmoderne, S. 323.
[3] MACH, Die Analyse der Empfindungen, S. 20.
[4] SCHÄRF, Kafka, S. 93.

Die konstruktive Absicht, durch die Transformation von Leben in Schrift den in der Spätmoderne (wieder) problematisch gewordenen Dualismus zwischen Geist und Materie zu überwinden, erforderte die Destruktion noch verbliebener Bindungen. In diesem Sinne kann Kafkas Werk, um eine Wendung von ihm selbst anzuführen, als „aufbauende Zerstörung der Welt" (KKA 6, S. 220) bezeichnet werden.

Kafka hat keine Literaturtheorie verfasst, die einen Zugang zu seinem Schreiben weisen könnte. Sein *Schema zur Charakteristik kleiner Litteraturen* ist weniger eine Poetologie als eine Gesellschaftsutopie (Vgl. KKA 9, S. 253). Die Betonung der Transformation von Leben in Schrift als seine genuine Lebensform legt allerdings nahe, über sein Verständnis des literarischen Körpers sein Literaturkonzept zu ermitteln. Hat Kafka auch keine Poetologie geschrieben, so formulierte er doch einen Lebensentwurf, in dem Anthropologie und Literatur synthetisiert sind. Dieser Lebensentwurf scheint ein zentrales Thema seines Schreibens gewesen zu sein: Nicht nur in autobiografischen Zeugnissen, auch in der Literatur beschreibt Kafka den Traum, besser noch: den Plan einer neuen Lebensform als Transformation von Leben in Schrift. Bereits in der 1904 begonnenen ersten Fassung der *Beschreibung eines Kampfes* entwickelt er ein solches Modell. Angesichts seines Insistierens darauf, Literatur zu sein, lesen sich seine Sätze wie ein Programm: „Wie wäre es, wenn ich Ihnen [...] anvertraute, daß einmal alle Menschen, die leben wollen, so aussehn werden, wie ich; aus gelbem Seidenpapier, so silhuettenartig, herausgeschnitten, [...] und wenn sie gehn, so wird man sie knittern hören." (KKA 5, S. 80) Der Körper soll auf eine zweidimensionale, papierene Existenz transformiert werden – die Parallelen zu Kafkas Selbststilisierung als lebender Schriftkörper sind offensichtlich.

In der *Beschreibung eines Kampfes* entwirft Kafka die Vision einer Transformation des Menschseins, die Allgemeingültigkeit erhebt und sich nicht als künstlerischer Eskapismus präsentiert: Kafka skizziert den Entwurf eines neuen Menschen. Da bereits diese frühe Erzählung nicht nur den Grundkonflikt beschreibt, den Kafka in seinen weiteren Erzählungen immer wieder variiert, nämlich das schon im Titel genannte Thema eines Kampfes, sondern auch bereits eine Lösung entwirft, nimmt die Analyse der *Beschreibung eines Kampfes* den größten Raum meiner Untersuchung ein. Zugespitzt könnte man sagen: Bereits in seinem ersten erhaltenen Prosafragment legt Kafka den Bauplan der „ungeheure[n] Welt, die ich im Kopf habe" (KKA 10, S. 179), vor. Trotz der Komplexität der *Beschreibung eines Kampfes* kann der Ansicht von Kafkas Verleger Kurt Wolff nur bedingt zugestimmt werden. Dieser war der Meinung: „Es gibt keine ‚Entwicklung' bei Kafka; er wurde nicht, er war. Sein erstes Prosabuch konnte sein letztes, das letzte sein erstes sein."[5] Sieht man in Kafka einen ‚entwicklungslosen' Autor, verkennt man sein Ringen um eine eigenständige Poetologie. Wohl unbestritten zeigen seine literarischen Arbeiten eine ästhetische Veränderung, so dass dem Autor Kafka trotz der Wiederholung und Varia-

---

[5] WOLFF, Der Autor Franz Kafka, S. 96f.

tion der Kampfthematik eine Entwicklung nicht abgesprochen werden kann. Darüber, wie eng diese ästhetische Entwicklung mit der Thematik des Kampfes möglicherweise verbunden ist, soll die These eines experimentellen Lebens des Autors Kafka Auskunft geben.

Der Titel meiner Arbeit zeigt die Zielsetzung der Untersuchung auf: Zum einen wird die Darstellung des Leerkörpers als literarischer Figur in ausgewählten Erzählungen untersucht, zum anderen die Bedeutung des Leerkörpers für eine neue Lebensform anhand der Briefe an Felice erläutert. Um eine unzulässige Applizierung des Biografischen auf das Werk zu vermeiden, muss das Verhältnis zwischen Leben und Kunst Kafkas zunächst definiert werden.

Das Verhältnis der beiden eigentlich voneinander getrennten Bereiche, wie es sich bei Kafka zeige, fasst Peter-André Alt so zusammen: „das Leben bildet eine Imitation der Literatur."[6] Folgt man dieser Annahme, kann Kafka betonen, Literatur zu sein, weil er die Realität nach dem Vorbild der Literatur formte. Als belegendes Beispiel für diesen ‚literarischen Unterbau' von Kafkas Biografie verweist Alt auf das Scheitern der Beziehung zu Felice Bauer, das schon im *Urteil* vorgeprägt sei. Mit dem Wissen des Nachgeborenen, dem sich das Leben Kafkas als abgeschlossenes präsentiert, sieht Alt eine Verbindung zwischen Leben und Werk, allerdings eine ungewöhnliche, denn für ihn war die Literatur der Wirklichkeit um fünf Jahre voraus. Gegen die Annahme, dass Kafka seinem Leben gleichsam einen literarischen Bauplan zugrunde legte, spricht prinzipiell nichts. Auch meine Untersuchung geht von dieser Hypothese aus.

Doch auch wenn die Idee einer literarischen Präformation des Lebens teilweise plausibel ist, verliert sie doch in dem Moment an Überzeugungskraft, in dem nicht mehr nur die in der Literatur aufgezeigte Richtung als bestimmend für die Lebensführung angenommen wird, sondern literarische Details mit der Biografie kurzgeschlossen werden. So weist Alt Kafka geradezu hellseherische Fähigkeiten zu, indem er nachträglich eine Verbindung zwischen dem *Verschollenen* und den familiären Problemen der Familie Bauer konstruiert. Obwohl fraglich ist, inwiefern Kafka in diese Probleme eingeweiht war, soll er sie doch literarisiert haben. „Was immer er von diesem ‚Geheimnis' erfahren hat, die Literatur kannte es bereits, ehe es sich ihm punktuell offenbarte. *Der Verschollene* erzählt von den beiden großen Familienkatastrophen, welche die Bauers 1912 und 1913 heimsuchten: von unehelicher Schwangerschaft und Auswanderung."[7]

Indem Alt annimmt, dass Kafkas Leben die Literatur nachgeahmt hat, differenziert er zwischen Biografie und Fiktion – eine Trennung, die Kafka ausdrücklich ablehnte. Die Frage nach dem Verhältnis zwischen Leben und Literatur wird im Falle Kafkas durch seine Behauptung, Literatur zu sein, ungewöhnlich kompliziert und vielschichtig. Zu einer anderen Antwort als Alt findet man, wenn man den Zusammenhang beachtet, in dem Kafka darauf bestand, nichts anderes als Literatur zu sein: Dieses Bild einer literarischen Persönlichkeit entwickelte er

---

[6] ALT, Der ewige Sohn, S. 323.
[7] Ebd., S. 378.

in der Korrespondenz mit Felice, die er damit von der Unmöglichkeit eines ehelichen Zusammenlebens überzeugen wollte. Solange man Kafkas Insistieren auf eine rein literarische Existenz lediglich metaphorisch liest, wird man sich der vollen Konsequenz der betonten Einheit nicht bewusst. Nimmt man seine Selbstaussage allerdings wörtlich, ist sie als Charakteristik von Felices Beziehungspartner insofern richtig, als diese tatsächlich weniger mit dem lebendigen Mann aus Fleisch und Blut liiert war als mit einem „Gespenst" (F, S. 84).

Was Christian Schärf über die Fragmente des *Kleinen Ruinenbewohners* in Kafkas Tagebuch geschrieben hat, gilt auch für seine Briefe: „Kafka inszeniert sich selbst als sein Double, nur daß das Double das Original sein muß, weil der Ausgangspunkt kein identifiziertes Ich ist, sondern eine autobiographische Leerstelle."[8] Der Brief ist keine mediale Erweiterung der realen Person, sondern ein medialer Stellvertreter und damit eine Figur. Diese Figur sollte stellvertretend für die „autobiographische Leerstelle" unverändert bleiben. Der Stellvertreter soll über diese Entwicklungslosigkeit hinwegtäuschen und den Anschein erwecken, er diene der Selbstverwirklichung des Ichs. Tatsächlich schreiben die Briefe eine Autobiografie – aber nicht die des Ichs, sondern die des „Doubles". Kafka selbst und Felice, so ließe sich pointiert formulieren, verstanden sich nicht, konnten sich nicht verstehen. Denn immer, wenn es, selten genug, zu einer Begegnung zwischen ihnen als realen Menschen kam, ergaben sich in ihrer als ‚Brieffreundschaft' konzipierten Beziehung Probleme.

Aus diesen Beobachtungen ergeben sich Konsequenzen für den Versuch, das Verhältnis zwischen Kafkas Leben und Literatur zu ermitteln. Es wäre denkbar, dass er weder Leben in der Literatur nachahmt noch in der Literatur das Leben abbildet, sondern dass die Literatur die Rolle des Lebens spielen soll. Was bedeutet das? Nicht Kafka selbst war oder wurde Literatur, sondern er erschuf ein mediales Subjekt, das seine physische Präsenz in der Welt, nämlich bei Felice als „Repräsentant" (KKA 6, S. 114) der Welt, ersetzt. Die Behauptung einer Einheit von Leben und Werk erfolgte schriftlich und kann als Selbstaussage dieses Stellvertreters aufgefasst werden. Das mediale Subjekt verbindet Literatur und Leben insofern, als es nur eine schriftliche Existenz besitzt, aber zugleich mit seinem Schriftkörper die Rolle des physischen Körpers in der Interaktion übernehmen soll.

Die Identitätskrise des modernen Subjekts, seine Zerrissenheit, ist das zentrale Thema von Kafkas Schreiben. Mit dieser Thematik offenbart sich Kafka als Kind seiner Zeit. Mitte des 19. Jahrhunderts geht nach Ansicht Peter V. Zimas die Moderne in die Spätmoderne über, die dadurch gekennzeichnet ist, dass die Ideen der Moderne in Frage gestellt werden. Als Themen dieses selbstkritischen Diskurses nennt Zima „das Auseinanderstreben von Subjekt und Objekt, de[n] Ausbruch der Natur (des ‚Andersseins') aus dem Herrschaftssystem des Subjekts, die Aufwertung von Zufall, Traum und Körperlichkeit."[9]

---

[8] SCHÄRF, Kafka, S. 48.
[9] ZIMA, Literarisches Subjekt, S. 137.

Erkenntnis

Die Identitätskrise, die aus dem Zweifel an der Synthetisierbarkeit von Natur und Geist erwuchs, erscheint bei Kafka als epistemologisches Problem. Die fehlende Kohärenz zwischen Körper und Vernunft führt einerseits zum Wirklichkeitszerfall und andererseits zur Auflösung eines konsistenten Subjektbegriffs. Zweifel an der Wahrnehmbarkeit der Welt führt Kafka auf die fehlende Identität des Erkenntnissubjekts zurück: „Es gibt im gleichen Menschen Erkenntnisse, die bei völliger Verschiedenheit doch das gleiche Objekt haben, sodaß wieder nur auf verschiedene Subjekte im gleichen Menschen rückgeschlossen werden muß." (KKA 6, S. 240) Perzeption und Apperzeption lassen sich für Kafka nicht synchronisieren. Die Transformation von sinnlichen Wahrnehmungen in Vorstellungsbilder sieht er als derart problematisch an, dass die Sensualität des Körpers als Ursache für eine existentielle Verunsicherung erscheint. Diesen Kerngedanken für seine Auffassung der Krise des modernen Subjekts formuliert Kafka im *Brief an den Vater*:

> Aber da ich keines Dinges sicher war, von jedem Augenblick eine neue Bestätigung meines Daseins brauchte, nichts in meinem eigentlichen, unzweifelhaften, alleinigen, nur durch mich eindeutig bestimmten Besitz war, in Wahrheit ein enterbter Sohn, wurde mir natürlich auch das Nächste, der eigene Körper unsicher; ich wuchs lang in die Höhe, wußte damit aber nichts anzufangen, die Last war zu schwer, der Rücken wurde krumm; ich wagte mich kaum zu bewegen oder gar zu turnen, ich blieb schwach; staunte alles, worüber ich noch verfügte als Wunder an […]. (KKA 7, S. 49)

Bei einem entfremdeten Körper wandelt sich die menschliche Grundbefindlichkeit vom „Körper-Sein" zum „Körper-Haben".[10] Wenn der Körper nicht mehr zum Ich gehörig, sondern als etwas Fremdes empfunden wird, ist die Beziehung zwischen Innen- und Außenwelt gestört. Weder ermöglicht die Rezeption der empirischen Welt eine Stabilisierung des Menschen als konsistentes Erkenntnissubjekt, noch kann das Subjekt sich tätig realisieren, indem es seine Natur zu kultivieren versucht. In einer Variation von Ernst Machs Diktum könnte man sagen: Durch den Körper ist das Ich für Kafka unrettbar. „Sicher ist", konstatiert Kafka in seinem Tagebuch, „daß ein Haupthindernis meines Fortschritts mein körperlicher Zustand bildet. Mit einem solchen Körper läßt sich nichts erreichen. Ich werde mich an sein fortwährendes Versagen gewöhnen müssen." (KKA 9, S. 204)

Der entfremdete Körper ist Sinnbild eines problematisch gewordenen Verhältnisses zwischen Subjekt und Welt, Geist und Natur. Die Krise des modernen Subjekts als tieferer Konflikt unter einem gestörten Verhältnis zum Körper interessiert mich in meiner Untersuchung, denn Kafkas Literatur spiegelt nicht allein sein gestörtes Verhältnis zu seinem Körper wider, sondern – um einiges subtiler – reflektiert den inneren Konflikt, der in dieser Störung sichtbar wird und für den Kafka eine Lösung suchte.

---

[10] PEYER, Körper und Körperlichkeit, S. 331.

Meiner Arbeit liegt die These zugrunde, dass die literarischen Schriften das biografische Experiment Kafkas, den natürlichen Körper in einen Schriftkörper zu transformieren und auf diese Weise eine neue Lebensform zu konstituieren, protokollieren. Diese Auffassung über die literarischen Schriften teile ich mit Gilles Deleuze und Félix Guattari, die der Meinung sind,

> daß Kafka *Experimente* protokolliert, daß er *nur Erfahrungen berichtet*, ohne sie zu deuten, ohne ihrer Bedeutung nachzugehen [...]. Ein Mensch, der schreibt, ist niemals ‚nur ein Schriftsteller': Er ist ein politischer Mensch, und er ist ein Maschinenmensch, und er ist ein experimentierender Mensch (der aufhört, Mensch zu sein, um versuchsweise Affe zu werden, oder Käfer, Hund, Maus, irgendein Tier, jedenfalls etwas Nichtmenschliches [...]).[11]

Während Deleuze und Guattari allerdings davon ausgehen, dass Kafka in seinen Erzählungen Gedankenexperimente protokolliert (und damit eigentlich nicht wirklich protokolliert, sondern entwirft), vertrete ich die Ansicht, dass Kafka in seinen literarischen Schriften den Selbstversuch einer Transformation des Menschseins festhält. Dieser Selbstversuch aber erfolgte, so die Grundthese meiner Untersuchung, nicht in Kafkas literarischen Schriften, sondern *in seinen Briefen*; genauer: in seinen Briefen an Felice Bauer. Das eigentliche Experiment erstreckte sich also über den, gemessen an der gesamten Schaffenszeit Kafkas, kurzen Zeitraum von fünf Jahren, vom 20. September 1912 bis zum 27. Dezember 1917. In diesen Jahren erprobte Kafka ein Lebenskonzept, das er bereits in seinem Jugendwerk als literarische Fiktion entworfen hat, auf seine praktische Umsetzbarkeit hin. Sieht man Briefe als Schriftkörper an, die den physischen Körper in der Interaktion ersetzen, vereinigen sie in sich Literatur und Leben. Für die Untersuchung von Kafkas Entwurf einer medialen Lebensform als Antwort auf die Krise des spätmodernen Subjekts ist die Einbeziehung der Briefe somit von zentraler Bedeutung, denn als Stellvertreter waren sie für Kafka lange Zeit „eine wesentliche Form des Lebens" (Br, S. 369).

Charakteristisch für die von Kafka entwickelte mediale Lebensform sind seine Abneigung gegen jede Eindeutigkeit und Festschreibung und, damit eng verknüpft, sein Insistieren auf Kindlichkeit. Einer Festlegung wollte er entgehen, indem er sich in der Interaktion vertreten ließ. Dass aus dem Zweifel an der Vernunft, aus dem Erkennen ihrer Grenzen eine Modifikation der Vorstellung des Subjekts, wie es als Idee im ausgehenden 18. Jahrhundert entwickelt wurde, erfolgen muss, ist plausibel. Weniger einsichtig ist der Zusammenhang zwischen medialer Lebensform und Kindlichkeit; zumindest auf den ersten Blick. Doch wenn Kafka sein Leben als „Zögern vor der Geburt" (KKA 11, S. 207) bezeichnet, heißt das nichts anderes, als dass sein Leben sich an der Schwelle zum ‚In-die-Welt-Treten', also zur Realisierung abspielte. Dieses „Zögern" bedeutet, dass er die Adoleszenz als Übergang vom Kind zum Erwachsenen nicht überwunden

---

[11] DELEUZE / GUATTARI, Kafka, S. 12f.

hat. Noch 1921 musste er sich eingestehen, dass er im Leben „umherirre wie ein Kind in den Wäldern des Mannesalters" (B, S. 332).

Über den Zusammenhang zwischen seiner immer wieder betonten Kindlichkeit und seinem Schreiben kommen sowohl Peter von Matt als auch Peter-André Alt zur Einsicht, dass die Konzeption der Rolle des ewigen Kindes die Voraussetzung für Kafkas literarische Produktivität darstellte. Dass Kafka den Schritt in die Erwachsenenwelt nicht vollzogen und sich stattdessen „bis zum Tod in einem Zustand der artifiziellen Adoleszenz"[12] gehalten hat, bildet nach Meinung Peter von Matts die Voraussetzung für sein Schreiben. Kafka richtete sich, so von Matt, auf der Schwelle zwischen Kindheit und Erwachsenenwelt ein. Dieser begrenzte Lebensraum sei das Experimentierfeld gewesen, das Kafka für sein Schreiben benötigte. „Das Lebenslabor besteht im qualvollen Eingeklemmtsein auf der Schwelle zwischen den Türrahmen, aber genau so wird es auch zur Voraussetzung der ungeheuren Aufschwünge im Gegenraum."[13] Der „Gegenraum" zur realen Schwellenexistenz ist die Literatur. Die Möglichkeit der Entgrenzung, die diese Sphäre der Fiktion eröffnet, war für Kafka (über-)lebenswichtig.

In ähnlicher Weise wie von Matt sieht auch Alt im „Ich-Entwurf des ‚ewigen Sohnes' [...] das Geheimnis der Künstlerpsychologie, die Kafkas Schreiben grundiert."[14] Das Rollenkonzept des „ewigen Sohnes" bilde nicht nur die Voraussetzung für das Schreiben, sondern insofern zugleich auch sein Thema, als sich das Unfertige der kindlichen Existenz auch in seiner Literatur wiederfinde. „Kafkas literarisches Werk ist einer Ästhetik des Zirkulären verpflichtet, in der sich die Ich-Konstruktion des ewigen Sohnes spiegelt: das ‚Zögern vor der Geburt', wie er es genannt hat, das Verharren in Übergängen, Bruchstücken, Annäherungen. Der Sohn, der nicht erwachsen wird, reflektiert seine psychische Selbstorganisation in Texten, die so unabschließbar sind wie sein eigenes biographisches Projekt."[15] Für Alt spiegelt sich in Kafkas Literatur das Lebenskonzept des „ewigen Sohnes" wider. Die Abneigung gegen jedes Festschreiben eines Sinns in der Literatur und die Verweigerung, erwachsen zu werden, entspringen nach Alt derselben Überzeugung – sie stellen das verbindende Element zwischen Leben und Werk dar: „Kafkas Geschichten entwickeln Versuchsanordnungen für einen Verstand, der Scheu vor der Totalität empfindet. Sie auf einen einzigen Sinn festzulegen, würde ihre Denklogik zerstören, die darin besteht, daß sie im Offenhalten mehrerer Optionen Widerstand gegen die tödliche Erstarrung leisten, die von der Eindeutigkeit ausgeht."[16]

Die besondere „Denklogik" von Kafkas Schreiben ist die Selbstreferentialität. Nur indem sie auf keine Wirklichkeit außerhalb ihrer selbst rekurrieren, lassen sich die Erzählungen nicht auf eine – eindeutige – Aussage festlegen, son-

---

[12] VON MATT, Verkommene Söhne, S. 306.
[13] Ebd., S. 296.
[14] ALT, Der ewige Sohn, S. 15.
[15] Ebd.
[16] Ebd., S. 261.

dern ermöglichen ein „Offenhalten mehrerer Optionen". Die Unausdeutbarkeit seines Werks ist, unabhängig von den jeweiligen Inhalten der Erzählungen und Romanfragmente, Ausdruck von Kafkas Rebellion gegen eine als dogmatisch empfundene Hochschätzung der Vernunft, die in eine „tödliche Erstarrung" führt.

Die Annahme, dass Kafka sich schreibend um die Schaffung einer selbstreferentiellen Hyperrealität bemühte, wird für jeden Deutungsversuch seines Werkes zum Problem. Eine Literatur, die nichts bezeichnet, macht eine Interpretation nicht nur überflüssig, sondern letztlich immer auch ‚falsch'. Die Vielzahl der Kafkadeutungen zeigt die Wirkungsmacht einer „leere[n] Signifikation"[17]: Jede Interpretation ist der Versuch einer Semantisierung der Leere. Auch wenn diese Leere als unerträglich empfunden wird: Sie ist als Negation der einzige Inhalt in Kafkas Werk. Sie gilt es eigentlich auszuhalten, denn: „Die Schrift ist unveränderlich und die Meinungen darüber sind oft nur ein Ausdruck der Verzweiflung darüber." (KKA 3, S. 230)

Mit „Verzweiflung" auf einen selbstreferentiellen Text zu reagieren, bedeutet, eine „leere Signifikation" als Mangel zu empfinden. Anders sieht es aus, wenn die Abwesenheit eines Bezugssystems nicht als Mangel, sondern als Möglichkeit angesehen wird: Ausgehend von der Beobachtung ähnlicher Bilder lädt das Werk Kafkas dazu ein, ein intertextuelles Bezugssystem zu erstellen. Sofern dies spielerisch, also in dem Bewusstsein geschieht, dass dies nur *ein* mögliches Bezugssystem von vielen anderen ist, entgeht man der Gefahr einer dogmatischen Semantisierung. Die Abkehr von der „Verzweiflung" zum Spiel ist ein Perspektivwechsel, der wesentlich für Kafkas Versuch der Erschaffung einer medialen Realität ist und bereits in der *Beschreibung eines Kampfes* aufgezeigt wird. Vor dem Hintergrund der Annahme, dass Kafkas Werk postmoderne Gedanken antizipiert, werde ich meine Vermutung mit Hilfe eines Gedankenspiels auf ihre Plausibilität hin untersuchen und auf diese Weise eine mögliche Antwort auf die Frage nach dem Verhältnis von Leben und Werk Kafkas erhalten.

Welcher Zusammenhang ergibt sich also zwischen der Konservierung der Kindlichkeit, der Proklamation einer literarischen Existenz und der Bedeutung des brieflichen Mediums, wenn man unterstellt, Kafka habe als Antwort auf die persönlich erfahrene Krise des spätmodernen Subjekts nicht nur Gedankenexperimente entwickelt und in seinen Erzählungen niedergeschrieben, sondern diese Lösungsmöglichkeiten sowohl auf ihre Tauglichkeit hin im Selbstversuch erprobt als auch diesen Testlauf selbst protokolliert? Meine Antwort lautet: Ausgehend von der Annahme eines protokollierten Experiments, lässt sich Kafkas Werk nicht nur biografisch-chronologisch in Früh-, Haupt- und Spätwerk gliedern, sondern auch in Problemanalyse, Versuchsaufbau und -durchführung und Abschlussbericht. Indem ich das imaginierte Experiment nachzeichne, soll deutlich werden, dass es offenbar nicht das erhoffte Ergebnis erbracht hat. Kafkas eigene Bewertung des Versuchs im Früh- und im Spätwerk fällt völlig unter-

---

[17] SCHÄRF, Kafka, S. 130.

schiedlich aus. Die Euphorie, mit der das Experiment begonnen wurde, weicht einer zunehmend kritischen Haltung.

Im Früh- oder, noch bezeichnender, im Jugendwerk Kafkas wird die Konfrontation zwischen Subjekt und Welt als problematisch erfahren: Die Individualität kollidiert mit der gesellschaftlichen Forderung einer Sozialisation und damit einem gewissen Maß an Konformität. Ausgehend von der Erfahrung einer existentiellen Krise, aus der ihm als „ein enterbter Sohn" das tradierte Wertesystem keinen Ausweg weisen konnte (Vgl. KKA 7, S. 48), setzte Kafka der väterlichen Ordnung die Kindlichkeit entgegen. Um sich der Eingliederung in die die Individualität destruierende väterliche Ordnung zu entziehen, suchte er einen Weg, der Sozialisation als Subsumption des Einzelnen unter das Allgemeine zu entgehen, und entwickelte in seinem Jugendwerk die Idee eines Doppelgängers, der sich an seiner Stelle der Gefahr der Sozialisation aussetzen sollte. Die behauptete Identität von Leben und Literatur gilt für den Schriftkörper und dient dem Zweck, den Wunsch nach einer Konservierung der Kindlichkeit zu erfüllen.

Diese Konservierung der Kindlichkeit erfordert eine Verzögerung der Sozialisation. Das Mittel zur Verlangsamung der Entwicklung war für Kafka das Briefeschreiben. Die Interaktion durch mediale Stellvertreter sollte einer ‚Entschleunigung' dienen. Das heißt: „alles möglichst auszudehnen, was den Brief betrifft, also ihn schon langsam öffnen, langsam und vielmals lesen, lange überlegen, mit vielen Konzepten die Reinschrift vorbereiten und schließlich noch mit dem Wegschicken zögern." Und selbst das unvermeidliche „plötzliche Bekommen des Briefes" lässt sich „auf künstliche Weise" verlangsamen, nämlich dadurch, dass man ihn eine Weile ungeöffnet liegen lässt. (Vgl. KKA 9, S. 105). Um sich als Unfertiger zu konservieren, bedarf es eines Stellvertreters, der von der Entwicklungslosigkeit ablenkt, indem er scheinbar für einen Fortschritt in der Beziehung zwischen den Briefschreibern sorgt.

Das Experiment einer Ersetzung des Interaktionskörpers war von Anfang an einer Gefahr ausgesetzt: dem Einbruch der empirischen Realität in die (noch) instabile Hyperrealität. Auch wenn Kafka versuchte, diese Tatsache zu ignorieren, wusste er: „es ist dafür gesorgt, daß mich jede Wirklichkeit so gegen die Stirn schlägt, daß ich wieder zur Besinnung komme." (F, S. 468) Den schmerzhaftesten Schlag erhielt er aber vermutlich, als sich sein Wunsch nach Freiheit tatsächlich realisiert hatte. Seine Weigerung gegen das Erwachsenwerden kehrt sich bereits während des Experiments um in eine Ablehnung der Rolle des „ewigen Sohnes". 1914 notiert er im Tagebuch: „Sinnlosigkeit der Jugend. Furcht vor der Jugend, Furcht vor der Sinnlosigkeit, vor dem sinnlosen Heraufkommen des unmenschlichen Lebens." (KKA 10, S. 226)

Die Freiheit, die er sich durch die Etablierung eines medialen Stellvertreters verschaffen wollte, wurde Kafka in dem Moment als sinnlos bewusst, als er sie erlangt hatte. Der von ihm gewählte Weg, sich von der väterlichen Ordnung zu emanzipieren, hatte nicht in die Freiheit, sondern in die Einsamkeit geführt. Bezeichnenderweise erzwangen diesen Emanzipationsschritt, den er aus eigenem Antrieb offensichtlich nicht vollziehen konnte, äußere Umstände: Als seine beiden bereits verheirateten Schwestern in die elterliche Wohnung zurückkehrten, während ihre Männer an der Front waren, zog Kafka in die leer stehende Wohnung seiner Schwester Valerie. Am Abend seines Auszuges notiert er im Tagebuch: „Sonst vollendete Einsamkeit. Keine ersehnte Ehefrau öffnet die Tür. In einem Monat hätte ich heiraten sollen. Ein furchtbares Wort: Wie Du es wolltest, so hast Du es." (KKA 10, S. 165)

Nach der erzwungenen Erfüllung seiner lang gehegten Sehnsucht nach Einsamkeit wird Kafka deren Kehrseite bewusst: der Sinnlosigkeit. Diese Sinnlosigkeit der Freiheit reflektiert er in den Erzählungen des *Landarzt*-Bandes. Wie eine Absage an das frühere Konzept, sich im Leben durch einen medialen Stellvertreter doublen zu lassen, lässt sich eine Erzählung dieses Bandes lesen, die den bezeichnenden Titel *Ein Brudermord* trägt. Der darin geschilderte Mord wird mit den Worten kommentiert: „Nicht alles wird erfüllt, nicht alle Blütenträume reiften" (E, S. 262). Die Anspielung auf Goethes Prometheus-Gedicht legt die Vermutung nahe, in Kafkas Erzählung werde das Scheitern des vormaligen Glaubens an die Möglichkeit einer prometheischen Selbstschöpfung formuliert.

Mit der Erfüllung der kindlichen Emanzipationsträume verloren sie ihre verführerische Wirkung, und von nun an war für Kafka „das subjektive Erleben der *Freiheit* der *Wahl* [...] das Leid"[18]. Als ihm die Einsamkeit der Freiheit in ganzer Konsequenz bewusst wurde, versuchte er nicht länger seine Individualität vor der gesellschaftlichen Vereinnahmung zu bewahren, sondern bemühte sich im Gegenteil um eine Annäherung an die Gemeinschaft. „Denn Kafka", konstatiert Günther Anders, „fühlt sich nicht *ein*gesperrt, sondern *aus*gesperrt. Er will nicht *ausbrechen*, sondern *einbrechen* – nämlich in die Welt."[19] Hatte er früher gegen die Dogmatik der väterlichen Ordnung rebelliert und ihr die Offenheit des Unfertigen, des Kindes entgegengehalten, zeichnet sich im Laufe seines Lebens oder des Experiments ein Wandel ab. Peter-André Alt betont: „Später wird Kafka in seiner unerfüllten Sehnsucht nach Gemeinschaft nicht ohne Strenge gerade solche Totalität als Bedingung geglückten Lebens fordern."[20]

Entsprechend der Einsicht in das Scheitern des Experiments werden im Spätwerk die Gründe für den Misserfolg reflektiert. Die Sehnsucht, ein Leben als „ewiger Sohn" zu führen, erkennt Kafka als Illusion. Wenn Peter-André Alt zu dem Schluss kommt: „Er bleibt dauerhaft ein Sohn – ‚Ewige Kinderzeit', heißt es noch im Oktober 1921"[21], dann lässt er unbeachtet, dass Kafka 1922 einsieht: „Ewige Jugend ist unmöglich; selbst wenn kein anderes Hindernis wäre, die Selbstbeobachtung machte sie unmöglich." (KKA 11, S. 228) Das anfängliche Lebenskonzept einer Konservierung der Kindlichkeit als Gegenkonzept zur väterlichen Ordnung erscheint im Verlaufe von Kafkas Schaffen immer zweifelhafter, und zwar sowohl hinsichtlich der Umsetzbarkeit als auch der Wünschbarkeit.

---

[18] SOLDO, Offene Lebensform, S. 14.
[19] ANDERS, Kafka pro und contra, S. 70.
[20] ALT, Der ewige Sohn, S. 261.
[21] Ebd., S. 55.

Ausgehend von der meiner Untersuchung zugrunde liegenden Idee, dass Kafkas Leben gleichsam wie ein groß angelegtes Experiment aufgefasst werden kann, habe ich sein Früh-, Haupt- und Spätwerk in die Abschnitte Grundkonflikt, Problemanalyse, Versuchsaufbau und -durchführung und Abschlussbericht untergegliedert. Zwar ist es notwendig, jede Schaffensphase zu berücksichtigen, um die Chronologie einer Versuchsanordnung zu wahren, allerdings beschränke ich mich im Nachzeichnen des hypothetischen Experiments auf einige exemplarische Texte, um die Lesbarkeit meiner Untersuchung nicht unnötig zu erschweren.

Die Auswahl der analysierten Texte zeichnet den Versuchsverlauf nach: In der *Beschreibung eines Kampfes* formuliert Kafka die Utopie einer Modifikation des Menschseins. Drei Jahre später in den *Hochzeitsvorbereitungen auf dem Lande* entwickelt er eine neue Lebensform. Was hier als kindlicher Traum formuliert ist, prüfte Kafka im Selbstversuch auf seine Lebenstauglichkeit. Am 20. September 1912 begann er sein Experiment, indem er den ersten Brief an Felice Bauer schrieb. 1917 gibt der Affe Rotpeter im *Bericht für eine Akademie* einen Zwischenbericht über den Verlauf des Experiments: „In fünf Jahren das Affentum abwerfen und die ganze Menschheitsentwicklung durchzugalloppieren. Das hat wahrhaftig noch niemand getan." (E, S. 335) Die *Forschungen eines Hundes* formulieren 1922 den Abschlussbericht des Experiments.[22]

---

[22] Um der Vermutung entgegenzuwirken, der dem Werk Kafkas unterstellte Schematismus eines Experiments sei lediglich durch die Auswahl bestimmter Texte gerechtfertigt, weise ich in Anmerkungen auf Parallelen in weiteren Erzählungen und Romanfragmenten hin, die der jeweiligen Schaffensphase zugehören.

I. Grundkonflikt: *Beschreibung eines Kampfes*, 1. Fassung

1. Die intrasubjektive Spannung

1904 begann Kafka mit der Niederschrift der ersten Fassung der *Beschreibung eines Kampfes*. Drei Jahre lang arbeitete er an dem Prosastück, bis er es vermutlich im Sommer 1907 unvollendet beiseite legte, ohne allerdings das Projekt ganz aufzugeben. Dass er sich von Mai 1909 bis August 1911 mit der Neukonzeption der Thematik in einer zweiten Fassung der *Beschreibung eines Kampfes* beschäftigte, lässt erahnen, welch große Bedeutung der behandelte Gegenstand für Kafka hatte. In dieser frühesten erhaltenen Erzählung wird die Grundproblematik seines weiteren Schaffens dargelegt: die Krise des modernen Subjekts. In der *Beschreibung eines Kampfes* wird diese Krise aus der Perspektive des Ich-Erzählers (künftig nur noch „Erzähler" genannt) reflektiert. Die Erzählung beschreibt also keine Handlung, sondern zeichnet lediglich diesen Reflexionsprozess wieder. Dass sowohl im inhaltlichen als auch im formalen Zentrum der *Beschreibung* ein innerer Monolog steht, wird durch den – bei einer ersten Lektüre schwer verständlichen – Aufbau deutlich.

Die Struktur der Erzählung veranschaulicht die Differenz zwischen Inter- und Intrasubjektivität. Auf die Figur des Kreises übertragen, markiert der Mittelpunkt den Ort der Intrasubjektivität, der Kreisbogen hingegen den Bereich sozialer Interaktion. Diese topographische Unterscheidung zwischen zwei Aktionsräumen ist für das Verständnis der *Beschreibung* entscheidend, denn die Erzählung spielt an beiden Orten: Die Rahmenerzählung beginnt auf einer Gesellschaft und damit in der Sphäre der Intersubjektivität; mit dem Verlassen der Gesellschaft erfolgt der Übergang von der Inter- zur Intrasubjektivität der Binnenepisoden.

Die Leerstelle in der Kommunikation der Rahmenhandlung wird in der Erzählzeit der *Beschreibung* durch die Reflexion des Erzählers in den Binnenepisoden ausgefüllt. Die erzählte Zeit der Geschichte reduziert sich auf den Augenblick der Konfrontation des Erzählers mit dem Bekannten. Die Erzählung beschreibt keine Handlung, sondern erweckt lediglich den Eindruck von Aktion, indem der Moment der Begegnung in der Rahmenhandlung aus unterschiedlichen Perspektiven beleuchtet wird.

Sie ist in Rahmenhandlung und Binnenepisoden gegliedert, die durch die Figur des Erzählers verbunden sind. Er steht sowohl mit dem Bekannten der Rahmenhandlung als auch mit der Figur des Dicken, des Beters und des Betrunkenen in den Binnenepisoden in Beziehung. Der Übergang von der Rahmenhandlung zu den Binnenepisoden zeichnet seinen Rückzug in eine Introspektive nach, in der die in der Rahmenhandlung aufgeworfene Problematik reflektiert wird: die Fremdheit zwischen äußerer Erscheinung und Wesen des Erzählers.

Trotz der Vielzahl der Personen handelt es sich bei den Akteuren daher also nur um eine Figur, den Erzähler, und ihre zahlreichen Projektionen und Perspektivfiguren. Lediglich Personen wie die Gäste und die Gastgeberin der Gesellschaft der Rahmenhandlung oder das „Fräulein, mit dem sich der Beter unterhält, gehören, auch wenn man sie als Funktionen der Ichfiguren, als Projektionen auffaßt, zu einer Gegenwelt. Diese ist als äußere, als gesellschaftliche – das Wort ‚Gesellschaft' ist mehrdeutig – gekennzeichnet."[23]

2. Die Krise des Subjekts: Die Rahmenhandlung

Einen möglichen Zugang zu einer Erzählung bietet gemeinhin ihr Titel. Nicht so bei der *Beschreibung eines Kampfes*: Vergeblich sucht der Leser, zumindest in der Rahmenhandlung, nach einem offenbaren Kampf, der geschildert wird. Vielmehr wird im Gegenteil das Werben des Bekannten um die Anerkennung und Aufmerksamkeit des Erzählers beschrieben. Mit ihrer Begegnung setzt die Rahmenhandlung ein.

Der Erzähler, ein zurückhaltender Mann, sitzt auf einer Veranstaltung etwas abseits und genießt die Abgeschiedenheit von den übrigen Gästen, bis er von einem Bekannten angesprochen wird. Eigentlich kennen sie einander nur oberflächlich von einer kurzen Begegnung auf der Treppe. Trotzdem hat der Bekannte das Bedürfnis, Intimitäten aus der Begegnung mit einem Mädchen mitzuteilen. Der Angesprochene fühlt sich gestört, als der Bekannte ihm von einem amourösen Abenteuer berichtet. Offenbar ist er eifersüchtig auf das Erlebnis des Bekannten, denn er hält es für „unpassend […] einem der allein sitzt und Schnaps trinkt, von einem liebenden Mädchen zu erzählen" (KKA 5, S. 48). Weil ihr Gespräch die Aufmerksamkeit der anderen Gäste erregt, schlägt der Erzähler widerwillig vor, die Gesellschaft zu verlassen und einen Spaziergang auf den Laurenziberg zu machen. Nach kurzem Erstaunen über diesen Vorschlag willigt der Bekannte ein, und die beiden brechen auf. Mit dem Verlassen der Gesellschaft gleitet die bisher noch realistische Erzählung zunehmend ins Phantastische hinüber.

Sobald die beiden Männer allein sind, verändert sich ihr Verhalten. Während der Bekannte immer stiller wird, wird der Erzähler immer munterer. Seine artikulierte Verärgerung über die Schweigsamkeit des Bekannten missversteht dieser, er bezeichnet den Erzähler als „komisch" (KKA 5, S. 52). Der so Bezeichnete freut sich darüber, bemerkt er doch nun ein Verhältnis zwischen ihnen: „Zuerst freute es mich, denn es schien zu zeigen, daß er etwas in mir vermutete, was zwar nicht in mir war, aber mich bei ihm in Beachtung brachte dadurch, daß er es vermutete. […] Ich war zufrieden, nicht nachhause gegangen zu sein und mein Bekannter wurde für mich sehr wertvoll als einer, der mir vor den Menschen Wert gibt, ohne daß ich ihn erst erwerben muß!" (KKA 5, S. 52) Durch den Bekannten erhält der Erzähler eine Existenzbestätigung: Der Vorwurf, ein Komiker zu sein, impliziert eine Rolle in der Gesellschaft, die ihm „vor den

---

[23] TRABERT, Sprachproblematik, S. 299.

Menschen Wert gibt". Sobald er dies festgestellt hat, konstatiert er: „Sein Leben wurde mir theurer als meines." (KKA 5, S. 52)

Diese existentielle Bedeutung des Bekannten führt beim Erzähler zu Verlustängsten. So sieht er ihr Verhältnis durch die Existenz der Geliebten des Bekannten gefährdet. Er nimmt an, das Mädchen könnte die Aufmerksamkeit des Bekannten derart fesseln, dass dieser sich von ihm abwenden würde. Indem er in der Geliebten eine existentielle Bedrohung wähnt, verändert sich das Verhältnis der beiden Spaziergänger schlagartig. Der Erzähler beginnt seinem Begleiter zu misstrauen, denn er fürchtet auf einmal, der Bekannte könnte ihn ermorden wollen, „todtschlagen wie ein Straßenmörder" (KKA 5, S. 56). Seine Todesangst führt zu dem Entschluss, zu fliehen. Sein Plan misslingt jedoch, denn sein Fluchtversuch wird durch einen Sturz verhindert, durch den er sich am Knie verletzt. Die Verletzung ausgerechnet seines Beines behindert ihn in seiner Fortbewegung und deutet darauf hin, dass er dem Bekannten nicht entkommen kann.

Die fehlgeschlagene Flucht zeigt, dass sich der Erzähler äußerlich nicht vom Bekannten entfernen kann. Innerlich jedoch scheint die Verlustangst einen Bruch zwischen ihnen herbeigeführt zu haben. Hatte der Bekannte dem Erzähler bis dahin Halt geben können, indem er ihm Aufmerksamkeit schenkte, verliert er nach seinem Fluchtversuch buchstäblich den festen Boden unter seinen Füßen. Ihm gelingt es zwar, sich nach seinem Sturz zu erheben, aber der Unfall ist nicht folgenlos: „Ich schwankte und mußte das Standbild Karl des Vierten fest ansehn um meines Standpunktes sicher zu sein." (KKA 5, S. 58)

Ohne die Fähigkeit des Bekannten, ihm „vor den Menschen Wert" zu verleihen, erhält der Erzähler keine Existenzbestätigung und ohne diese ist sein „Standpunkt" in der Welt unsicher. Die äußere Orientierungsschwierigkeit deutet auf eine innere hin, denn vor der gänzlichen Orientierungslosigkeit rettet ihn der Gedanke, von einem Mädchen geliebt zu werden. Der plötzliche Einfall – woher er kommt, wird nicht erläutert – gibt ihm offenbar wieder Halt und damit wieder einen „Standpunkt", auch unabhängig vom Bekannten.

Nachdem er sich seines eigenen Standpunktes sicher ist, fühlt er sich dem Bekannten überlegen und beschließt, seine Unabhängigkeit dadurch zu bestärken, dass er sich vornimmt, ihn für gleichgültig zu halten. Als die beiden den Spaziergang fortsetzen, wird deutlich, was unter dieser Gleichgültigkeit zu verstehen ist: Der Erzähler fühlt sich nicht mehr vom Bekannten abhängig, sondern schwingt sich im Gegenteil auf seine Schultern und reitet auf ihm „in das Innere einer großen, aber noch unfertigen Gegend" (KKA 5, S. 61), degradiert ihn also zum Objekt, über das er verfügen kann.

Mit dem Ende der „Belustigungen" (KKA 5, S. 91), die der Erzähler in den Binnenepisoden erfahren hat, münden diese in die Rahmenerzählung. Der Erzähler und der Bekannte befinden sich wieder auf ihrem Spaziergang durch die nächtliche Stadt. Während der „Belustigungen" hat sich offenbar eine Veränderung im Bekannten vollzogen, so dass vermutet werden kann, dass zwischen ihm und dem Erzähler eine wesentlich engere Beziehung besteht, als die Benennung der Figuren zunächst vermuten lässt: Der Erzähler und der Bekannte sind nicht zwei eigenständige Personen, sondern in ihnen wird die Dualität der menschlichen Natur als Körper und Geist dargestellt. Beide sind aufeinander angewiesen. So wie der Bekannte um die Aufmerksamkeit des Erzählers wirbt, bedarf dieser umgekehrt des Bekannten, da dieser ihm „vor den Menschen Wert gibt". Der Erzähler und der Bekannte kennen sich zwar nur flüchtig, aber ihre Beziehung ist offenbar keine freiwillig gewählte, sondern eine zwangsläufige, der Kampf daher unumgänglich, denn: „Wir waren nahe beisammen, trotzdem wir einander gar nicht gerne hatten, aber wir konnten uns nicht weit von einander entfernen, denn die Wände waren förmlich und fest gezogen." (KKA 5, S. 96)

Die Zusammengehörigkeit von Erzähler und Bekanntem wird durch die Knieverletzung besonders deutlich: Nach seinem Sturz auf dem Glatteis verspürt der Erzähler einen Schmerz am Knie; nachdem er den Bekannten zum Reittier degradiert hat, ist es aber dieser, der verletzt ist – denn der Erzähler bemerkt, „daß er am Knie schwer verwundet war" (KKA 5, S. 62). Die Verwundung verbindet die beiden offensichtlich. Während aber beim Erzähler die Verletzung möglicherweise nur Sinnbild für die verlorene Identität ist, ist die Wunde beim Bekannten nicht nur Hinweis auf die Entfremdung vom Erzähler, sondern körperlich real.

Die Vermutung, dass lediglich der Bekannte ein physisches Dasein besitzt, nicht aber der Erzähler, ist von der Forschung verschiedentlich geäußert worden. So schlägt Lukas Trabert vor, den Bekannten „als Abspaltung des Ichs, als Vertreter seines erotischen Bereiches und seiner Beziehung zur Gesellschaft" anzusehen.[24] Er betont, dass der Erzähler nicht in der Lage ist, unmittelbar zu kommunizieren: „Da das Ich keine Beziehung zur menschlichen Umwelt aufzunehmen imstande ist, übernimmt sein Bekannter diese Funktion."[25]

Das bedeutet konsequenterweise, dass in der *Beschreibung* nur eine einzige Figur auftritt: der Bekannte als Körper des Erzählers. Diese Ansicht vertritt auch Walter H. Sokel, der konstatiert: „Ohne den Bekannten ist das Ich nicht in der Welt. Ohne ihn besitzt es keine Substanz."[26] Der Bekannte erscheint, als er dem Erzähler buchstäblich ins Bewusstsein tritt, nämlich in dem Moment, als der Körper sinnlich affiziert wurde. Das Verhältnis zwischen *res cogitans* und *res extensa* wird[27], so ließe sich interpretieren, aus der Innenperspektive des Erzählers als Kampf beschrieben.

---

[24] Ebd., S. 299.
[25] Ebd., S. 302.
[26] SOKEL, Tragik und Ironie, S. 37.
[27] Die Verwendung der Begriffe *res cogitans* und *res extensa* dient dem leichteren Verständnis der von Kafka reflektierten Problematik. Allerdings ist hervorzuheben, dass die Begrifflichkeit eine Vereinfachung darstellt: Wenn hier – und im Folgenden – von der *res extensa* gesprochen wird, ist nicht allein der physische Aspekt des Menschseins gemeint, sondern auch der sozialisierte Aspekt der *res cogitans*. Die *res cogitans* bezeichnet also sowohl den natürlichen als auch den gesellschaftlichen Körper des Menschen. Der in der *Beschreibung eines Kampfes* reflektierte Konflikt zwischen Wahrnehmung und Denken, Körper und Geist, ist der zentrale Ge-

Jost Schillemeit vertritt die Ansicht, dass sich der Erzähler in den Binnenepisoden „in zwei Teile spaltet". Nur der äußere Teil begleite den Bekannten auf den Laurenziberg, während sich der andere Teil „in seine Innenwelt zurückzieht und hier seinen eigenen Vergnügungen, seinen Gedanken und Phantasien, nachgeht und sich auf diese Weise ‚belustigt', nachdem er schon einige Zeit vorher angefangen hatte, Überdruß an seinem neuen ‚Bekannten' zu empfinden"[28].

Schillemeit ist so weit zuzustimmen, dass in den Binnenepisoden der Rückzug in eine Innenwelt dargestellt ist. Allerdings spaltet sich der Erzähler nicht in der Weise von seinem Körper ab, dass dieser den Spaziergang mit dem Bekannten fortsetzt, sondern er spaltet sich vom Bekannten ab, weil dieser seine Verkörperung ist. Nicht zwei Personen unternehmen einen Spaziergang, sondern während des Spaziergangs, den der Bekannte als physische Person macht, geht er seinen Gedanken nach, und dieser innere Spaziergang wird vom Erzähler beschrieben.

Die Vermutung, dass der Erzähler als Verkörperung des Reflexionsvermögens in der *Beschreibung eines Kampfes* auftritt, wird durch seine Erscheinung bestärkt. Das dominierende Kennzeichen seiner Gestalt ist sein Kopf als Sitz des Reflexionsvermögens, während sein Körper nur aus Flicken besteht: „Er sieht aus [...] wie eine Stange in baumelnder Bewegung auf die ein gelbhäutiger und schwarzbehaarter Schädel ein wenig ungeschickt aufgespießt ist. Sein Körper ist mit vielen, ziemlich kleinen, grellen, gelblichen Stoffstücken behängt, die ihn gestern vollständig bedeckten, denn in der Windstille dieser Nacht lagen sie glatt an." (KKA 5, S. 53)

Die Veränderungen des Bekannten nach den „Belustigungen" des Erzählers lassen sich vor dem Hintergrund der Annahme, dass es sich bei ihnen um eine und dieselbe Person handelt, als Reaktion auf die Reflexionen der Binnenepisode verstehen. Das Ergebnis des Denkprozesses ist eine Ablehnung der Körperlichkeit, die sich in zweifacher Weise im Verhalten des Bekannten zeigt: einerseits als Zweifel an der Sinnhaftigkeit einer (sinnlichen) Liebesbeziehung und andererseits in Form von Autoaggression.

Seine anfängliche euphorische Verliebtheit ist Zweifeln gewichen, ob er sich auf ein Verhältnis einlassen soll, da der Verlauf einer Beziehung nicht kalkulierbar ist. Diese Unsicherheit liegt buchstäblich in der Natur der Sache: im Verfall des menschlichen Körpers. Seine Gründe offenbart der Bekannte, als der Erzähler ihn mit dem Hinweis zu beschwichtigen versucht, dass seine Geliebte doch schön sei. Der Bekannte erkennt die Schönheit nicht, weil er in ihr bereits die Vergänglichkeit sieht. Wenn die Geliebte lache, schaue sie „listig und greisenhaft aus" (KKA 5, S. 93). Dieser Beobachtung stimmt der Erzähler zu und reflektiert über „Mädchenschönheit" im Allgemeinen:

---

genstand von Kafkas Schreiben. „Das Thema des Dualismus durchzieht Kafkas gesamtes Werk." (HEIDSIECK, Fiktionale Ontologie, S. 392)
[28] SCHILLEMEIT, Textverständnis, S. 191.

> Oft wenn ich Kleider mit vielfachen Falten, Rüschen und Behängen sehe, die über schönen Körpern schön sich legen, so denke ich, daß sie nicht lange so erhalten bleiben, sondern Falten bekommen, nicht mehr gerade zu glätten, Staub bekommen, der dick in der Verzierung nicht mehr zu entfernen ist und daß niemand so traurig und so lächerlich sich wird machen wollen, täglich dasselbe kostbare Kleid früh anzulegen und abends auszuziehn. Doch sehe ich Mädchen, die wohl schön sind und vielfache reizende Muskeln und Knöchelchen und gespannte Haut und Massen dünner Haare zeigen und doch täglich in diesem einen natürlichen Maskenanzug erscheinen, immer dasselbe Gesicht in ihre gleiche Handfläche legen und von ihrem Spiegel widerscheinen lassen. Nur manchmal am Abend, wenn sie spät von einem Feste kommen, scheint es ihnen im Spiegel abgenützt, gedunsen, verstaubt, von allen schon gesehen und kaum mehr tragbar. (KKA 5, S. 93)

Diese Reflexion, welche die Notwendigkeit einer Überwindung des antiquierten Körpers begründet, kann mit einigem Recht für die zentrale Stelle der *Beschreibung* gehalten werden. Der natürliche Körper und seine Schönheit sind vergänglich. Sein Alterungsprozess spiegelt die zunehmende Abnahme der jugendlichen Vitalität wider: „Das Älterwerden wird als ein trauriges und lächerliches ‚In-der-Haut-gefangen-Bleiben' dargestellt, welche das Individuum lebenslänglich prägt, ohne daß sie abgelegt werden kann."[29]

Dass der Verfall hingenommen wird, dass kein neuer „Maskenanzug" angezogen wird, ist nicht lächerlich, sondern tragisch, denn: „Indem das Altern, das Schmutzig- und Faltigwerden bei Kafka dem Menschen als Versäumnis und Schuld zugeschrieben wird, ist die Haut nicht nur Kleid, sondern auch Zwangsjacke und Schicksal."[30] Der Mensch kann buchstäblich nicht aus seiner Haut, er ist durch seine Natur definiert, determiniert und dadurch dem Verfall anheim gegeben. Durch die Gegenüberstellung von Kleidern und Körpern wird ein Bild entworfen, das eine mögliche Richtung für die Zukunft der modernen menschlichen Existenz aufzeigt: Der Mensch müsste in der Lage sein, seinen Körper ebenso wie ein Kleidungsstück zu wechseln, und auf diese Weise dem Prozess des Alterns entgehen.

Mit der Ausführung des Erzählers über die Antiquiertheit und Vergänglichkeit der menschlichen Natur ist das Urteil sowohl über den Bekannten als auch über seine Beziehung zur Geliebten gesprochen. Der Bekannte verwirft den Gedanken, sich mit der Geliebten zu vereinen, und gesteht: „ich bin sehr im Zweifel, ob ich mich in diese Aufregung begeben soll. Da ist nichts sicheres, niemand kann Richtung und Dauer bestimmt angeben." (KKA 5, S. 94) Indem er Abstand von einer Beziehung nimmt, distanziert er sich von der Möglichkeit einer biologischen Reproduktion, die nur eine Fortführung der Vergänglichkeit darstellen würde. Außerdem destruiert er das Sinnbild der Vergänglichkeit, den Körper: Er

---

[29] BENTHIEN, Haut, S. 131.
[30] Ebd., S. 131.

zieht ein Messer aus der Tasche und stößt es „wie im Spiele in seinen linken Oberarm" (KKA 5, S. 96).

In der Rahmenerzählung findet kein sichtbarer Kampf statt, da nur eine einzige Person agiert. Der angekündigte Konflikt wird erst in den Binnenerzählungen dargelegt und rechtfertigt den Titel der Erzählung als ‚Beschreibung eines inneren Kampfes'. Ursache und Gegenstand des Kampfes werden in den Binnenepisoden anhand der Figuren des Dicken und des Beters erläutert, denn, wie Sokel konstatiert: „Die Beziehung der beiden wiederholt die Beziehung des Bekannten zum Ich in einer Art symphonischer Variation."[31]

3. Die Trägheit der *res extensa* – der Dicke

Der Wechsel von der Rahmenerzählung zu den Binnenepisoden erfolgt, als der Erzähler den Bekannten zum Reittier degradiert. Durch den Ritt führt die realistische Erzählung in eine phantastische Welt der Imagination.[32] Diese Welt wird durch die Einbildungskraft des Erzählers erschaffen. In der „unfertigen Gegend" wird die Rahmenhandlung durch Binnenepisoden unterbrochen. Zunächst genießt der Erzähler seine Allmacht, durch die er die unfertige Welt nach seinem Willen gestaltet. Hier glaubt er zufrieden werden zu können: „Denn hier ist es

---

[31] SOKEL, Tragik und Ironie, S. 33.

[32] Die Motive des Reitens und der Pferde verwendet Kafka immer wieder. Für Karl-Heinz Fingerhut ist das Pferd, Pegasus, „eine typische Chiffre Kafkas für die dichterische Inspiration" (FINGERHUT, Tierfiguren, S. 131). Diese Lesart wird durch biografische Aufzeichnungen Kafkas nahe gelegt. Als seine Arbeit am *Verschollenen* stagniert, vergleicht er sich mit einem bewegungslosen Pferd: „Aber ich schreibe eben nichts und bin wie ein altes in seinen Stall gesperrtes Pferd." (F, S. 296) Im Zusammenhang mit der Niederschrift der Erzählung *Das Urteil* notiert er: „Mehrmals in dieser Nacht trug ich mein Gewicht auf dem Rücken." (KKA 10, S. 101)

Das Reiten gleichsam als Lenkung der Einbildungskraft veranschaulicht die Besonderheit von Kafkas Ideal des Schreibens, als dessen Voraussetzung er die „Selbstvergessenheit" ansah. (Vgl. B, S. 379) Das Schreiben sollte ebenso fließend sein wie die Bewegung der Tiere; im Reiten veranschaulicht Kafka einen selbstvergessenen Schaffensprozess, denn Pferde „symbolisieren erotische Kraft und Befreiung, Kräfte des Unbewußten, Entgrenzungswünsche, auch die dichterische Entgrenzung" (KURZ, Kulturkritik, S. 122).

Reiten und Pferde verweisen bei Kafka auf einen besonderen Modus des Denkens. Im Gegensatz zum logischen Vernunftgebrauch dient die kreative Einbildungskraft nicht einem mit Leistungsvergleich verbundenen Fortschrittsoptimismus. So heißt es in der Prosaskizze *Zum Nachdenken für Herrenreiter*: „Nichts, wenn man es überlegt, kann dazu verlocken, in einem Wettrennen der erste sein zu wollen." (KKA 1, S. 28) In der Hochschätzung der Einbildungskraft spiegelt sich Kafkas Aufklärungspessimismus wider.

Dies gilt zumindest für sein Frühwerk. Im Verlaufe seiner literarischen Tätigkeit distanziert er sich zunehmend von seiner Ablehnung der Vernunft. Dieser Wandel in seinem Selbstverständnis als Schriftsteller kommt in der Erzählung *Ein Landarzt* deutlich zum Ausdruck. Während der Ritt in der *Beschreibung eines Kampfes* den Übergang zu einem erträumten „künftigen Leben" (KKA 5, S. 64) darstellt, wird der Landarzt von den „unirdischen Pferden" ins Verderben geführt (Vgl. E, S. 259f.); in dieser späten Erzählung zeigt sich also das Scheitern von Kafkas Plan einer medialen Lebensform.

einsam und schön. Es braucht nicht viel Muth, hier zu leben. Man wird sich hier quälen müssen wie anderswo auch, aber man wird sich dabei nicht schön bewegen müssen." (KKA 5, S. 64)

Den Preis, den er für den Eintritt in diese neue Daseinsform bezahlt, ist der des Vergessens.[33] „So spielte ich mit meinem künftigen Leben und versuchte hartnäckig zu vergessen." (KKA 5, S. 64f.) Seine Bemühungen werden allerdings dadurch gestört, dass er ein Schluchzen hört, das ihn daran gemahnt, in seine „frühere Lebensart zurückzukehren" (KKA 5, S. 65). Woher dieses Schluchzen kommt, wird nicht explizit gesagt, aber es kann vermutet werden, dass es vom Bekannten stammt, der dadurch in die Gedankenwelt des Erzählers eindringt und ihn daran erinnert, dass seine Welt fiktiv ist.

Vor der Rückkehr in seine „frühere Lebensart" schützt den Erzähler ein rettender Einfall. Er verhindert ein Einfallen der realen Welt, indem er sie als Einfall in seiner Gedankenwelt adaptiert. Statt in seine „frühere Lebensart", also die Realität, zurückzukehren, transformiert er sie zu Gedankenbildern. In den Binnenepisoden tritt der Bekannte nicht mehr auf, denn hier reflektiert der Erzähler in der Gestalt des Dicken und des Beters das in der Rahmenhandlung beschriebene Verhältnis zum Bekannten, das er nun von außen betrachtet.

Die erste Begegnung, die der Erzähler in seiner Innenwelt imaginiert, steht in unmittelbarem Zusammenhang mit der Knieverletzung, die dem Übergang von der Rahmenerzählung zu den Binnenepisoden vorausgegangen ist: Die Figur des Dicken wird eingeführt durch eine Überlegung des Erzählers über die Möglichkeit menschlicher Fortbewegung. Er wundert sich: „Wie merkwürdig ist es, daß noch in unserer Zeit vornehme Personen in dieser schwierigen Weise über einen Fluß befördert werden. Es giebt keine andere Erklärung dafür, als daß es ein alter Brauch ist." (KKA 5, S. 65) Gelegenheit zur Reflexion bietet ihm der Anblick, den er unmittelbar nach diesem Gedanken hat: Er sieht, wie „ein ungeheuerlich dicker Mann" von vier Männern auf einer „Tragbahre" aus dem Gebüsch tritt. (KKA 5, S. 65) Die Bewegungsmöglichkeiten des Dicken sind sehr eingeschränkt, sein Fortkommen langsam und mühsam. Für die Erreichung welchen Ziels wird die altmodische Art der Fortbewegung zum Hindernis?

Vor der Beantwortung dieser Frage muss geklärt werden, welches Problem der Erzähler in der Figur des Dicken reflektiert. In ihr wird die Störung des Erzählers durch den Bekannten in der Rahmenerzählung anschaulich. Wurde der

---

[33] Das Vergessen ist nicht nur in der *Beschreibung* die Voraussetzung für eine neue Existenzform, sondern auch in der *Verwandlung* und im *Bericht für eine Akademie*. Die fehlende Vergessenskraft Gregor Samsas, sein Festhalten an seiner menschlichen Vergangenheit, macht ihn verwundbar. Weil er sich dem Entfernen der Möbel aus seinem Zimmer widersetzt, vergisst er, dass ihm als Käfer auch Decken und Wände zur Flucht zur Verfügung stehen. So wird er zum Opfer des väterlichen Apfelwurfs. Rotpeter hingegen gelingt der Ausweg aus der Gefangenschaft, indem er seine Vergangenheit vergisst. „Während der Affe Rotpeter […] sein ‚äffisches Vorleben' vergißt – denn hätte er an den Erinnerungen seines Affentums festhalten wollen, wäre sein ungesäumter evolutionärer Fortschritt nicht möglich gewesen –, gefährdet sich Gregor, indem er sich an die Erinnerung seines menschlichen Vorlebens klammert. Nicht-Vergessenkönnen erscheint als Adaptionsnachteil." (THEISEN, Naturtheater, S. 280)

Bekannte durch die Begegnung mit einem schönen Mädchen derart verwirrt, dass er dem Erzähler ins Bewusstsein trat und ihn damit störte, wird in der ersten Binnenepisode diese Störung des Bewusstseins durch eine sinnliche Affizierung geschildert. Auf den ersten Blick erinnert der Dicke durch seine Erscheinung an den Erzähler. War dieser als Stange, an der gelbe Stoffstücke hingen und auf die ein gelbhäutiger Schädel gespießt war, beschrieben worden, so heißt es vom Dicken: „Seine faltigen Fettmassen waren so sorgfältig ausgebreitet, daß sie zwar die ganze Tragbahre bedeckten und noch an den Seiten gleich dem Saume eines gelblichen Teppichs hinunterhiengen, und ihn dennoch nicht störten. Sein haarloser Schädel war klein und glänzte gelb." (KKA 5, S. 66)

In ihrer Statur ähneln sich die beiden insofern, als der Kopf und der Körper gelb sind und der Körper nicht als Einheit, sondern aus kaskadenartigen Falten bestehend beschrieben wird. Doch neben den Gemeinsamkeiten gibt es auch wichtige Unterschiede zwischen ihnen. Während beim Erzähler die Kaskaden aus Stoff gebildet werden, setzt sich der Körper des Dicken aus „faltigen Fettmassen" zusammen, woraus sich eine weitere Differenz ableiten lässt: Der Erzähler wird als „Stange in baumelnder Bewegung" (KKA 5, S. 53) bezeichnet, der Dicke hingegen besitzt einen „unbeweglichen Körper" (KKA 5, S. 66). Trotz der äußerlichen Ähnlichkeit besteht der Unterschied zwischen den Figuren darin, dass der Dicke durch seine räumliche Ausdehnung charakterisiert ist, während das Kennzeichen des Erzählers seine Beweglichkeit ist. Sie stehen also für das dynamische Moment der *res cogitans* oder die Statik der *res extensa*.

Weiterhin unterscheiden sich die beiden darin, dass der Dicke sinnlich affiziert werden kann, während der Erzähler als „theilnahmslos" (KKA 5, S. 93) beschrieben wird. Durch seine Erscheinung einerseits und seine Sinnlichkeit andererseits vereint der Dicke *res cogitans* und *res extensa* in sich. Der dialogische Kampf zwischen den beiden Prinzipien, wie er in der Rahmenhandlung durch den Erzähler und den Bekannten geschildert wurde, ist in der Binnenepisode in eine Figur verlagert. Die in der Rahmenhandlung beschriebene Entfremdung wird nun durch die Art der Fortbewegung aufgegriffen: Der Körper des Dicken bewegt sich nicht aus sich selbst heraus, sondern wird auf einer Bahre getragen, wodurch seine Statik unterstrichen wird.[34]

---

[34] Ohne einen direkten Bezug zwischen Biografie und Werk herstellen zu wollen, ist an dieser Stelle ein Blick auf Kafkas Verhältnis zu seinem Körper interessant. Immer wieder klagt er im Tagebuch oder in den Briefen an Felice über die Unzulänglichkeit seines Körpers. Dieser ist nicht wie in der *Beschreibung* unbeweglich, sondern verdammt Kafka buchstäblich zur Unbeweglichkeit, wie eine Tagebuchnotiz nahe legt: „Sicher ist, daß ein Haupthindernis meines Fortschritts mein körperlicher Zustand bildet. Mit einem solchen Körper läßt sich nichts erreichen. Ich werde mich an sein fortwährendes Versagen gewöhnen müssen." (KKA 9, S. 204)
Kafka sah sich durch seinen Körper gehemmt, und zwar in der doppelten Bedeutung des Wortes: Sein Körper war in inter- wie in intrasubjektiver Hinsicht ein Hindernis. Kafka hatte Hemmungen im zwischenmenschlichen Kontakt, weil er sich für seinen Körper schämte. Wegen seiner Magerkeit war der Körper zu schwach, um einer tatkräftigen Realisierung von Ideen und Vorstellungen zu dienen. Außerdem störte der Körper seine Konzentration, denn „das Wohlgefühl eines in jeder Hinsicht gehorchenden Körpers, auch ohne ständige Aufmerksam-

Diese Statik und Sinnlichkeit des Körpers werden aus der Perspektive der *res cogitans* problematisiert. Der Dicke wird als Reflektierender geschildert: „Sein Gesicht trug den einfältigen Ausdruck eines Menschen der nachdenkt und sich nicht bemüht es zu verbergen." (KKA 5, S. 66) In seiner Figur wird veranschaulicht, dass das Denken durch die Körperlichkeit behindert wird: „Die Landschaft stört mich in meinem Denken", beklagt er sich. Durch die Schönheit der Landschaft wird er sinnlich affiziert und damit gestört, denn „sie läßt meine Überlegungen schwanken, wie Kettenbrücken bei zorniger Strömung" (KKA 5, S. 66).

Die Sinnlichkeit lenkt die Aufmerksamkeit von der Innerlichkeit des Denkens auf die Außenwelt. Die Tatsache, dass die Sinnlichkeit und damit die Möglichkeit der Affizierung dem Denken hinderlich ist, hat seit der Antike eine lange Tradition.[35] Ein ungestörtes Denken ist nur möglich, wenn die Sinnlichkeit unterdrückt, die Erscheinungswelt ausgeblendet wird. Der Versuch des Dicken, sich dieser Forderung durch das Verschließen der Augen zu entziehen, misslingt.

Doch aus welchem Grund fühlt er sich derart von der Natur gestört, dass er sich ihr entziehen möchte? Nicht allein die Unterbrechung seines Denkens missfällt ihm, sondern auch die Tatsache, dass ihm gerade durch den Anblick der Natur ihre Unerreichbarkeit und Fremdheit bewusst wird: „Wenn ich [...] mit geschlossenem Auge sage: Berg, ich liebe Dich nicht, denn Du erinnerst mich an die Wolken, an die Abendröthe und an den steigenden Himmel und das sind Dinge, die mich fast weinen machen, denn man kann sie niemals erreichen, wenn man sich auf einer kleinen Sänfte tragen läßt." (KKA 5, S. 66) Seine physische Determination behindert ihn daran, sich den Dingen zu nähern. Die Unmittelbarkeit der Anschauung zeigt nur die Ferne der Schönheit, weil sie den Blick auf das Nächste konzentriert. Die Einengung des Gesichtsfeldes empfindet der Dicke als störend, denn durch die unmittelbare Anschauung des Berges, so klagt er diesen an, „verdeckst Du mir die Fernsicht, die mich erheitert, denn sie zeigt Erreichbares in schönem Überblick" (KKA 5, S. 66). Erst durch die Distanzierung

---

keit und Sorge arbeitenden Körpers, dieses Wohlgefühl, aus dem die ständige Lustigkeit und vor allem Unbefangenheit der meisten Menschen hervorgeht" (F, S. 387), besaß er nicht. Kafkas Problem scheint insofern in der *Beschreibung* thematisiert zu sein, als auch hier der Körper des Dicken als Fremd-Körper beschrieben wird, durch den sich die *res cogitans* gestört fühlt. Unabhängig davon, ob der Körper – wie bei Kafka – extrem mager oder dick ist, entscheidend ist nicht die Ausdehnung, sondern die Tatsache, dass der Körper als „Hindernis" empfunden wird.

[35] Schon Platon hat die Sinnlichkeit als Hindernis für die Erkenntnis angesehen. Seine Ansicht, dass der Körper das Grab der Seele ist, hat in der westlichen Welt zu einer Skepsis gegenüber der Leiblichkeit geführt. Die Folge der solchermaßen begründeten Leibfeindlichkeit sehen Max Horkheimer und Theodor W. Adorno in einer Natur- oder besser einer Denaturierungsgeschichte, die neben der „bekannten Geschichte Europas" geschrieben wurde: „Sie besteht im Schicksal der durch Zivilisation verdrängten und entstellten menschlichen Instinkte und Leidenschaften." Diese ‚Entstellung' erfährt der Mensch am eigenen Leib: „Von der Verstümmelung betroffen ist vor allem das Verhältnis zum Körper. Die Arbeitsteilung, bei der die Nutznießung auf die eine und die Arbeit auf die andere Seite kam, belegte die rohe Kraft mit einem Bann." (ADORNO, Dialektik der Aufklärung, S. 265)

wirkt die Schönheit nicht mehr beengend, sondern kann als erheiternd genossen werden. Der Dicke bemüht sich folglich darum, von der Unmittelbarkeit abzusehen, um zur Perspektive einer Fernsicht zu gelangen.

Dazu bedarf es einer Distanzierung, die der Dicke dadurch zu erreichen versucht, dass er mit geschlossenen Augen bittet: „Jetzt aber – ich bitte Euch – Berg Blume Gras, Buschwerk und Fluß, gebt mir ein wenig Raum, damit ich athmen kann." Es gelingt ihm, sich den erhofften Freiraum zu verschaffen, denn es „entstand ein eilfertiges Verschieben in den umliegenden Bergen", so dass „alle Dinge ihre schöne Begrenzung verloren" (KKA 5, S. 67). Die Bitte des Dicken bezeichnet Lukas Trabert als Abstraktionsabsicht: „Mit diesen intellektuellen Handlungen verfolgt er das Ziel, von den Dingen abstrahieren, von den Anschauungen absehen zu können."[36]

Den Prozess der Abstraktion hat Christoph Bezzel sehr aufschlussreich als Prozess einer Denaturierung beschrieben, wobei er zwischen drei Stufen unterscheidet. Er erläutert diese stufenweise Befreiung von der Natur zwar an der Figur des Erzählers, sie lässt sich aber aufgrund der Verbindung zwischen den Figuren auch auf den Dicken übertragen. Am Anfang steht das Gefühl der eigenen Nichtigkeit im Angesicht der Natur. Beim Anblick des Mondes möchte sich der Erzähler demütig vor ihm verbergen: „Und lieb war es da vom Mond, daß er auch mich beschien und ich wollte aus Bescheidenheit mich unter der Wölbung des Brückenthurmes stellen". Diesem ersten Impuls gibt er jedoch nicht nach, denn er sieht ein, „daß es doch bloß natürlich sei, daß der Mond alles bescheine" (KKA 5, S. 58f.). Bezzel bezeichnet diese Einsicht in die bloße Natürlichkeit als ersten Befreiungsschritt:

> Natur wird zur puren Gegebenheit, die in ihren mannigfaltigen Ausbildungen, in ihrem unablässig wechselnden Wie-Sein nicht mehr gesehen und befragt wird. Gültig bleibt lediglich ihr bloßes Dasein als Bewußtseinswiderstand in wechselnder Modifikation. Poetisch interessiert nur noch der strukturelle Aspekt. Die persönliche Naturbeziehung wird abgelöst, widerlegt durch die befreiende Einsicht in die selbstverständliche Kausalität der Natur.[37]

Durch die Einsicht, dass die Natur unabhängig von ihm besteht, fühlt sich das Subjekt losgelöst. Die Befreiung wird darin erkennbar, dass der Erzähler übermütig zu dichten beginnt; die Distanzierung von der Natur aktiviert offenbar seine schöpferischen Fähigkeiten. Losgelöst vom Gefühl der natürlichen Determination, geht eine Veränderung in ihm vor: „und es wurde mir leicht, als ich Schwimmbewegungen mit den lässigen Armen machend ohne Schmerz und Mühe vorwärtskam" (KKA 5, S. 59).

Ausdruck dieser Revitalisierung ist die Aktivierung der Einbildungskraft: „So kannte ich mit einem Male alle die vielen Sterne bei Namen, trotzdem ich es niemals gelernt hatte." (KKA 5, S. 59) Zwar hat sich der Erzähler von der Natur

---

[36] TRABERT, Sprachproblematik, S. 311.
[37] BEZZEL, Natur, S. 14.

befreit, so dass er seiner Schöpferkraft reaktiviert fühlt, aber er kann noch nicht über sie verfügen. Noch besteht sie in ihrer Eigengesetzlichkeit.

Als zweiter Schritt der Denaturierung erfolgt die Degradierung der Natur zum bloßen Objekt. Der Erzähler ist „klug genug, sie für leblos zu halten" (KKA 5, S. 64). Damit spricht er der Natur die Eigengesetzlichkeit ab, so dass sie zum Material für seinen schöpferischen Willen werden kann. Die Verfügung über die Natur bildet die dritte und letzte Stufe der Befreiung von der Natur. Sie ermöglicht „ein freies Spiel des Menschen mit der als ‚natürlich' und ‚leblos' erkannten Natur"[38].

Durch diesen Abstraktionsprozess verändern sich die Machtverhältnisse. Stand der Erzähler der Natur zunächst demütig gegenüber, verfügt er schließlich über sie. Diesen Wandel vollzieht auch der Dicke, der sich anfangs von der Natur bedrängt fühlt, später aber von ihr abläßt, um sich von ihr zu befreien und seinem Denken freien Lauf zu lassen. Die unmittelbare Anschauung hat zur Folge, „daß unsere Gedanken in Sprünge kommen". Diese Art des unruhigen Denkens lehnt der Dicke ab. Stattdessen wünscht er, sich dem gleichmäßigen Fluss der Gedanken hingeben zu können. Während er die statischen Landschaftselemente als störend empfindet, zieht es ihn zum Fluss hin, der seiner Sehnsucht einer ununterbrochenen Denkbewegung entspricht: „An Dir aber Fluß habe ich so großes Gefallen, daß ich mich durch Dein biegsames Wasser werde tragen lassen." (KKA 5, S. 67)

Mit der durch seine Abstraktion erfolgten Denaturierung entzieht sich der Dicke einer unmittelbaren Affizierung durch die Natur und gewinnt dadurch die ersehnte Erweiterung seines Gesichtsfeldes und damit eine „Fernsicht": „Da brach aus den Rändern der großen Wolke der flache Schein der abendlichen Sonne und verklärte die Hügel und Berge an der Grenze des Gesichtskreises, während der Fluß und die Gegend unter der Wolke in undeutlichem Lichte war." (KKA 5, S. 69) Im sanften Abendlicht löst sich die harte Begrenzung der Landschaft auf. Die durch die veränderte Beleuchtung erwirkte optische Erweichung des Raumes kann als Befreiung des Bewusstseins aus der Determination des Körpers gelesen werden.

Bisher wurde der Dicke auf einer Bahre durch die Landschaft getragen. Nachdem er seinen Wunsch nach mehr Raum geäußert hat, bringen ihn die Träger zum Fluss, in dem sie untergehen. Ohne seine Träger kann sich der Dicke im sich auflösenden Raum nicht mehr halten. Diese Auflösung wird begleitet von einem Wechsel der Fortbewegungsart. Statt von den Männern auf der Bahre über festen Boden getragen zu werden, treibt er nun auf dem Wasser: „Der Dicke drehte sich langsam in der Richtung des strömenden Wassers und wurde flußabwärts getragen, wie ein Götterbild aus hellem Holz, das überflüssig geworden war und das man daher in den Fluß geworfen hatte." (KKA 5, S. 69)

Der Wechsel der Fortbewegungsart geht einher mit einer Veränderung seines Körpers. So bezieht sich die Denaturierung nicht nur auf die umliegende

---

[38] Ebd., S. 16.

Landschaft, sondern auch auf den Körper des Dicken. Sein Körper wird denaturiert, er wird gleichsam zur Statue. Als „Götterbild aus hellem Holz, das überflüssig geworden" ist, hat der Körper seine Sinnlichkeit verloren. Der unruhige, diskontinuierliche Bewegungsmodus wird ersetzt durch einen kontinuierlich fließenden. An die Stelle der mechanischen Schritte der Träger, die zwangsläufig zu kleineren Erschütterungen des Getragenen führen, tritt die gleichmäßige Dynamik des Wassers. Mit den Trägern wird der Körper des Dicken als Träger des Bewusstseins aus dem Dienst entlassen: Er wird als lästiger Rest zurückgelassen. Durch die Denaturierung hat sich der Körper des Dicken verändert. Er hat offenbar seine Materialität verloren, denn: „Eine kleine Möwe mit gestreckten Flügeln flog durch seinen Bauch, ohne daß ihre Schnelligkeit vermindert wurde." (KKA 5, S. 70)

Seine Missachtung der natürlichen Grenzen führt zum Untergang des Dicken. Die Entfesselung der Bewusstseinskräfte erkennt er in seinem Untergang als Frevel gegen die Natur. So bittet der Dicke den Erzähler, der ihn vom Ufer aus beobachtet, ihn nicht zu retten, denn sein Untergang stelle die rechtmäßige „Rache des Wassers und des Windes" dar. Rache sei es, weil der Dicke und sein Freund, der Beter, „oft [...] diese Dinge angegriffen" (KKA 5, S. 70) haben.

4. Die Haltlosigkeit der *res cogitans* – der Beter

Der auf dem Fluss treibende Dicke berichtet dem Erzähler von seiner Bekanntschaft mit dem Beter. Durch seine Schilderung setzt sich die Assoziationskette der Binnenepisoden fort. Mit dieser Fortsetzung erfolgt ein Perspektivwechsel: In der ersten Episode ist die Behinderung der *res cogitans* durch die *res extensa* beschrieben worden, in der Figur des Beters wird nun der fiktive Zustand einer entkörperlichten *res cogitans* problematisiert. In der zweiten Episode wird die Kehrseite des Versuchs, sich vom Körper und mit ihm von der Erscheinungswelt abzuwenden, thematisiert.

Die im Wunsch des Dicken nach einem von der sinnlichen Affizierung ungestörten Denken dargestellte Hoffnung, durch den Akt des Distanzierens nicht mehr der Determination der Erscheinungswelt ausgesetzt zu sein, sondern umgekehrt diese nur noch als Material für die Imagination zu betrachten und auf diese Weise über sie zu verfügen, erfüllt sich nicht. „Die Begründung der Macht des Geistes, die Körperlosigkeit, ist zugleich Quelle der Ohnmacht, insofern sie Entfremdung von der Wirklichkeit des Lebens, Verarmung seiner Erfahrung bedeutet."[39]

Die Distanz zur Wirklichkeit, die als Ausweg aus der Bedrängnis der physischen Determination gedacht war, führt zwar zu der erhofften Freiheit des Denkens, allerdings ist diese Freiheit bei Kafka sinnlos. Die Sinnlosigkeit zeigt sich in einer intra- und in einer intersubjektiven Dimension: Einerseits vermag das Denken keine Existenzgewissheit zu geben, andererseits reagiert Kafka auf den Verlust des Gemeinsinns, der aus der Konzentration auf das Denken resultiert,

---

[39] KELLER, Gesellschaft, S. 85.

nicht mit dem Glauben, die Vernunft als den Menschen gemeinsame Verstandesstruktur könne das entstandene Defizit kompensieren.

Zunächst wird in der *Beschreibung eines Kampfes* die intrasubjektive Dimension der Vernunft problematisiert. Der Beter, vertraut der Dicke dem Erzähler an, sei ihm durch sein ungewöhnliches Verhalten in der Kirche aufgefallen. Während sich der Dicke durch die ihn umgebende Welt bedrängt fühlt und mehr Raum für sich fordert, leidet der Beter offenbar so sehr unter einem Weltverlust, dass er versucht, durch seine inszenierte Frömmigkeit die Aufmerksamkeit der Kirchenbesucher auf sich zu ziehen. Diese Aufmerksamkeit hat eine existentielle Bedeutung für ihn, denn: „Es hat niemals eine Zeit gegeben, in der ich durch mich selbst von meinem Leben überzeugt war." (KKA 5, S. 75)

Das auf sich selbst zurückgeworfene Denkvermögen, das nach Descartes Selbstbewusstsein zu vermitteln vermochte, führt in der *Beschreibung eines Kampfes* zu Selbstzweifeln.[40] Die *res cogitans* ist kein Garant mehr für Existenzgewissheit. Der Beter ist nicht aus sich selbst heraus von seiner Existenz überzeugt; das Denken führt nicht zur Existenzgewissheit, sondern im Gegenteil zur „Seekrankheit auf festem Lande" (KKA 5, S. 74). Ohne sich selbst behaupten zu können, bedarf der Beter der Existenzbestätigung von außen. Doch warum wirkt das cartesianische *Cogito ergo sum* bei Kafka nicht mehr, warum sind bei ihm die Mechanismen der Selbstvergewisserung außer Kraft gesetzt? „Der Grund ist einfach", konstatiert Günther Anders, „das Ich, das Kafka findet, entdeckt er als einen ‚Fremdling' – der Fremdling aber ‚ist' nicht; denn das ‚Wort ‚sein' bedeutet', wie Kafka zehn Jahre nach den ‚Betrachtungen' schreibt, ‚im Deutschen beides: ‚Da-sein' und ‚ihm gehören'. Aber wer ‚zugehört', darf sagen: ‚Ergo sum.' Vorerst aber ‚bin' ich ‚nicht'."[41] Der Beter ist noch nicht. Dem Betrunkenen stellt er sich mit den Worten vor: „Guten Abend, zarter Edelmann, ich bin dreiundzwanzig Jahre alt, aber ich habe noch keinen Namen." (KKA 5, S. 85)

Ohne einen Namen zu haben, oder vielmehr, ohne sich einen Namen gemacht zu haben, hat das Subjekt insofern keine gesellschaftliche Existenz, als es noch nicht durch eine besondere Leistung die Aufmerksamkeit auf sich gezogen und dadurch die Anerkennung seiner Person bewirkt hat. Ohne einen Namen zu

---

[40] Die Figur des Beters steht nicht in der von René Descartes begründeten neuzeitlichen Tradition, die die Vernunft als Quelle des Selbstbewusstseins ansieht. Die Auswirkungen der kopernikanischen Wende auf die Weltsicht der Menschen formulierte Descartes als programmatischen Zweifel: „Ich setze also voraus, daß alles, was ich sehe, falsch ist, ich glaube, daß nichts jemals existiert hat, was das trügerische Gedächtnis mir darstellt: ich habe überhaupt keine Sinne; Körper, Gestalt, Ausdehnung, Bewegung und Ort sind nichts als Chimären. Was also bleibt Wahres übrig?" (DESCARTES, Meditationes, Meditatio II 2) Ausgehend vom grundlegenden Zweifel, versuchte er den archimedischen Punkt zu ergründen, der nicht mehr angezweifelt werden kann. Durch seine Reflexion stößt er auf das Unzweifelhafte par excellence, auf das zweifelnde, reflektierende, denkende Selbstbewusstsein: „Denn daß ich es bin, der zweifelt, der einsieht, der will, das ist so offenbar, daß es durch nichts noch augenscheinlicher erklärt werden kann." (DESCARTES, Meditationes, Meditatio II 9)

[41] ANDERS, Kafka pro und contra, S. 56.

haben, als Aktenstück beglaubigt zu sein, ist der moderne Mensch bei Kafka nicht von seiner Existenz überzeugt:

> Während in der Geschichte der Emanzipierung des Individuums gerade das ‚un-bedingte', d. h. durch nichts gehaltene oder gebundene Ich als Inbegriff des Seins galt (‚Sein' gleich ‚Freiheit'), ist für Kafka nur das bedingte, das gebundene Ich ‚seiend'. Aber was Kafka beschreibt, ist nicht so sehr das ‚Seiende', die Welt, mit der das Individuum ‚mit-ist', sondern die Tatsache des Nichtdazugehörens, also das Nichtsein. Oder genauer: das Seiende, die Welt, wie es vom Fremdling aus aussieht (nämlich fremd); und die verzweifelte Bemühung des Nichtseienden (nämlich Nichtdazugehörenden), von der Welt akzeptiert zu werden.[42]

In der Figur des Beters wird das Moment der Rahmenhandlung reflektiert, in dem der Erzähler durch das Interesse des Bekannten „vor den Menschen Wert" erhält, ohne dass er sich diesen „erst erwerben muß" (KKA 5, S. 52). Wie der Erzähler vom Bekannten, ist der Beter vom Interesse anderer Menschen abhängig, denn dieses verleiht seiner Existenz die Festigkeit, der sie ansonsten entbehrt. Am Abend fürchtet der Beter: „Daß vielleicht die Körperlichkeit entschwindet, daß die Menschen wirklich so sind wie sie in der Dämmerung scheinen, daß man ohne Stock nicht gehen dürfe, daß es vielleicht gut wäre in die Kirche zu gehn und schreiend zu beten um angeschaut zu werden und Körper zu bekommen." (KKA 5, S. 89) Erst durch den Blick von außen erhält er eine Definition und verliert sich nicht ins Grenzenlose.

Der Beter ist weniger eine eigene Figur als vielmehr die Folge des Abstraktionsprozesses des Dicken. In ihm wird die Kehrseite der Befreiung des Geistes vom Körper und der empirischen Welt anschaulich. Die Unsicherheit der Existenz des Beters sieht der Dicke als Krankheit an, die aus dem Spiel mit der für leblos und bloß natürlich erklärten Natur resultiert. Er diagnostiziert beim Beter eine „Seekrankheit auf festem Lande": „Deren Wesen ist so, daß Ihr den wahrhaften Namen der Dinge vergessen habt und über sie jetzt in einer Eile zufällige Namen schüttet." (KKA 5, S. 74)

Die Haltlosigkeit der „Seekrankheit" entspricht dem Wesen des Beters. Er hat keine Bodenhaftung, weil er keinen Körper besitzt; er ist nur ein „Schatten mit eckigen Schultern" und „manchmal", wenn er an den Hausfronten vorbeihüpft, „in den Scheiben der Auslagsfenster verschwindend" (KKA 5, S. 76). Er ist „immer nur in Bewegung" (KKA 5, S. 71), und er spricht „mit einer völlig unbefestigten Stimme" (KKA 5, S. 72).

Die Folge seiner Rastlosigkeit ist sein nur oberflächliches Erkenntnisvermögen: „Ich erfasse [...] die Dinge um mich nur in so hinfälligen Vorstellungen, daß ich immer glaube, die Dinge hätten einmal gelebt, jetzt aber seien sie versinkend." Hinter den hinfälligen Erscheinungen vermutet er ein beständiges Wesen. Er ist überzeugt davon, denn er hört „oft Leute in dieser Weise von ihnen reden" (KKA 5, S. 75). Der Beter unterscheidet sich von seinen Mitmenschen buch-

---

[42] Ebd.

stäblich in seiner Lebensanschauung. Die Besonderheit seiner Weltsicht besteht darin, dass für ihn der Übergang von der sinnlichen Anschauung zur Begriffsbildung problematisch ist. Was bedeutet das?

Einen Hinweis auf die Besonderheit der Weltsicht des Beters gibt Kafka in einer kurzen Überlegung über das problematische Verhältnis zwischen Perzeption und Apperzeption, mit der er auf den ersten Teil von Max Brods Essay *Zur Aesthetik* reagierte. Da dieser Essay bereits am 17. Februar 1906 erschien, ist anzunehmen, dass die durch ihn ausgelösten Überlegungen Kafkas in die, erst im Spätsommer begonnene, erste Fassung der *Beschreibung eines Kampfes* eingegangen sind.

Kafka versucht den Begriff der „ästhetischen Apperception" zu definieren. Die Schwierigkeit ihrer Bestimmung liegt in der Unvereinbarkeit ihrer Elemente: der Ästhetik allgemein als Wissenschaft vom sinnlichen Wahrnehmen einerseits und der mit Abstraktionen arbeitenden Logik andererseits. Die Widersprüchlichkeit von Ästhetik und Begriffsbildung besteht für Kafka in ihrem jeweils unterschiedlichen Verhältnis zwischen Erkenntnissubjekt und Erkenntnisobjekt. „Ästhetische Freude" kann eine Vorstellung nur dann hervorrufen, wenn sie „nicht in die Sphäre des Willens fällt". Von einer subjektiven Bewertung befreit können dabei nur „neue Vorstellungen" sein. (Vgl. KKA 5, S. 11)

Sobald eine Gewöhnung einsetzt, verliert sich zwar die Möglichkeit der „ästhetische[n] Freude", aber zugleich kann der Gegenstand apperzipiert werden, und das bedeutet, dass die Anschauung in einen subjektiven Erlebnishorizont eingeordnet wird: Die Apperzeption ist nämlich nichts anderes als die Synthetisierung der Perzeption durch das Hinzudenken eines einheitlichen Erkenntnissubjekts.[43] Eine Begriffsbildung ist also eigentlich erst dann möglich, wenn der ‚Reiz des Neuen', der eine „ästhetische Freude" zu erwecken vermag, vergangen ist; das wiederum bedeutet, dass eine „ästhetische Apperception" eigentlich nicht möglich ist. Das „Lustgefühl" einer zweckfreien Betrachtungsweise ist durch den Willen des Subjekts insofern latent bedroht, als das Erkenntnissubjekt in eine Relation entweder der „Liebhaberei" oder der „Müdigkeit" zum Erkenntnisgegenstand treten kann. (Vgl. KKA 5, S. 11) Sobald eine individuelle Beziehung zum Gegenstand hergestellt ist, kann durch ihn keine „ästhetische Freude" mehr hervorgerufen werden, da dies nur möglich ist, solange die „Sphäre des Willens" nicht tangiert wird.

Kafka spricht von „Ermüdung", wenn einem Urteil keine aktuelle Überzeugung zugrunde liegt, sondern eine Aussage nur aus Gewohnheit gemacht wird. Das Nachlassen der Aufmerksamkeit betreffe sowohl ästhetische wie auch alltägliche Gegenstände, denn für Kafka „ermüden wir nicht nur beim Genießen der Kunst sondern auch beim Lernen und Bergsteigen und Mittagessen ohne daß wir sagen dürften, Kalbfleisch sei keine uns entsprechende Speise mehr, weil wir heute ihrer müde sind." (KKA 5, S. 11) Wenn ein (begriffliches) Urteil seine Gültigkeit auch unabhängig von der aktuellen Beziehung zum Erkenntnissubjekt

---

[43] Vgl. dazu KANT, Kritik der reinen Vernunft, 1, WA 3, S. 136-138.

behält, wird es seiner Wirklichkeit beraubt, d. h. die subjektive, veränderliche Anschauung wird in das Schema einer Definition übertragen. Den Weg von der Perzeption zur Apperzeption beschreibt Kafka als Denaturierung des Erkenntnisobjekts: „der Gegenstand schwebt über der ästhetischen Kante und Müdigkeit (die es eigentlich nur zur Liebhaberei der knapp vorhergehenden Zeit giebt), also: der Gegenstand hat das Gleichgewicht verloren undzwar im üblen Sinne." (KKA 5, S. 12) Die „Ermüdung" als Abnahme des unmittelbaren Interesses begleitet den Prozess von der Perzeption zur Apperzeption, denn „Apperception ist kein Zustand, sondern eine Bewegung also muß sich vollenden." (KKA 5, S. 12)

Der Beter in der *Beschreibung eines Kampfes* erfährt die Transformation von der Anschauung in den Begriff als problematisch, weil er sich der Denaturierungstendenz bewusst ist. Das ‚sprachliche Bild', das sich in seinem Kopf formiert, zeigt die Dinge als „versinkend". Die „hinfälligen Vorstellungen", die er sich von der Welt macht, sind das Ergebnis der sich vollendenden Bewegung der Apperzeption, in der der Gegenstand in das Raster eines subjektiven Urteilsvermögens eingeordnet wird. Der Beter beklagt eine derartig eingeschränkte Erkenntnismöglichkeit, denn er glaubt, dass er als Erkenntnissubjekt gleichsam den Blick auf die Welt verstellt. Er gesteht daher: „Immer [...] habe ich eine so quälende Lust, die Dinge so zu sehn, wie sie sich geben mögen, ehe sie sich mir zeigen. Sie sind da wohl schön und ruhig." (KKA 5, S. 75) Da für ihn der Prozess der Begriffsbildung hinsichtlich der Beziehung zwischen Signifikat und Signifikant fragwürdig erscheint, wünscht er sich einen alternativen Erkenntnismodus zu finden, in dem sich die „Bewegung" der Apperzeption nicht abschließt, sondern die „ästhetische Freude" unmittelbar, also ohne eine subjektive Einfärbung in eine Begrifflichkeit überführt werden kann.

Der Beter stellt durch das Gewahrwerden des problematischen Transformationsvorganges von natürlicher Anschauung zum kulturellen Zeichensystem nicht nur den Verstand als Vermögen der Begriffsbildung in Frage, sondern auch die Vernunft als Vermögen des Schließens. Dass er nur durch die Mitteilung anderer, nicht aber aus sich selbst heraus die Kenntnis hat, dass die Dinge „schön und ruhig" sind, kann als Hinweis auf eine Dysfunktion des, wenn man schematisch sprechen möchte, Denkapparats aufgefasst werden. Immanuel Kant hat das menschliche Erkenntnisvermögen in seiner *Kritik der reinen Vernunft* als kompliziertes Zusammenspiel zwischen Wahrnehmung, Verstand und Vernunft beschrieben.[44] Die drei sind hierarchisch geordnet: An unterster Stufe steht die

---

[44] Zur Veranschaulichung der in der Beschreibung reflektierten Erkenntnisproblematik wird Kant hinzugezogen, weil er in seiner Untersuchung der Grenzen und Möglichkeiten des menschlichen Erkenntnisvermögens eine klare Begriffsdefinition vornimmt, auf die sich auch die Vertreter des Neukantianismus beziehen. Wenn die in der *Beschreibung eines Kampfes* dargelegten Denkmechanismen mit der kantischen Begrifflichkeit erläutert werden, bedeutet das allerdings nicht, dass Kafka von Kants Erkenntnistheorie beeinflusst war. Viel wahrscheinlicher ist, dass die aktuelle Diskussion über die Mechanismen des Denkens von Kafka reflektiert wurde. Möglicherweise hat er seine Kenntnisse über den sich entwickelnden Empirioskepti-

Wahrnehmung; der Verstand ist das Vermögen, die disperaten Erscheinungen in Begriffe zu überführen und so zu vereinheitlichen; die Vernunft aber systematisiert den Verstand, indem sie ihn unter Prinzipien subsumiert. „Vernunfteinheit ist also nicht Einheit einer möglichen Erfahrung, sondern von dieser, als der Verstandeseinheit, wesentlich unterschieden. Daß alles, was geschieht, eine Ursache habe, ist gar kein durch Vernunft erkannter und vorgeschriebener Grundsatz. Er macht die Einheit der Erfahrung möglich und entlehnt nichts von der Vernunft, welche, ohne diese Beziehung auf mögliche Erfahrung, aus bloßen Begriffen keine solche synthetische Einheit hätte gebieten können."[45] Die Vernunft hat für die menschliche Erkenntnis also insofern eine Bedeutung, als sie den Verstand zur Synthetisierung der Erkenntnis anleitet, indem sie das Denken dem regulativen Prinzip des Apriorischen unterstellt.

Außerdem stellt der Vernunftgebrauch das „Vermögen zu schließen"[46] dar, so dass aus einzelnen Verstandesurteilen eine allgemeingültige Konklusion abgeleitet werden kann. Für Kant besteht die Funktion der Vernunft für die Erkenntnis darin, „zu dem bedingten Erkenntnisse des Verstandes das Unbedingte zu finden, womit die Einheit desselben vollendet wird."[47]

Der Mangel dieses Abstraktionsvermögens unterscheidet den Beter von seinen Mitmenschen. Die Schwierigkeit des Lebens ergibt sich aus seinem Zweifel an der gesetzgebenden Funktion der Ratio, die für die „bürgerliche Öffentlichkeit" konstituierend sein soll.[48] Die Diskrepanz zwischen Naturzustand und

---

zismus, dessen Kernthesen ihm durch den Besuch einiger Philosophie-Vorlesungen und seine Teilnahme am Louvre-Zirkel bekannt waren, in die Figur des Erzählers einfließen lassen. Arnold Heidsieck, der den Einfluss der deskriptiven Psychologie von Franz Brentano auf das Frühwerk Kafkas untersucht, nennt als Besonderheit von Brentanos Urteilslehre die Evidenz und kommt zu der Einsicht: „Kafkas Texte weisen zahlreiche poetische Verarbeitungen Brentanoscher Anschauungen auf, z. B. die von der Intentionalität des Bewußtseins und die einer ontologischen Spaltung von Bewusstsein und zu erkennender Welt." (HEIDSIECK, Fiktionale Ontologie, S. 392)

[45] KANT, Kritik der reinen Vernunft, 1, WA 3, S. 317.
[46] Ebd., S. 333.
[47] Ebd., S. 318.
[48] Der Beter fühlt sich nicht eingebunden in eine Gemeinschaft, deren konstituierende Weltanschauung ihm nicht einsichtig ist. Für ihn gibt es kein ‚Ding an sich' hinter der Erscheinungswelt, wohl aber offenbar für seine Mitmenschen, wenn man ihren Reden Glauben schenken darf. Ohne das Vermögen zu schließen kann sich der Beter keinen festen Boden der Allgemeingültigkeit herleiten. Wenn man den Beter als Sinnbild der *res cogitans* ansieht, kann man aufgrund dieser Unfähigkeit von einer strukturellen Fehlfunktion des Denkapparats sprechen, die nicht zuletzt zur sozialen Isolation führt.
Der aus Descartes' Zweifel am menschlichen Erkenntnisvermögen resultierende Weltverlust bereitete nicht nur den Weg für die Entwicklung des modernen Subjekts, sondern auch den Weg für eine neue Gesellschaftsform. Sein Zweifel an der empirischen Erkennbarkeit der Welt führte Descartes in einen radikalen Subjektivismus, der gesellschaftliche Konsequenzen hatte: Ihm folgte nicht nur die Verlagerung der Seinsgewissheit ins Innere des Menschen, sondern auch die Internalisierung des Gemeinsinns, der die Bedingung für Interaktion darstellt. Der „Gemeinsinn" war ursprünglich das „Vermögen […], durch das die Gemeinsamkeit der

Vergesellschaftung sollte dadurch aufgehoben werden, dass sich durch Vernunfteinsicht ein neuer Naturzustand etablierte. Die Vernunft ist nicht als individuierendes Vermögen gedacht, sondern ist als allen Menschen gemeinsames Vermögen ein Bindeglied: „Die volonté génerale, Garantie eines unter Bedingungen des Gesellschaftszustandes wiederhergestellten Naturzustandes, ragt vielmehr als eine Art Instinkt der Menschheit aus diesem in jenen rettend hinein."[49]

Die Unbeständigkeit des Denkens, die sich in der „Seekrankheit" manifestiert, impliziert eine intersubjektive Problematik. Der Übergang vom Natur- zum Kulturzustand ist dem Beter nicht einsichtig. Statt ihn selbst nachvollziehen zu können, beschreibt er die Diskrepanz gleichsam als Außenstehender:

> Wir bauen eigentlich unbrauchbare Kriegsmaschinen, Thürme, Mauern, Vorhänge aus Seide und wir könnten uns viel darüber wundern, wenn wir Zeit dazu hätten. Und erhalten uns in Schwebe, wir fallen nicht, wir flattern, wenn wir auch häßlicher sind als Fledermäuse. Und schon kann uns kaum jemand an einem schönen Tage hindern zu sagen: ‚Ach Gott heute ist ein schöner Tag.' Denn schon sind wir auf unserer Erde eingerichtet und leben auf Grund unseres Einverständnisses. (KKA 5, S. 89)

Im Gegensatz zum Beter leiden die vergesellschafteten Menschen nicht unter der „Seekrankheit auf festem Lande", weil sie nicht an der vernünftigen Übereinkunft zweifeln. Die Fähigkeit, die Dinge zwar nicht so zu sehen, „wie sie sich geben mögen, ehe sie sich mir zeigen", aber anzunehmen, dass sie „da wohl schön und ruhig" sind (KKA 5, S. 75), stellt die Bodenhaftung dar, die nötig ist, um sich in der Welt heimisch, gleichsam ontologisch geborgen, zu fühlen. Für das Vorhandensein eines ‚Dings an sich' gibt es keinen empirischen Beweis; die Welt kann nicht gesehen werden, wie sie „schön und ruhig" ist, die Annahme einer Einheitlichkeit in der Mannigfaltigkeit ist, in den Worten Kants, lediglich eine Idee, doch eine solche Annahme sei wesenhaft für „die Natur der Vernunft"[50].

Welt sich dem Menschen erschließt, wie ihre Sichtbarkeit sich ihm durch das Sehvermögen erschließt." (ARENDT, Vita activa, S. 359) Die Verinnerlichung dieses Vermögens bedeutete, dass nicht mehr die empirische Wahrnehmbarkeit einer Lebenswirklichkeit die Diskrepanz zwischen den Individuen überbrückte, sondern: „Es bedarf nur des gesunden Menschenverstandes […], um das Gemeinwohl wahrzunehmen." (HABERMAS, Strukturwandel, S. 171)

Eine Begründung dafür, dass die Vernunft ein „Gemeinsinn" ist, gibt Kant 1788 in seiner *Kritik der praktischen Vernunft*. In dieser Untersuchung über die Wirkweise der Vernunft in Bezug auf menschliche Handlungen kommt er bekanntlich zur Einsicht, dass es eine grundlegende und allgemeine Form der praktischen Vernunft gibt: den kategorischen Imperativ. „Handle so, daß die Maxime deines Willens jederzeit zugleich als Prinzip einer allgemeinen Gesetzgebung gelten könne." (KANT, Kritik der praktischen Vernunft, WA 7, S. 140) Durch die Reflexion darüber, ob ein subjektiver Handlungsgrundsatz als allgemeines Gesetz wünschenswert wäre, ist dieses formale Sittengesetz Hinweis auf einen „Gemeinsinn".

[49] HABERMAS, Strukturwandel, S. 171.
[50] Für Kant wird die Verstandestätigkeit durch Verstandesbegriffe systematisiert, die er als „transzendentale Ideen" bezeichnet. Ihre Funktion für die Erkenntnis besteht darin, dass sie „alles Erfahrungserkenntnis als bestimmt durch eine absolute Totalität der Bedingungen [be-

Die Gabe einer natürlichen und vernünftigen Annahme von Ideen besitzt der Beter in der Beschreibung eines Kampfes nicht. Die Folge seines Unvermögens ist eine existentielle Verunsicherung, die ihn von seinen Mitmenschen unterscheidet. Ihre Sicherheit eines Heimatgefühles in der Welt fehlt ihm, wie er anhand einer Kindheitserinnerung erläutert. Er sei einmal als Kind, aus einem Nachmittagsschlaf erwachend, Zeuge eines kurzen Dialoges geworden, der ihn sehr verwunderte. Während er „noch ganz im Schlaf befangen" gewesen sei, habe er seine „Mutter in natürlichem Ton vom Balkon hinunterfragen" gehört: „Was machen Sie meine Liebe. Es ist so heiß." Daraufhin habe er eine Frau aus dem Garten antworten hören: „Ich jause im Grünen." Erstaunt sei er darüber gewesen, dass beide Frauen ganz „ohne Nachdenken und nicht allzu deutlich" gesprochen hätten, und zwar so, „als müßte es jeder erwartet haben" (KKA 5, S. 75f.).[51]

Sein Erstaunen über das gehörte Gespräch, in dem sich seine „Seekrankheit" offenbart, weist auf die Unfähigkeit des Beters hin, sich in die Konventionen der Gesellschaft einzufinden, die seiner Existenz Halt geben könnten. Jede Art der Übereinkunft markiert einen Aktionsraum, der „im Sinne des Talmud aus der Stadt ein abgegrenztes Gebiet, gewissermaßen einen Hof bildet, so daß es auch dem Frömmsten möglich ist, am Samstag innerhalb dieses Kreises sich zu bewegen" (KKA 8, S. 215).

Das Gesetz, das den Aktionsradius des Menschen konstituiert, kann ein religiöses Gebot oder eine gesellschaftliche Konvention sein. Die Teilhabe an einer Übereinkunft gibt die für das Leben notwendige Sicherheit. Diese beruht nicht zuletzt auf der notwendigen Ausblendung der Vergänglichkeit. Ohne die Fähigkeit, von den hinfälligen Erscheinungen abzusehen, fehlt dem Beter der feste Boden, auf dem er sich in einem gesellschaftlichen Kreis bewegen könnte. Er ist nicht in der Lage, von der Hinfälligkeit der Welt abzusehen. Selbst wenn seine Mitmenschen ihn temporär beruhigen und ihm Halt geben können, hält diese Sicherheit nicht an, sondern:

> wenn ich einen großen Platz zu durchqueren habe, vergesse ich an alles. Die Schwierigkeit dieses Unternehmens verwirrt mich und ich denke oft bei mir: ‚Wenn man so große Plätze nur aus Übermuth baut, warum baut man nicht auch ein Steingeländer, das durch den Platz führen könnte. Heute bläst ein Südwestwind. Die Luft auf dem Platz ist aufgeregt. Die

---

trachten]. Sie sind nicht willkürlich erdichtet, sondern durch die Natur der Vernunft selbst aufgegeben, und beziehen sich daher notwendiger Weise auf den ganzen Verstandesgebrauch. Sie sind endlich transzendent und übersteigen die Grenzen der Erfahrung, in welcher also niemals ein Gegenstand vorkommen kann, der der transzendentalen Idee adäquat wäre." (KANT, Kritik der reinen Vernunft, 1, WA 3, S. 331)

[51] An dieser Stelle kommt die Tendenz Kafkas, Leben und Werk, biografische und literarische Schriften zu überblenden, besonders gut zum Ausdruck: Am 28. August 1904 berichtet er in einem Brief an Max Brod von dem aufgeschnappten Gespräch zwischen Mutter und Nachbarin. Der Wortlaut in der *Beschreibung eines Kampfes* weicht dabei nur sehr geringfügig vom Brief ab. (Vgl. KKABr, S. 36)

Spitze des Rathhausthurmes beschreibt kleine Kreise. Warum macht man nicht Ruhe in dem Gedränge? Was ist das doch für ein Lärm! Alle Fensterscheiben lärmen und die Laternenpfähle biegen sich wie Bambus. Der Mantel der heiligen Maria auf der Säule rundet sich und die stürmische Luft reißt an ihm. Sieht es denn niemand? Die Herren und Damen, die auf den Steinen gehen sollten, schweben. Wenn der Wind Athem holt, bleiben sie stehn, sagen einige Worte zu einander und verneigen sich grüßend, stößt aber der Wind wieder, können sie ihm nicht widerstehn und alle heben gleichzeitig ihre Füße. Zwar müssen sie fest ihre Hüte halten, aber ihre Augen schauen lustig, als wäre milde Witterung. Nur ich fürchte mich. (KKA 5, S. 77)

Der Blick des Beters ist verwirrt, er sieht die Dinge nicht in ihrer Beständigkeit, sondern nur in ihrer Hinfälligkeit. Jede Statik löst sich vor seinen Augen in Bewegung auf.[52] Selbst massive Steinbauten wie der Rathausturm und die Mariensäule geraten unter seinem Blick in Bewegung. Aus seiner Beobachtung kann er nicht ermitteln, auf welche Weise es den anderen Menschen gelingt, sich ohne Schwierigkeiten auf dem Platz zu bewegen. Er sieht lediglich Widersprüche, die ansonsten niemanden stören.[53]

---

[52] Interessanterweise beschreibt Kafka die Unordnung als synästhetische Wahrnehmung. Die Auflösung der Anschauung wird als „Lärm" empfunden; der Beter fragt sich: „Warum macht man nicht Ruhe in dem Gedränge?" Akustische Phänomene bedeuten eine sinnliche Affizierung, der sich der Mensch schlechter entziehen kann als einem visuellen Reiz, bei dem er lediglich die Augen schließen muss. Dass Kafka extrem lärmempfindlich war, hat er wiederholt betont. Sein Wunsch war es, „sich schon bei Lebzeiten die Ohren zu verstopfen" – ein Wunsch, den er praktisch mit Hilfe von „Ohropax" zu erfüllen versuchte. Allerdings mit zweifelhaftem Erfolg, denn „es hält den Lärm auch nicht ab, sondern dämpft ihn bloß" (F, S. 632). Es gibt „zu Lebzeiten" kein Entkommen vom Lärm des Lebens. Kafkas Lärmempfindlichkeit korreliert mit seiner fehlenden Musikalität. Wer kein Gefühl für Rhythmus und Harmonie hat, kann keinen Zusammenhang zwischen einzelnen Tönen nachempfinden. Sie sind dann nichts weiter als zusammenhangloser Lärm, Geräusche ohne Struktur und Ordnung. Ebenso wie die „Seekrankheit auf festem Lande" weist die Wahrnehmung von Lärm auf ein Defizit des Erkenntnisvermögens hin, nämlich auf die Unfähigkeit zum vernünftigen Schließen. In seinen Notizen zu Brods Ästhetik-Essay beschreibt Kafka den Übergang von der Perzeption zur Apperzeption mit den Worten: „Es entsteht ein wenig Lärm, dazwischen dieses bedrängte Lustgefühl, aber bald muß alles in seinen gehöhlten Lagern ruhen." (KKA 5, S. 12) Die Un-Ruhe des Denkens resultiert aus der Unfähigkeit zu subsumieren.

[53] Dass der Beter keine Gleichgesinnten findet, sondern offenbar der Einzige ist, der existentiell verunsichert ist, verstärkt das Gefühl der Isolation, des Andersseins. Den Widerspruch zwischen Selbstwahrnehmung und dem an den Mitmenschen beobachteten Selbstgefühl hat Kafka nicht nur in der *Beschreibung eines Kampfes*, sondern auch in der etwa zur gleichen Zeit, auf jeden Fall vor Ende 1907 entstandenen Skizze *Der Fahrgast* dargestellt. Am Beginn steht die äußerst verunsicherte Selbstwahrnehmung des Erzählers: „Ich stehe auf der Plattform des elektrischen Wagens und bin vollständig unsicher in Rücksicht meiner Stellung in dieser Welt, in dieser Stadt, in meiner Familie." (KKA 1, S. 26) Während der Fahrt beobachtet er einen weiblichen Fahrgast. Ohne auch nur einen Hinweis auf eine ähnliche Verunsicherung bei ihr zu registrieren, endet er mit der Frage: „Wieso kommt es, daß sie nicht über sich verwundert ist, daß sie den Mund geschlossen hält und nichts dergleichen sagt?" (KKA 1, S. 27) Wie für den

Über die Ursachen für die Furcht, die der Beter angesichts der für ihn unverständlichen Sicherheit in der Interaktion seiner Mitmenschen empfindet, gehen die Meinungen in der Literatur auseinander. Sie lässt sich sowohl epistemologisch als auch gesellschaftskritisch begründen. Für Seiji Hattori formuliert Kafka hier das „Erstaunen über das Alltäglich-Selbstverständliche", wobei dieses Erstaunen mit Angst verbunden ist: „Diese ‚Angst' hat ihre Ursache darin, daß man das Banale, das Triviale allzu scharf, genau *beobachtet*."[54] Anderer Auffassung ist Karin Keller. Ihrer Meinung nach „fürchtet sich" der Beter zu Recht, denn „Anpassung als Sich-Einleben, als Verzicht auf ‚Eigensinn' ist der Preis fürs Überleben"[55].

Entgegen Hattoris Ansicht resultiert die Erkenntnisschwierigkeit des Beters nicht aus der Tatsache, dass er (zu) „genau *beobachtet*", denn seine Anschauungen sind nicht differenziert. Vielmehr formuliert er allgemein, wie die „Herren und Damen" agieren. In seinen Augen scheinen die Mitmenschen gleichgeschaltet zu sein. Was er hingegen sehr genau beobachtet, ist der Widerspruch zwischen der Dynamik der Natur und der Statik einer kulturellen Übereinkunft. Den Beter irritiert, dass seine Mitmenschen sich der Dynamik des Lebens widersetzen können, die wie ein Wind störend ins Dasein eindringt. Ihre Ruhe, die einen Gegensatz zu seiner Ungeduld und „Eile" (KKA 5, S. 74) bildet, verwirrt ihn.

Die Schwierigkeit des Beters, den Platz zu überqueren, kann als bildliche Darstellung des problematischen Übergangs von der Perzeption zur Apperzeption gelesen werden. Diese Vermutung wird durch ein ähnliches Bild bestärkt, das Kafka in der Notiz zu Brods Ästhetik-Essay entwickelt. Darin erläutert er seine Vorstellung einer „ästhetischen Apperception" am Beispiel eines Ortsfremden, der seinen Weg zu einem Bekannten allein mit Hilfe der Kenntnis von dessen Adresse finden soll. Dieses Wissen hilft ihm aber wenig, denn um sein Ziel tatsächlich zu erreichen, muss er beständig weiterfragen, „eine Apperception ist hier überhaupt unmöglich". (Vgl. KKA 5, S. 12) Kafka bemüht sich um die Verdeutlichung seiner Ansicht des Apperzeptions-Begriffs, denn: „So wie wir ihn kennen, ist er kein Begriff der Ästhetik." (KKA 5, S. 12)

Zwei Aspekte kennzeichnen seine Reflexionen über die Möglichkeit einer Vermittlung zwischen Anschauung und Begriff. Einerseits ist das erlangte, gesicherte Wissen für die praktische Lebensbewältigung sinnlos, denn ihm stehen die unablässig sich verändernden Subjekt-Objekt-Relationen gegenüber. Die Kenntnis der Adresse des Freundes ist kein Garant dafür, dass der Ortsfremde ihn anhand dieses Wissens auch finden wird. Mit anderen Worten: Wissen dient nach

---

Beter der *Beschreibung* kann auch hier der Erzähler nicht ermitteln, ob seine Unsicherheit ein persönliches Problem ist oder ein allgemeines, das seine Mitmenschen entweder zu kompensieren oder zu kaschieren wissen. Die Reflexion über diese Problematik wird Kafka in seiner späten Erzählung *Forschungen eines Hundes* aufgreifen, so dass diese Thematik einen Bogen zwischen Früh- und Spätwerk spannt.
[54] HATTORI, Sprachkrise, S. 32.
[55] KELLER, Gesellschaft, S. 81.

Kafkas Ansicht nicht der praktischen Lebensbewältigung. Andererseits kann die unmittelbare Anschauung nicht in Begriffe transformiert werden, die durch die Annahme eines einheitlichen Erkenntnissubjekts zu Erfahrungen verknüpft werden. Ein Fortschritt ist für den Ortsfremden durch die Apperzeption dann nicht möglich, wenn das Denken von der Anschauung abhängig bleibt und aus den Begriffen keine eigenen Schlüsse gezogen werden können.

Die Unfähigkeit, das Wissen auf eine konkrete Situation anzuwenden, unterscheidet für Kafka offenbar den „ästhetischen" vom „wissenschaftlichen Menschen". Ersterer scheint insofern durch die Unfähigkeit zur Apperzeption charakterisiert zu sein, als ihm eine Transformation von sinnlichen Wahrnehmungen in Allgemeinbegriffe nicht möglich ist. Auch wenn Kafka nicht explizit ausführt, was er unter einer „ästhetischen Apperception" versteht, kann doch vermutet werden, dass damit ein kreativer oder dichterischer Umgang mit Sprache bezeichnet werden soll. Wenn der „ästhetische Mensch" also durch eine Unfähigkeit zur Apperzeption gekennzeichnet ist, zeichnet er sich möglicherweise dadurch aus, dass er ästhetisch apperzipiert. Die Übertragung der Anschauung in begriffliches Wissen bildet eine Konstante, die vor einer „Seekrankheit auf festem Lande" schützen kann, „denn schon vom Anfang an wird vorgreifend alles gezwungen sich an die Apperception zu halten wie an ein Geländer" (KKA 5, S. 12). Dieser Konstante entbehrt der Beter in der *Beschreibung*, denn für ihn bleibt „ein Steingeländer, das durch den Platz führen könnte" (KKA 5, S. 77), ein unerfüllter Wunsch.

Die Ruhe seiner Mitmenschen hat ihren Ursprung in einem vom Beter grundverschiedenen Vernunftgebrauch. Ihm fehlt die Solidität ihrer Existenz, weil er, statt verbindlich zu sein, über die Dinge „in einer Eile zufällige Namen schüttet" (KKA 5, S. 74). Während die Menschen, die er beobachtete, durch ihr Einverständnis einen kulturellen Boden konstruiert haben, der es ihnen ermöglicht, auf einer festen Grundlage zu interagieren, ist der Beter in seinem Fortkommen dadurch behindert, dass er die Tragfähigkeit des Grundes in Frage stellt. Auch er lebt eigentlich „auf festem Lande", aber durch seine Zweifel leidet er an einer „Seekrankheit".

Obwohl in der Furcht des Beters insofern eine Gesellschaftskritik impliziert ist, als sie – nicht nur, aber auch – durch Bedenken gegen die Existenz eines vernünftigen Gemeinsinns bedingt ist, wird in der *Beschreibung eines Kampfes* die Gesellschaft nicht an sich verworfen. Stattdessen äußert der Beter indirekt den Wunsch nach Zugehörigkeit, wenn er sich wünscht, die Welt so wie seine Mitmenschen zu sehen, nämlich „schön und ruhig" (KKA 5, S. 75). Dies könnte er nur, wenn er seinen Erkenntnismodus anpassen würde, aber das widerstrebt ihm. Er könnte auch auf den Blick, dem sich die Welt als beständig präsentiert, verzichten, allerdings würde in diesem Falle das Leiden an seiner Haltlosigkeit in der Welt unerträglich.

Der Beter möchte beides: nicht auf seine Freiheit verzichten *und* die Bestätigung seiner Existenz. Dieser zweifache Wunsch birgt eine Schwierigkeit: Einerseits kann die Freiheit nicht gewahrt werden, solange der Körper durch seine

Affizierbarkeit das Denken stört, andererseits muss die *res cogitans* interagieren, um eine Existenzbestätigung zu erhalten, und zur Interaktion bedarf sie des Körpers.

5. Die Auflösung von *res cogitans* und *res extensa*

Den Zusammenhang von *res extensa* und *res cogitans* beschreibt Kafka als einen zerstörerischen Kampf, der nur in der Schilderung zur Belustigung wird. Sinnlichkeit und Vernunft lassen sich nicht vereinbaren. Der Dicke ist nicht Körper, sondern er *hat* einen Körper und diesen lehnt er ab, weil er durch seine Affizierbarkeit das Denken stört. Anschauung und begriffliches Denken vermag er nicht in Einklang zu bringen.[56] Um der Störung durch die Wahrnehmung zu entgehen, erscheint der Rückzug von der empirischen in die intelligible Welt notwendig. Die Ausblendung des Körpers als Element der empirischen Welt führt jedoch nicht zur erhofften Ruhe des Denkens, denn die *res cogitans* vermittelt beim Beter keine Seinsgewissheit. Ihm fehlt die Fähigkeit des Schließens, das Vermögen, die Verstandestätigkeit unter eine (transzendentale) Idee zu subsumieren und Erfahrungen auf diese Weise zu vereinheitlichen. Und damit fehlt ihm zwangsläufig auch das Kontinuum eines Ichs, das ihm Seinsgewissheit vermitteln könnte. Ohne diese Gewissheit aus sich selbst heraus aber richtet sich das Denkvermögen auf die materielle Welt, um eine Existenzbestätigung von außen zu erhalten. In den Binnenepisoden offenbart sich der in der *Beschreibung eines Kampfes* thematisierte Konflikt. Dieser hat sowohl eine intra- als auch eine intersubjektive Dimension.

Aber worin genau besteht dieser Kampf? Walter H. Sokel erläutert: „Es geht um Macht, um Selbstbehauptung, um Existenz."[57] In der *Beschreibung* wird „offensichtlich ein Dialog weniger zwischen zwei wirklichen Menschen als zwischen zwei Möglichkeiten des Menschseins, die Kafka selbst vor sich sah und

---

[56] Dass Kafka die Kongruenz von Perzeption und Apperzeption nicht prinzipiell ausschloss, sondern lediglich *nicht mehr* bzw. nur *für sich selbst* für nicht realisierbar hielt, lässt eine Tagebuchaufzeichnung vermuten. Auch wenn diese erst Ende 1911, also sieben Jahre nachdem Kafka mit der Niederschrift der *Beschreibung* begonnen hatte, notiert wurde, ist denkbar, dass die hier formulierten Gedanken Kafka schon länger beschäftigten. Er hielt seine Lektüreeindrücke von Goethes Tagebüchern fest: „Reisebeobachtungen Goethes anders als die heutigen, weil sie aus eine Postkutsche gemacht mit den langsamen Veränderungen des Geländes sich einfacher entwickeln und viel leichter selbst von demjenigen verfolgt werden können, der jene Gegenden nicht kennt. Ein ruhiges förmliches Denken tritt ein." (KKA 9, S. 36f.) Möglicherweise hat Kafka schon zu Schulzeiten, in denen die Lektüre Goethes obligatorisch war, diese Besonderheit registriert. Dass sie ihm aufgefallen ist, lässt darauf schließen, dass er die Kongruenz von Wahrnehmung und Denken in seiner Gegenwart nicht mehr für möglich hielt; eben diese Unmöglichkeit hat er in der *Beschreibung* in der Episode mit dem Dicken dargestellt. Obwohl dieser in einer auffälligen, altmodischen Art und Weise durch die Landschaft reist, stellt sich bei ihm kein „ruhiges förmlich landschaftliches Denken" ein, sondern im Gegenteil: „Die Landschaft stört mich in meinem Denken […] sie läßt meine Überlegungen schwanken, wie Kettenbrücken bei zorniger Strömung." (KKA 5, S. 66)
[57] SOKEL, Tragik und Ironie, S. 35.

zwischen denen er zu wählen hatte", dargestellt. Es geht um die Frage nach der Möglichkeit „des Lebens in der Gemeinschaft" und der Alternative „des Lebens als ‚Junggeselle'"[58]. Sokel nennt mit dem Konflikt zwischen Junggesellentum und Ehe – auch wenn er den Begriff nicht explizit verwendet, kann diese als Möglichkeit „des Lebens in der Gemeinschaft" als Gegenkonzept zur vereinzelten Existenz angenommen werden – die intersubjektive Dimension des in der Beschreibung thematisierten intrasubjektiven Konflikts. Dieser besteht in der Unvereinbarkeit von *res extensa* und *res cogitans* und mündet in die Ablehnung des Körpers, in der Rahmenhandlung dargestellt durch die Selbstverletzung des Bekannten.

In den Binnenepisoden wird diese Ablehnung der *res extensa* durch den Untergang des Dicken anschaulich. Am Ende seiner Reflexion wächst der Erzähler über sich hinaus, er sprengt alle Grenzen: „meine Arme waren so groß, wie die Wolken eines Landregens" und „meine unmöglichen Beine lagen über den bewaldeten Bergen und beschatteten die dörflichen Thäler. Sie wuchsen, sie wuchsen! Schon ragten sie in den Raum der keine Landschaft mehr besaß, längst schon reichte ihre Länge aus der Sehschärfe meiner Augen." (KKA 5, S. 91) Nicht zufällig wächst er, als der Dicke mit seinem zur Statue gewordenen Körper im Fluss untergeht. Der Erzähler hat sich aus den engen Grenzen der körperlichen Determination befreit und steht nun außerhalb; deshalb verwundet sich der Bekannte nach der Rückkehr aus seinen Gedanken selbst. Während seines Nachdenkens ist er zu der Einsicht gelangt, dass der Körper zum Untergang bestimmt ist.

Geist und Körper sind einander fremd. Sie sind aufeinander angewiesen, aber stören sich wechselseitig. Der Übergang von Natur zur Kultur wird bei Kafka als Unmöglichkeit dargestellt, weil er keine Möglichkeit eines Ausgleichs zwischen *res cogitans* und *res extensa* sah. Dieses Dilemma formuliert der Erzähler, während er den Untergang des Dicken beobachtet:

> Ich, der soviele Belustigungen erfahren hatte, stand am Ufer und sah es. ‚Was sollen unsere Lungen thun', schrie ich, ‚athmen sie rasch, ersticken sie an sich, an innern Giften; athmen sie langsam ersticken sie an nicht athembarer Luft, an den empörten Dingen. Wenn sie aber ihr Tempo suchen wollen, gehn sie schon am Suchen zugrunde. (KKA 5, S. 91)

Der Mensch als Körper „kommunizier[t] allein mit der Umwelt über Luft und Nahrung".[59] Wenn die natürliche Entwicklung schnell erfolgt, kann die innere Entwicklung nicht Schritt halten, wird zur „Flintenkugel", und der Mensch droht „an innern Giften" zugrunde zu gehen. Erfolgt die natürliche Entwicklung hingegen langsam, kommt dies einem Verstoß gegen das Naturgesetz gleich, denn es provoziert die „Rache" der Natur. (Vgl. KKA 5, S. 70)

Der Versuch, zwischen Körper und Geist zu vermitteln, wird in der *Beschreibung eines Kampfes* als Versuch der Angleichung ihrer Geschwindigkeit ge-

---

[58] SCHILLEMEIT, Textverständnis, S. 208.
[59] SCHNEIDER, Kafkas Tiere, S. 86.

schildert. Das bedeutet, dass für den Denkprozess und die sinnliche Affizierung ein synchronisiertes „Tempo" gefunden werden muss. Der Versuch einer derartigen Synchronisierung erscheint bei Kafka jedoch als Illusion, denn er wird in der *Beschreibung eines Kampfes* als „Beweis dessen, daß es unmöglich ist zu leben" (KKA 5, S. 61), beschrieben. *Res cogitans* und *res extensa* lassen sich nicht synthetisieren, weder intra- noch intersubjektiv. Die Unvereinbarkeit von der Begehrlichkeit und Bedürftigkeit des Körpers und der Verunsicherung und Selbstbehauptungsabsicht des Geistes wird zum Problem:

> Das Vertragsdilemma (die Unmöglichkeit der Verbindung) zwischen den Menschenkörpern wiederholt sich im Innenverhältnis des einzelnen als eines begehrenden und eines symbolischen (sprechenden, schreibenden) Subjektes. Im Körper arbeiten ein biologischer Automat und eine Sprech-, Denk- und Reflexionsmaschine jeweils auf eigene Rechnung. Da sie auch noch in völlig verschiedenen Zeiten operieren, können sie sich wechselseitig nichts übertragen.[60]

Aus dem intrasubjektiven Konflikt erwächst ein intersubjektives Dilemma. Die Unvereinbarkeit von *res cogitans* und *res extensa* wird in einer intersubjektiven Dimension zum Vertragsproblem. Wenn sich der Mensch nicht (vollständig) sozialisieren lässt, wie kann dann ein Gesellschaftsvertrag, ein Bund der Vernunft, geschlossen werden? Ein Vertragsschluss bedeutet entweder Rechtsübertragung oder Rechtsverzicht, um im Gegenzug ein anderes Gut zu erhalten. Vertragsabschlüsse beruhen auf Wechselseitigkeit. Diese Wechselseitigkeit, und damit die theoretische Erfüllbarkeit, bildet die Voraussetzung für die Rechtmäßigkeit eines Vertrages. Unverträglich sind diejenigen, die diese Grundlage eines Vertragsabschlusses nicht erfüllen.

„Verträge mit wilden Tieren sind unmöglich", heißt es im *Leviathan* von Thomas Hobbes. „Da sie unsere Sprache nicht verstehen, können sie eine Rechtsübertragung weder begreifen noch annehmen, noch können sie ein Recht auf einen anderen übertragen. Und ohne gegenseitige Annahme gibt es keinen Vertrag."[61] Manfred Schneider gelangt im Anschluss an diese Ausführungen zu einer überaus interessanten Sicht auf Kafkas Werk. Seiner Ansicht nach eröffnet „Hobbes' Deklaration über das Unmögliche [...] einen Zugang zum Vertragswesen in Kafkas Texten"[62]. Das Scheitern eines Vertragsabschlusses im Sinne einer Übereinkunft und eines Zusammenkommens zweier Personen beruhe demnach sowohl in seinen literarischen Texten als auch in Kafkas zwischenmenschlichen Beziehungen auf der Tatsache, dass die Menschen, juristisch wie sozial, unverträglich sind.

Was Kafka in der *Beschreibung eines Kampfes* als „Beweis dessen, daß es unmöglich ist zu leben" (KKA 5, S. 61), reflektiert, ist die Unfähigkeit, ein Mittel-

---

[60] Ebd., S. 87.
[61] HOBBES, Leviathan, S. 105.
[62] SCHNEIDER, Kafkas Tiere, S. 84.

maß zu finden. Das Leben als Entweder-Oder aber war für ihn ebenfalls eine Unmöglichkeit, wie er Ende 1913 an Felice Bauer schreibt:

> Es ist unmöglich, alles zu sagen und es ist unmöglich, nicht alles zu sagen. Unmöglich die Freiheit zu bewahren, unmöglich sie nicht zu bewahren. Unmöglich das einzig mögliche Leben zu führen, nämlich beisammenleben, jeder frei, für sich, weder äußerlich noch wirklich verheiratet sein, nur beisammen sein [...]. (F, S. 464)

An dieser Stelle formuliert Kafka zwei Ausprägungen desselben Konflikts: den Übergang von Natur zur Kultur. Einerseits stellte sich ihm dieser Übergang als Sprach- oder Kommunikationsproblem, andererseits als Sozialisationsproblem. Beide Aspekte des Problems werden in der *Beschreibung eines Kampfes* reflektiert.

Die Möglichkeit einer Transformation von der sinnlichen Anschauung in einen Begriff ist für Kafka so zweifelhaft, dass sich ihm die Frage einer diese Problematik berücksichtigenden Weltanschauung stellte, wie er sich in einer Tagebuchaufzeichnung von 1920 erinnert. Sechzehn Jahre nachdem er mit der *Beschreibung eines Kampfes* begonnen hatte, notierte er:

> Ich saß einmal vor vielen Jahren, gewiß traurig genug, auf der Lehne des Laurenziberges [...]. Ich prüfte die Wünsche, die ich für das Leben hatte. Als wichtigster oder als reizvollster ergab sich der Wunsch, eine Ansicht des Lebens zu gewinnen (und – das war allerdings notwendig verbunden – schriftlich die andern von ihr überzeugen zu können) in der das Leben zwar sein natürliches schweres Fallen und Steigen bewahre aber gleichzeitig mit nicht minderer Deutlichkeit als ein Nichts, als ein Traum, als ein Schweben erkannt werde. (KKA 11, S. 179)

Kafka wollte, so ließe sich der hier formulierte Wunsch vereinfacht ausdrücken, ein Erkenntnis- und Lebenskonzept, in dem neben die subjektive auch eine objektive Welterkenntnis tritt. Da nicht allein die Erkenntnis, sondern auch die Vermittlung für Kafka von entscheidender Wichtigkeit war, musste er für seine Absicht einer zweckfreien, also von jeder Individualität bereinigten Erkenntnis eine Darstellungsmöglichkeit finden. Die Apperzeption schien ihm in der traditionellen Auffassung kaum geeignet, eine wertfreie Ansicht der Welt zu vermitteln, so dass er den Darstellungsmodus der „ästhetischen Apperception" entwickelte.

Um Kafkas Konzept der „ästhetischen Apperception" verständlicher zu machen, sei es mit dem Konzept Kants verglichen. Für Kant ist die Apperzeption das bewusste Erfassen von sinnlichen Anschauungen durch die Subsumtion unter einen Begriff. „Das, was den inneren Sinn bestimmt, ist der Verstand und dessen ursprüngliches Vermögen, das Mannigfaltige der Anschauung zu verbinden, d. i. unter eine Apperzeption [...] zu bringen."[63] Wesentlich für Kants Definition der Apperzeption ist nicht nur die Überführung einer Empfindung

---

[63] KANT, Kritik der reinen Vernunft, 1, WA 3, S. 151.

als ungeformter Anschauung ins Bewusstsein, sondern zugleich die Annahme oder besser Hinzunahme eines konsistenten Selbstbewusstseins des Erkenntnissubjekts.[64]

Die mit der Apperzeption zusammenhängende Einengung des Erkenntnisvermögens auf eine subjektive Perspektive wollte Kafka aus seinem Entwurf einer „ästhetischen Apperception" eliminieren, denn sie ist seiner Vorstellung einer ‚objektiven Weltanschauung' hinderlich. Die traditionelle Vorstellung der Apperzeption, die „kein Zustand, sondern eine Bewegung" sei und als solche danach strebe, sich abzuschließen (Vgl. KKA 5, S. 12), erscheint nicht dazu geeignet, „die Dinge so zu sehn, wie sie sich geben mögen, ehe sie sich mir zeigen" (KKA 5, S. 75), denn die Apperzeption setzt normalerweise ein Selbstbewusstsein voraus, welches Bedingung und Folge von Erfahrung zugleich ist. Ein vom Bewusstsein geleiteter Erkenntnismodus ermöglicht zwar, das Leben als ein „natürliches schweres Fallen und Steigen" anzusehen, aber ein derartig subjektiver Standpunkt verhindert nach Kafka, die Welt „als ein Nichts, als ein Traum, als ein Schweben" wahrzunehmen. (KKA 11, S. 179)

Die als mangelhaft empfundene Möglichkeit der Welterfassung in „hinfälligen Vorstellungen" und der Wunsch nach einer Ansicht der Welt frei von jeder subjektiven Bewertung und damit Einengung des Erkenntnisvermögens spitzen sich in der *Beschreibung eines Kampfes* zu als „Beweis dessen, daß es unmöglich ist zu leben." (KKA 5, S. 61) In der Figur des Dicken wurde die Unmöglichkeit der Apperzeption aus der sinnlichen Anschauung geschildert: Die Affizierung ist dem Denken hinderlich. Der Begriff oder das Wissen dient nicht der Bewältigung des Alltags, wenn das Subjekt nicht ‚so vernünftig' ist, die Verstandestätigkeit zu vereinheitlichen, indem es das Denken dem Prinzipien von „transzendentalen Ideen" unterstellt. Das Unvermögen, zu schließen und die Anschauungen zu Erfahrungen zu verknüpfen, ist in der Figur des Beters dargestellt worden.

Die existentielle Verunsicherung, die aus einem infiniten Denken entspringt, das nicht durch die Annahme von „transzendentalen Ideen" vereinheitlicht ist, führt zu einer als leidvoll erfahrenen Lebensbewältigung. Für Kafka „real life is a struggle and philosophy is a game", wie David Schur konstatiert.[65] Entsprechend dieser Gegenüberstellung eröffnet die *Beschreibung eines Kampfes* die Opposition zwischen dem tätigen und dem betrachtenden Leben, indem nämlich der Kampf in „Belustigungen" (KKA 5, S. 61) umgewandelt wird. Der Perspektivwechsel erfordert die Fähigkeit der Selbstvergessenheit, die Auflösung des Bewusstseins. Der Sprung von der Unmöglichkeit des Lebens zur „Belustigung" erfolgt durch den Perspektivwechsel vom apperzipierenden zum kontemplativen Erkenntnismodus. Die empirische Welt verliert ihre Bedrohlichkeit, wenn das Erkenntnissubjekt nicht mehr im traditionellen Sinn, sondern gleichsam assoziativ apperzipiert. Durch eine spontane und assoziative Benennung

---

[64] Vgl. dazu ebd., S. 137.
[65] SCHUR, Transcendence, S. 403.

wird verhindert, dass „der Gegenstand [...] das Gleichgewicht [verliert]" (KKA 5, S. 12), indem er auf eine Definition eingeschränkt wird, unabhängig von der aktuellen Aufmerksamkeit des Erkenntnissubjekts. Die traditionelle Apperzeption erkennt der Beter als zerstörerisch für die Gegenstände der empirischen Welt, denn er begreift, dass es ihnen „nicht gut thut, wenn man über Euch nachdenkt; Ihr nehmet ab an Muth und Gesundheit." (KKA 5, S. 84)

Als der Beter erkennt, „wie zuträglich" es ist, „wenn Nachdenker vom Betrunkenen lernt" (KKA 5, S. 84), eröffnet sich ihm ein neuer Blick auf die Welt. Während der Nachdenkende der Welt als intentionales Erkenntnissubjekt gegenübertritt, mit der Absicht also, seine Wahrnehmungen ins Bewusstsein zu übertragen, fehlt dem „Betrunkenen" jede Intentionalität: In dessen Weltanschauung soll weder „Zweck noch Wahrheit" erreicht werden, „sondern nur Scherz und Unterhaltung" (KKA 5, S. 90) stattfinden.

Im kontemplativen Erkenntnismodus verändert sich das Verhältnis zwischen Erkenntnissubjekt und -objekt. Die Gegenstände offenbaren sich so, „wie sie sich geben mögen, ehe sie sich mir zeigen." Während der Beter früher beklagt, die Welt nur als versinkende wahrzunehmen, aber nicht so, wie sie ohne die Formung durch die Projektion der Erkenntniskategorien ist, lernt er durch einen „Betrunkenen", die Welt als „schön und ruhig" zu erfahren. (Vgl. KKA 5, S. 75) Nämlich dann, wenn er sich nicht um Erkenntnis bemüht: „Es war vielleicht diese kleine, ganz ruhige Pause zwischen Tag und Nacht, wo uns der Kopf, ohne daß wir es erwarten im Genicke hängt und wo alles, ohne daß wir es merken, still steht, da wir es nicht betrachten und dann verschwindet." (KKA 5, S. 87)

Den Einfall, dass es „zuträglich" ist, „wenn Nachdenker vom Betrunkenen lernt" (KKA 5, S. 84), setzt die Assoziationskette der Binnenepisode fort, denn der Beter begegnet tatsächlich einem Betrunkenen. Dieser ist charakterisiert durch seine Vergesslichkeit, so dass seine Existenz unbestimmt bleibt:

> Das ist so nämlich – ich bin nämlich schläfrig, daher werde ich schlafen gehn – Ich habe nämlich einen Schwager am Wenzelsplatz – dorthin geh ich, denn dort wohne ich, denn dort habe ich mein Bett – so geh ich jetzt – Ich weiß nämlich nur nicht wie er heißt und wo er wohnt – mir scheint, das habe ich vergessen – aber das macht nichts, denn ich weiß ja nicht einmal, ob ich überhaupt einen Schwager habe – Jetzt gehe ich nämlich – Glauben Sie, daß ich ihn finden werde? (KKA 5, S. 87)

Die Sätze, die aus dem Betrunkenen heraussprudeln, sind sinnlos. Seine Betrunkenheit steht für die Auflösung des Bewusstseins, für die Ausschaltung der Sinn produzierenden Vernunft. Der Betrunkene gleicht einem Leerkörper, weil er ohne Bewusstsein auch keine Persönlichkeit ist. Ohne das Korrektiv der Vernunft ist unentscheidbar, ob die Worte aus dem Beter selbst entspringen oder ob er nur Gehörtes nachplappert. Der Unvernünftige ähnelt nach Ansicht Friedrich A. Kittlers einer Reproduziermaschine und wird ebenso wie diese zur Gefahr für den Bestand der durch die Vernunft konstituierten Gesellschaft:

> Was technische Medien speichern, ist ihre eigene Opposition gegenüber Staat und Schule. Leute, die schneller reden sollen, als Denken und d. h. Kontrolle läuft, sagen mit Notwendigkeit der Disziplinarmacht einen Kleinkrieg an. Wer nicht nur vergißt, sondern gut nietzscheanisch auch noch sein Vergessen vergißt, liefert wie Kafkas Betrunkener immer schon die *Beschreibung eines Kampfes*.[66]

Die Selbstvergessenheit lernt der Beter vom Betrunkenen nicht durch einen Bericht, sondern sie wird ihm in dem Unvernünftigen direkt ansichtig. Statt einer Lehrstunde gerät das Gespräch zwischen ihnen zu einem Monolog des Beters, der nur von gelegentlichem Rülpsen des Betrunkenen unterbrochen wird. Die Fragen, die er dem Angesprochenen stellt, explizieren die Utopie der künftigen Lebensform. Der Beter fordert den Betrunkenen auf, ihm von Paris zu berichten:

> Ich bitte Sie, so geschmückter Herr, ist das wahr, was man mir erzählt hat. Giebt es in Paris Menschen, die nur aus verzierten Kleidern bestehn und giebt es dort Häuser die bloß Portale haben und ist es wahr, daß an Sommertagen der Himmel über der Stadt fliehend blau ist, nur verschönt durch angepreßte weiße Wölkchen, die alle die Form von Herzen haben? Und giebt es dort ein Panoptikum mit großem Zulauf, in dem bloß Bäume stehn mit den Namen der berühmtesten Helden, Verbrecher und Verliebten auf kleinen angehängten Tafeln. (KKA 5, S. 85f.)

Was auf den ersten Blick wie eine Parodie erscheint, ist tatsächlich ein Bild vom erträumten „künftigen Leben". Eine Gesellschaft, in der die Menschen nur noch aus Kleidern bestehen und nicht mehr in ihrem „natürlichen Maskenanzug" auftreten, entspricht der Prophezeiung des Beters einer modernen Lebensform, die nur noch einen formalen Zusammenhang zwischen den Menschen proklamiert.

> Durch diesen gegenläufigen Prozeß von Naturalisierung der Kleidung und Konfektionierung des Körpers ist zwischen Leben und Leblosigkeit nichts entscheidbar. Die Ikone des Körpers ist ähnlich mit sich nur in einem endlosen Übergang von Hülle zu Hülle, d. h. nicht als Ausdruck eines inneren Wesens, sondern in einem äußeren Transfer, der Deckschicht mit Deckschicht amalgamiert.[67]

Die Welt, die der Beter beschreibt, gleicht einem Theater, in dem alles, sogar die Schauspieler, nur noch Fassade ist. Die aus Kleidern bestehenden Menschen sind Leerformen, bloße Hüllen, die von ihrem Wesenskern befreit sind. Solchermaßen entindividualisiert, wird das Leben für die Menschen zum Spiel. So führt ein zufälliger Zusammenstoß auf der Straße nicht zum Streit, sondern wird zum Anlass, eine neue Bekanntschaft zu schließen. Der Beter malt sich aus, wie ein solcher Zusammenstoß aussehen könnte. Der Verursacher wird sogleich um Verzeihung bitten und sagen:

---

[66] KITTLER, Aufschreibesysteme, S. 302.
[67] VOGL, Ort der Gewalt, S. 39.

> Es thut mir sehr leid – es geschah ohne Absicht – das Gedränge ist groß, verzeihen Sie, ich bitte – es war sehr ungeschickt von mir – ich gebe das zu. Mein Name ist – mein Name ist Jerome Faroche, Gewürzkrämer bin ich in der rue de Cabotin – gestatten Sie, daß ich Sie für morgen zum Mittagessen einlade – auch meine Frau würde so große Freude haben. (KKA 5, S. 86)

Die Freundlichkeit des Verursachers des Zusammenstoßes liegt nicht in seinem Wesen begründet, sondern ist im Gegenteil die Folge seiner fehlenden Individualität. Da die Menschen nur aus Kleidern bestehen, gleicht ihre Interaktion einem Schauspiel. Aufschlussreich ist Lukas Traberts Erläuterung der Szene:

> Der Gewürzkrämer heißt Faroche, was Farouche anklingen läßt. Dies bedeutet u.a. ‚menschenscheu.' Warum ein ‚menschenscheuer' Mann so kontaktfreudig auftritt, kann der zweite Name erklären: Er kommt aus der Rue de Cabotin, übersetzt: aus der Straße der Komödianten oder gar der Schmierenkomödianten. Die Namen entlarven seine Rede als Spiel, als Komödie.[68]

Die Utopie einer modernen Gesellschaft wird zu einer Umdeutung des gesellschaftlichen Lebens in ein Theater. Auf diese Weise ist Interaktion möglich, aber ohne verletzende Auseinandersetzungen. In Kafkas Konzept einer neuen Lebensform „the world is reduced to mere appearance, elegant surface, Schein – to a beautiful vacant sign"[69].

Die von Kafka erwünschte Ansicht des Lebens ist nur zu erlangen, wenn man sich von der Konzeption des modernen Subjekts und der von ihr abhängigen Definition von Wirklichkeit verabschiedet. In den Binnenepisoden der *Beschreibung eines Kampfes* hat Kafka die Interdependenz von der Krise des Subjekts auf der einen und der Erschütterung des Wirklichkeitsbegriffs auf der anderen Seite beschrieben. Diesen Zusammenhang hat Friedrich Nietzsche, der wie Kafka die Krise des modernen Subjekts reflektiert hat, als Ausgangspunkt für seine Konzeption des ‚Übermenschen' gemacht. Da Nietzsches Ansichten hierzu in ähnlicher Weise auch bei Kafka zu finden sind, ist es aufschlussreich, Nietzsches Auseinandersetzung mit der Konzeption des modernen Subjekts zu betrachten. Er bezweifelte die Existenz eines kontinuierlichen Ichs, das in der Idee des modernen Subjekts Identität ermöglichen sollte:

> Subjekt: das ist die Terminologie unsres Glaubens an eine Einheit unter all den verschiedenen Momenten höchsten Realitätsgefühls: wir verstehn diesen Glauben als Wirkung Einer Ursache, – wir glauben an unseren Glauben soweit, daß wir um seinetwillen die „Wahrheit", „Wirklichkeit", „Substanzialität" überhaupt imaginieren.[70]

Nietzsche negiert die Existenz eines einheitlichen Erkenntnissubjekts, welchem die mannigfaltigen Erfahrungen und Wahrnehmungen untergeordnet werden.

---

[68] TRABERT, Sprachproblematik, S. 301f.
[69] ANDERSON, Clothes, S. 47.
[70] NIETZSCHE, Nachgelassene Fragmente 1885 – 1887, KSA 12, S. 465.

Indem für ihn die Identität lediglich ein Bestandteil der illusorischen modernen Subjektkonstruktion war, wurde auch der Realitätsbegriff fragwürdig, denn: „Der *Substanz*begriff [ist] eine Folge des *Subjekts*begriffs: nicht umgekehrt! Geben wir die Seele, ‚das Subjekt' preis, so fehlt die Voraussetzung für eine ‚Substanz' überhaupt. Man bekommt *Grade des Seienden*, man verliert das Seiende."[71] Ebenso wenig wie es ein beständiges Subjekt gibt, gibt es eine Realität. Wenn die Wirklichkeit nur die Projektion eines Subjekts ist, dieses aber nur als Vielheit denkbar ist, tritt an die Stelle einer objektiven Wirklichkeit nicht nur eine subjektive Vorstellungswelt, sondern die Erkenntnis, dass die Welt *nichts anderes* ist als das Produkt der jeweils eingenommenen Perspektive: „Thatsachen giebt es nicht, nur Interpretationen"[72].

In einem Ende 1917 oder Anfang 1918 notierten Aphorismus werden Kafkas Zweifel an der Existenz eines einheitlichen Subjekts sehr deutlich, wenn er schreibt: „Es gibt im gleichen Menschen Erkenntnisse, die bei völliger Verschiedenheit doch das gleiche Objekt haben, sodaß wieder nur auf verschiedene Subjekte im gleichen Menschen rückgeschlossen werden muß." (KKA 6, S. 240) Diese Beobachtung stellt indes kein Novum bei Kafka dar, sondern wird bereits im Frühwerk reflektiert. So deutet in der *Beschreibung eines Kampfes* die Spaltung einer linearen Erzählweise in verschiedene „Perspektivfiguren" auf Kafkas Absage an ein kontinuierliches und einheitliches Erkenntnissubjekt hin.

Die spätmoderne Krise wird also in der *Beschreibung eines Kampfes*, ähnlich wie bei Nietzsche, als Liquidierung des Realitätsbegriffs durch eine zeitgleiche Auflösung von Subjekt und Objekt dargestellt. Wenn der Dicke die Natur durch das Verschließen seiner Augen nicht mehr wahrnimmt, dann bedeutet dies keinen Realitätsverlust in dem Sinne, dass die Dingwelt auch ohne die Anerkennung eines Subjekts existiert, sondern eine gänzliche Auslöschung der Realität. Sie verliert ihre Definition. Die Konsequenz einer Liquidierung des Erkenntnissubjekts als Kontinuum kommt einer Fragmentierung der Weltanschauung gleich. Die Tatsache, dass es allein dem Beter unmöglich ist, die Dingwelt als Einheit wahrzunehmen, während er bei seinen Mitmenschen keinerlei Anzeichen für eine Verunsicherung erkennen kann, bestärkt die Vermutung, dass sich in der Fragmentierung der Wirklichkeitsrezeption die Auflösung des Erkenntnissubjekts widerspiegelt. Die rezipierte Wirklichkeit zeichnet im Bewusstsein des Erkenntnissubjekts kein einheitliches, sondern ein perspektivisch gebrochenes Bild. Unentscheidbar ist, ob eine Fragmentierung des Subjekts der Fragmentierung des Objekts vorangeht oder umgekehrt.

Eindeutig hingegen ist die Bewertung einer Fragmentierung des Subjekts. Die Liquidierung eines kontinuierlichen Subjekts wird in der *Beschreibung eines Kampfes* nicht beklagt, sondern sie ist sogar erwünscht. Das Mittel, den Auflösungsprozess herbeizuführen, ist das Vergessen. Für die Konzeption des modernen Subjekts war das Gedächtnis als Spiegel der Kontinuität des Erkenntnissub-

---

[71] Ebd.
[72] Ebd., S. 315.

jekts entscheidend. Der Wunsch nach Vergessen als Antwort auf das Archivieren von Wissen kann als Kritik am Konzept des modernen Subjekts gelesen werden.[73] Dessen Kontinuität beruht wesentlich auf der Fähigkeit des Erinnerns, es soll das Subjekt in seiner Identität stabilisieren. Das Speichern von Wissen knüpft ein geschichtliches Band und stellt den Einzelnen in die Chronologie einer Tradition.

Dem Erzähler der *Beschreibung eines Kampfes* eröffnet sich keine Möglichkeit, zwischen Natur und Kultur, Körper und Geist zu vermitteln. Die Idee des modernen Subjekts ist für ihn nicht mehr realisierbar. Wenn sich aber das alte Konzept des vernunftbegabten Subjekts als nicht mehr zeitgemäß herausstellt, ist es da nicht konsequent, sich auch noch des letzten Rests zu entledigen, der den Erzähler mit der Subjektkonzeption verbindet, die auf der Überzeugung beruhte, der Geist könne die Natur vernünftig machen und so den menschlichen Dualismus synthetisieren? Ist es also nicht konsequent, sich auch von der Erinnerung zu lösen? Für Andreas Kilcher bezeichnet das Vergessen ein „mnemonische[s] Dispositiv, an dem sich die Traditions- und Erinnerungsverweigerung der Moderne manifestier[t]"[74].

Der Preis für die Erlangung eines erträumten Lebens ist in der *Beschreibung eines Kampfes* das Vergessen. Der Übergang von der Rahmenhandlung zu den Binnenepisoden, also der Übergang von der empirischen in die intelligible Welt, wird vom Erzähler zwar erträumt, aber für eine dauerhafte Realisierung dieses Traums einer Abkehr von der Empirie bedarf es einiger Anstrengung. Um in dem „künftigen Leben" verweilen zu können, ist der Erzähler genötigt, „hartnäckig zu vergessen." (Vgl. KKA 5, S. 64f.)

---

[73] Auffällig ist die Tatsache, dass nicht nur bei Kafka, sondern auch bei Nietzsche das Vergessen als Antwort auf die Krise des modernen Subjekts empfohlen wird. Nietzsche erlebte seine Gegenwart „an der *historischen Krankheit*" leidend, und diese erschien tödlich, denn das „Uebermaass von Historie hat die plastische Kraft des Lebens angegriffen, es versteht nicht mehr, sich der Vergangenheit wie einer kräftigen Nahrung zu bedienen" (NIETZSCHE, Vom Nutzen und Nachteil der Historie für das Leben, KSA 1, S. 329). Gegen die diagnostizierte „historische Krankheit" empfiehlt Nietzsche das Vergessen, um die Gegenwart zu revitalisieren. Denn das Vergessen als Negation ist eine Befreiung und damit die Voraussetzung für das Wiedererlangen schöpferischer Tätigkeit. „Die Metaphorik der Entlastung für das Vergessen unterstreicht dessen komplexe, kulturelle Produktivität", konstatiert Erich Kleinschmidt. „Im Verlust liegt der Gewinn. Die Verwerfung von Einschreibungen wird zum prometheischen Gründungsakt der Kultur umgedeutet." (KLEINSCHMIDT, Verschiebungen, S. 136) Nietzsche entwickelte die Idee eines schöpferischen Menschen jenseits von Tradition und wies so einen Ausweg aus der diagnostizierten Epigonalität seiner Gegenwart. Seine Diagnose der Zeit und sein Aufruf zur Emanzipation müssen Kafka angesprochen haben, litt doch auch er darunter, ein Nachgeborener zu sein, der unter der „Last der Jahrhunderte" (E, S. 435) erdrückt zu werden glaubte. Diese lähmende Wirkung des tradierten Wissens war „ein Grundproblem Kafkas", wie Beda Allemann konstatiert: „Sie ist es, die unser Gedächtnis überlastet und deshalb uns dem Vergessen preisgibt, sie ist es auch, die uns vor der Zukunft zögern läßt." (ALLEMANN, Stehender Sturmlauf, S. 30)

[74] KILCHER, Dispositive des Vergessens, S. 217.

Was hier als Ideal erträumt wird, erinnert an Jean Baudrillards Charakterisierung des postmodernen Subjekts. Dieses hat jede Form der Entfremdung dadurch aufgehoben, dass es, zum „fraktalen Subjekt" geworden, nur noch den eigenen „Repräsentationen" begegnet. „Diesseits jeder Repräsentation fällt es zurück bis zum winzigen molekularen Bruchteil seiner selbst. Ein eigentümlicher Narziß: es sehnt sich nicht mehr nach seinem vollkommenen Idealbild, sondern nach der Formel einer endlosen genetischen Reproduktion."[75] Das „künftige Leben", das sich der Erzähler auf dem „Spaziergang" imaginiert, ist nichts anderes als der Eintritt in ein, wenn man so möchte, mentales Spiegelkabinett, in dem er sich eine Welt „nach seinem Willen" (KKA 5, S. 62) schafft, eine Welt, in der er eigentlich immer nur sich selbst begegnet. „Die Umwelt schwindet hier zur flüchtigen Spiegelungen des Ich, das außerhalb seiner inneren Welt nichts mehr erfaßt."[76]

6. Kafkas Idee eines „fraktalen Subjekts"

Wie kann der Traum vom „künftigen Leben" realisiert werden, so dass er nicht nur ein Eskapismus ist? Oder anders gefragt: Entwirft Kafka, wie Peter-André Alt behauptet, in der *Beschreibung eines Kampfes* nur einen „radikalen Selbstbezug und die mit ihm verbundene Folge des Realitätsverlusts"[77]? Oder entwickelt er möglicherweise eine neue Lebensform, die auch Interaktion ermöglicht? Gibt es also Hinweise darauf, dass in der *Beschreibung* Möglichkeiten einer Ersetzung des modernen einheitlichen durch ein „fraktales Subjekt" vorgestellt werden?

Als Geburtshelfer für das „fraktale Subjekt" bezeichnet Jean Baudrillard eine Medialität, die es erlaubt, eine Hyperrealität zu erschaffen, denn „all das, was in den Bereich des Imaginären, des Traums, des Ideals, der Utopie fällt", wird „in eine technische und operationelle Realität […] übertragen." Durch diese Transformation können Probleme und Differenzen der empirischen Realität überwunden werden:

> Materialisierung aller Wünsche, Realisierung aller Möglichkeiten, uneingeschränkte Erfüllung, Schluß mit der Transzendenz und dem entfremdeten Menschen: ein zufriedenes und erfülltes Individuum – natürlich rein virtuell: denn das Virtuelle ist eine Totalisierung des Realen, indem es sämtliche imaginären Alternativen absorbiert. Das Individuum wird schließlich mit sich selbst identisch, das Ich-Versprechen ist realisiert.[78]

Das Gesetz der Notwendigkeit wird in der Hyperrealität zum Gebot der Möglichkeit. Die Virtualität ersetzt die empirische Wirklichkeit der Dingwelt, da für Baudrillard der Tauschwert keine Referenz mehr zum Gebrauchswert hat. An die Stelle der physischen Realität tritt ihre Simulation, eine zweidimensionale Welt der Zeichen. So ist auch das „fraktale Subjekt" ein virtuelles Subjekt. „Das

---

[75] BAUDRILLARD, Fraktales Subjekt, S. 113.
[76] ALT, Der ewiger Sohn, S. 149.
[77] Ebd.
[78] BAUDRILLARD, Der unmögliche Tausch, S. 75.

Ganze des menschlichen Wesens, seine biologische, muskuläre, tierische Körperlichkeit ist in die mechanischen Prothesen übergegangen."[79]

Die Aufhebung der Entfremdung durch die Schaffung einer Hyperrealität als Antwort auf die Krise des modernen Subjekts hat Kafka bereits Anfang 1909 in der *Beschreibung eines Kampfes* gefunden. Die erstrebte Fragmentierung des Subjekts findet im „natürlichen Maskenanzug" (KKA 5, S. 93) des menschlichen Körpers keine adäquate Repräsentation. „Der Leib, die letzte Begründungsinstanz menschlicher Identität, ist ähnlich wie die unbelebte Welt kein zuverlässiges Zeichen mehr, sondern das Indiz für die Dissoziation des urteilenden Blicks."[80]

Allerdings besteht ohne den Körper keine Möglichkeit einer Interaktion. Um dieses Defizit zu kompensieren, muss an die Stelle des alten Körpers ein neuer Agitator treten. Die „Geschichte des Beters" (KKA 5, S. 78) antwortet auf dieses Problem und entwickelt eine Lösung, sich zwar in der Gesellschaft bewegen zu können, aber sich nicht ihren Konventionen unterwerfen zu müssen.

Der Körper des Beters formt sich, wie in der Episode in der Kirche deutlich geworden ist, durch den Blick seiner Mitmenschen. Ihre jeweilige Anschauung verleiht ihm eine Gestalt; seine Form kann als Projektion seiner Umwelt bezeichnet werden. Seine Gestalt muss sich demnach mit jedem neuen Betrachter verändern. Eine eigene, eine unveränderliche Form besitzt er offenbar nicht, denn er sucht Aufmerksamkeit auf sich zu ziehen in der Hoffnung, „Körper zu bekommen." (KKA 5, S. 89)

Der Eindruck, dass der Beter mit einem wirklichen, mit einem menschlichen Körper auf einer Gesellschaft erscheint, täuscht. Der Beter bemüht sich um ein Gespräch mit einem Fräulein, indem er diesem mitteilt, dass er sich auf den bevorstehenden Winter freue. Als er sich vor dem Fräulein verbeugt hat, bemerkt er ein körperliches Unwohlsein, denn er stellt mit „Unwillen" fest, dass sich „der rechte Oberschenkel aus dem Gelenk gekugelt hatte. Auch die Kniescheibe hatte sich ein wenig gelockert." (KKA 5, S. 78) Durch diese Behinderung fühlt er sich zum Hinsetzen gezwungen.

Offenbar besteht ein Zusammenhang zwischen seiner körperlichen Unpässlichkeit und seinem Kommunikationsvermögen. Nachdem er sich gesetzt hat, fährt er im Gespräch fort und sagt: „Denn der Winter ist viel müheloser; man kann sich leichter benehmen, man braucht sich mit seinen Worten nicht so anstrengen." (KKA 5, S. 78f.) Seine irritierende Äußerung wird eingeleitet mit der Begründung, er mache sie, „da ich immer einen Überblick über meine Sätze zu bewahren suche" (KKA 5, S. 78). Diese im Zusammenhang mit seiner Aussage zunächst sinnlos erscheinende Begründung erhält ihren Sinn erst durch die Beschäftigung des Beters mit seinem Körper, die seine Worte begleitet.

Während des Gesprächs ist er abgelenkt, weil ihm sein „rechtes Bein viel Ärger" bereitet: „Denn anfangs schien es ganz auseinandergefallen zu sein und

---

[79] DERS., Fraktales Subjekt, S. 114.
[80] ALT, Der ewige Sohn, S. 594.

erst allmählich brachte ich es durch Quetschen und sinngemäßes Verschieben halbwegs in Ordnung." (KKA 5, S. 79) Obwohl er Probleme mit seinen Gliedmaßen hat, gehören sie offenbar nicht zu einem menschlichen Körper, denn sie sind frei beweglich. Statt eines statischen Skeletts fallen seine Glieder auseinander, so dass er sie wieder neu ordnen kann. Seine Bemühung, den Überblick über seine Sätze zu behalten, steht in unmittelbarem Zusammenhang mit der Beschäftigung seines Körpers: Er ordnet seine Satzglieder. Diese bilden seinen Körper – und nicht, wie man meinen könnte, menschliche Gliedmaßen.

Die Vermutung, dass sein Körper kein natürlicher, menschlicher Körper ist, wird bestärkt durch die Aussage der jungen Dame. Der Beter vermag ihr nicht zu „imponieren", denn „alles was Sie sagen ist langweilig und unverständlich, aber deshalb noch nicht wahr". Sie wirft ihm vor, er gebe sich „nur deshalb nicht mit der Wahrheit ab, weil sie zu anstrengend ist". (KKA 5, S. 79) Dies aber hängt unmittelbar mit seiner Erscheinung zusammen. Der Beter entbehrt der für eine wahrhaftige Existenz notwendigen Substanz, denn, so begründet das Fräulein: „Sie sind Ihrer ganzen Länge nach aus Seidenpapier herausgeschnitten, aus gelbem Seidenpapier, so silhouettenartig und wenn Sie gehn, so muß man Sie knittern hören. Daher ist es auch unrecht sich über Ihre Haltung oder Meinung zu ereifern, denn Sie müssen sich nach dem Luftzug biegen, der gerade im Zimmer ist." (KKA 5, S. 79f.)

Der Beter wehrt ihren Vorwurf nicht etwa ab, sondern gibt der jungen Frau sogar Recht. Zwar erregt er ihr Interesse, allerdings nicht durch seine charakterliche Einzigartigkeit. Es bedarf keiner Persönlichkeit, um Aufmerksamkeit zu erregen und dadurch eine Existenzbestätigung zu erhalten. Das vom Beter durch seine Erscheinung geweckte Interesse der Frau findet keinen wirklichen Gegenstand. Der Beter ist haltlos; erst ihre Aufmerksamkeit gibt ihm „vor den Menschen Wert" (KKA 5, S. 52), ohne dass er diesen tatsächlich besitzen würde. Je unverständlicher und sinnloser seine Erscheinung, desto leichter gelingt es dem Beter, die Aufmerksamkeit auf sich zu lenken. Das Unverständliche wirkt anziehend.

Die fehlende Persönlichkeit des Beters spiegelt sich in seiner Erscheinung wider, die sich mit jedem „Luftzug" verändert. Er ist buchstäblich ein Fähnlein im Winde, ohne eigene Meinung und Haltung. Da er keine konstante Persönlichkeit besitzt, ist es sinnlos, sich über ihn zu ereifern, denn einer Kritik fehlt das Ziel. Trotzdem rechtfertigt der Beter seine Existenz. Er vergleicht sich mit den übrigen Gästen, die im Zimmer umhergehen. Zwar sieht er keinen Zusammenhang zwischen ihnen und sich, aber er ist der Ansicht, dass er im Gegensatz zu ihnen authentisch ist: „von allen diesen Leuten, die ihrer Unklarheit gemäß sich so unentschieden, ja lächerlich benehmen, scheine ich allein würdig ganz Klares über mich zu hören." (KKA 5, S. 80) Auch der Beter selbst erscheint seiner „Unklarheit gemäß [...] unentschieden", aber diese Indifferenz ist bei ihm nicht Ausdruck einer individuellen Schwäche, sondern Absicht. Er kann „Klares" über sich hören, weil ihn Urteile nicht treffen können, ist er doch nur die Projektion seines Gegenübers.

An dieser Stelle sei an die Ausführung des Erzählers über die Lächerlichkeit erinnert, den Körper als „natürlichen Maskenanzug" nicht abzulegen, sondern immer in dieser selben Erscheinung in der Gesellschaft aufzutreten. Offenbar unterscheidet sich der Beter von der unmodernen Existenz der übrigen Gäste, denn seine Erscheinung ist variabel. Der Vorteil dieser Flexibilität besteht darin, dass er von keiner Kritik getroffen werden kann. Indem das eindeutig identifizierbare Gegenüber fehlt, muss sich auch die Kommunikation verändern. Die Aussage der jungen Dame über seine Erscheinung gerät zur Leerform. Das Einzige, was sie über ihn sagen kann, betrifft nur seine Form, und diese erhält er durch sie. Er kann „ganz Klares" über sich hören, weil er nur als Resonanzkörper für sein Gegenüber fungiert. Ja, mehr noch, die Aussage der Dame über den Beter sagt mehr über sie aus als über ihn. Ihre Kritik kommentiert er mit den Worten:

> Und damit auch das noch mit Angenehmem gefüllt sei, sagen sie es so spöttisch, so daß merklich noch etwas übrig bleibt, wie es auch durch die wichtigen Mauern eines im Innern ausgebrannten Hauses geschieht. Der Blick wird jetzt kaum gehindert, man sieht bei Tag durch die großen Fensterlöcher die Wolken des Himmels und bei Nacht die Sterne. (KKA 5, S. 80)

Das einzig Klare ihrer Aussage ist nicht der Inhalt, sondern ihre Haltung ihm gegenüber, also ihr Spott. Er allein bleibt sichtbar, denn der Beter selbst gleicht einem im Innern ausgebrannten Haus. Wie bei diesem der Blick ungehindert hindurchgeht, ist auch der Beter für jede Kritik durchlässig, weil er keinen Wesenskern besitzt. Die Beziehung, die er durch seine Erscheinung mit anderen Menschen aufbaut, ist eine rein formale. Obwohl er auf diese Weise einen Zusammenhang mit ihnen bildet, muss er sich nicht ihren Konventionen unterwerfen, sondern bleibt beweglich.

In dieser Form des zwischenmenschlichen Miteinanders sieht der Beter die Zukunft. Seiner Gesprächspartnerin eröffnet er: „Wie wäre es, wenn ich Ihnen zum Dank dafür anvertraute, daß einmal alle Menschen, die leben wollen, so aussehn werden, wie ich; aus gelbem Seidenpapier, so silhuettenartig, herausgeschnitten, [...] und wenn sie gehn, so wird man sie knittern hören. Sie werden nicht anders sein, als jetzt, aber sie werden so aussehn." (KKA 5, S. 80)

Der Beter ist kein natürliches Wesen aus Fleisch und Blut, sondern ein Kunstwesen, bestehend aus einem Schriftkörper, aus Satzgliedern. Dieser virtuelle Körper soll nicht die Menschen ersetzen, aber in der Interaktion an die Stelle des natürlichen Körpers treten. Nicht ihr Wesen, sondern ihre Erscheinung wird sich nach der Prophezeiung des Beters verändern müssen, wenn sie leben wollen. Die Eindeutigkeit und Starrheit des „natürlichen Maskenanzugs" sollen ersetzt werden durch den beweglichen und damit vieldeutigen Schriftkörper als Interaktionsmedium. Der Schriftkörper ist eine ‚Repräsentation' eines ‚fraktalen Subjekts', eine mediale Reproduktion.[81]

Dieser Schriftkörper will bei Kafka nicht kommunizieren, sondern erscheinen und dadurch Aufmerksamkeit erregen. In der Figur des Beters wird die Möglichkeit ansichtig, durch einen Schriftkörper zu interagieren, ohne die Individualität dem Risiko des zwischenmenschlichen Verkehrs aussetzen zu müssen. Das Ordnen seiner Glieder vor dem Gespräch mit dem Fräulein deutet auf eine Inszenierung hin: „Dabei erweist sich Sprache als Mittel, Macht zu erlangen und auszuüben. Sie kann als Waffe, vor allem als Täuschung, als Vorwand dienen."[82] Walter H. Sokel bezeichnet diese Art der Kunst als narzisstisch: „Im Gegensatz zum Erzählen ist Magie rein narzißtische Kunst. Denn sie ist nicht wie das Erzählen ein Mitteilen, ein Versuch zu kommunizieren, ein Werben um den Anderen. Sie ist reine Erhöhung des Ichs. Diese Kunst ist an keinen Adressaten gerichtet; sie dient niemandem, sie ist reine Selbst-‚Belustigung'"[83].

Für Hans-Thies Lehmann ist die Existenz des Beters eine mediale. Seiner Meinung nach „verwandelt sich das Ich buchstäblich als Körper in den corpus eines Buchs, aus Seiden- (oder Seiten-) Papier, das man knittern hört beim Umwenden der Seiten, das sich im Luftzug biegt. Und dieses ‚Werk' hat so verschiedene Seiten, daß ‚Haltung' und ‚Meinung', also ein fixierter Sinn, eine Identität [...] vermisst werden." Indem der Beter seine mediale Existenz als künftige Lebensform für alle Menschen proklamiert, stellt sie keine lebensferne Künstlerexistenz dar, sondern soll integraler Bestandteil des Lebens sein:

> Der Streit zwischen Ich und Fräulein bleibt offen, denn das Ich fügt sich nicht etwa einem Gegensatz, bei dem auf der einen Seite das volle sinnliche Leben stünde, auf der anderen Seite das nur papierene Dasein. Vielmehr scheint ein Dasein als Schrift und Text, verstanden als Realität des Spiels der Literatur, in dem Wahrheit und das nicht ‚anstrengende' Spiel untrennbar *vermischt* sind, die Zukunft des Lebens zu sein.[84]

Das entscheidende Merkmal der künftigen Lebensform ist das Spielerische in der Interaktion. Der Lebenskampf soll zum Spiel umgedeutet werden. Notwendige Bedingung für das Gelingen dieser Umdeutung ist einerseits, dass der Menschen mit seinem „natürlichen Maskenanzug" und andererseits die Intentionalität des Bewusstseins aus dem Spiel bleiben. Beides soll die für das Spiel notwendige

---

[81] Nicht nur die zahlreichen Kryptonyme in Kafkas Erzählungen und Romanfragmenten lassen die Vermutung zu, dass eine besondere Relation zwischen Autor und Werk besteht. Seine Schriften sind keine Spiegelbilder seiner selbst, sondern Reproduktionen, wie einer Tagebuchaufzeichnung zu entnehmen ist. Sein Schreiben erscheint hier als Versuch, einen ganzen Kosmos mit Selbstreproduktionen zu bevölkern: „Würde ich einmal ein größeres Ganzes schreiben können wohlgebildet vom Anfang bis zum Ende, dann könnte sich auch die Geschichte niemals endgiltig von mir loslösen und ich dürfte ruhig und mit offenen Augen als Blutsverwandter einer gesunden Geschichte ihre Vorlesung zuhören" (KKA 9, S. 177).
[82] TRABERT, Sprachproblematik, S. 303.
[83] SOKEL, Narzißmus, S. 143f.
[84] LEHMANN, Der buchstäbliche Körper, S. 224.

Selbstvergessenheit ermöglichen. Jede Spur von Individualität muss getilgt werden, damit der Spielfluss nicht gestört wird.

Die mediale Lebensform ist bedroht durch die Verbindung zwischen dem Zeichenproduzenten und dem Zeichen. Solange noch die Möglichkeit besteht, den Ursprung des Schriftkörpers zurückzuverfolgen, ist der mediale Stellvertreter nicht autonom. Wenn der Schöpfer des Stellvertreters noch erkennbar ist, befindet er sich in derselben Bedrängnis wie in einem direkten Gespräch. Erst wenn der Stellvertreter keine individuellen Spuren seines Schöpfers trägt, ist dieser davor gefeit, Verantwortung übernehmen zu müssen.

Am Ende der ersten Fassung der *Beschreibung* wird das Problem der Betroffenheit im mündlichen Gespräch mit der Identifizierbarkeit der Handschrift verglichen. So wie sich der Erzähler in der Rahmenhandlung fürchtete, die Aufmerksamkeit der anderen Gäste auf sich zu ziehen, will er sich ihren Blicken durch die Schrift entziehen. Die Illusion der Lebensform durch mediale Stellvertreter wird als Rollenspiel entlarvt, wenn ein Autor als Urheber identifiziert werden kann:

> Es ist so wie in der Gesellschaft der vorigen Woche. Jemand liest aus einer Abschrift etwas vor. Eine Seite habe ich [d. i. der Beter/ Erzähler] auf seine Bitte selbst abgeschrieben. Wie ich die Schrift unter den von ihm geschriebenen Seiten lese, erschrecke ich. Es ist haltlos. Die Leute beugen sich darüber von den drei Seiten des Tisches her. Ich schwöre weinend, es sei nicht meine Schrift. (KKA 5, S. 88)

Von der physisch empfundenen Bedrängnis durch den Kreis der Beobachter ist der Beter/ Erzähler so erschrocken, dass er sich weinend jeder Verantwortung entziehen zu müssen glaubt, die ihm durch den Blick der Umstehenden auferlegt ist. Das gesellschaftliche Zusammenleben ist anstrengend, weil es dem Einzelnen die Verantwortung auferlegt, den Konventionen gemäß zu leben. Verantwortung bedeutet weder Sicherheit noch Freiheit, sondern das Risiko des Versagens und das Ertragen der Konsequenzen eines möglichen Scheiterns für den Einzelnen wie für die Gemeinschaft. Dem Verantwortung einfordernden Blick der Gesellschaft will sich der Erzähler am liebsten entziehen, denn er streitet jede Verantwortung ab: Die Schrift soll nicht als die seine identifiziert werden.

II. Problemanalyse: *Beschreibung eines Kampfes*, 2. Fassung

1. Wenn das Denken aufs Glatteis führt: Die Rahmenhandlung

Fünf Jahre nachdem Kafka die *Beschreibung eines Kampfes* niedergeschrieben hat, begann er an einer zweiten Fassung zu arbeiten. Während der Entstehungszeit, die sich über zwei Jahre erstreckte, arbeitete er nicht nur an den *Hochzeitsvorbereitungen auf dem Lande*, dem zweiten großen Projekt seines Frühwerks, sondern auch am *Kleinen Ruinenbewohner*. Notizen zur zweiten Fassung der *Beschreibung eines Kampfes* stehen im Tagebuch in unmittelbarer Nähe zu den Aufzeichnungen dieser fragmentarischen fiktiven Biografie.[85] Die Tatsache, dass sich die Arbeit an den drei Erzählfragmenten teilweise überschnitt, lässt einen thematischen Zusammenhang zwischen diesen frühen Texten Kafkas vermuten.

Alle drei Texte reflektieren eine existentielle Problematik. Während in der ersten Fassung der *Beschreibung eines Kampfes* aber eine intrasubjektive Problematik im Zentrum steht, verlagert sich in der Neubearbeitung der Akzent auf eine intersubjektive. Diese Verschiebung zeigt sich bereits in der kompositorischen Abweichung der zweiten Fassung. Der Beginn folgt im Wesentlichen der ersten Konzeption der Erzählung, allerdings fehlt der Schlussteil, in dem der Bekannte von seiner Verlobung Abstand nimmt. Die Binnenerzählung weicht erheblich von der ersten Fassung ab. Die Figur des Dicken ist gestrichen, die Geschichte des Beters stark verändert.

Der Erzähler trifft im Rahmen einer Kindheitserinnerung als Subjekt der Erinnerung auf den Beter. Ihre Begegnung mündet nicht wie in der ersten Fassung in die Rahmenhandlung ein, denn die Figur des Bekannten tritt nicht mehr auf. Stattdessen begleitet der Beter den Erzähler zu dem Haus, in dem dieser zu

---

[85] Während die *Beschreibung eines Kampfes* und die *Hochzeitsvorbereitungen auf dem Lande* in vorliegender Arbeit eingehend untersucht werden, sollen Verweise auf den *Ruinenbewohner* lediglich zur Verdeutlichung einer Problematik dienen. 1910 bemühte sich Kafka um das Verfassen einer Biografie: *Der kleine Ruinenbewohner*. In sechs Erzählfragmenten versucht Kafka, die Entstehung einer Diskrepanz zwischen äußerer, physischer und innerer, psychischer Entwicklung zu erklären. Diese Diskrepanz charakterisiert die Krise des modernen Subjekts. Offenkundig ist für das Subjekt der Biografie, dass ihm, obgleich es körperlich ganz „gewöhnlich" (KKA 9, S. 174) ist, die geistige Reife fehlt, denn: „Wenn mir aber hier die Oberlippe, dort die Ohrmuschel, hier eine Rippe, dort ein Finger fehlte, wenn ich auf dem Kopf haarlose Flecke und Pockennarben im Gesicht hätte, es wäre noch kein genügendes Gegenstück meiner innern Unvollkommenheit." (KKA 9, S. 22)
Während die beiden großen Erzählfragmente des Frühwerks die Krise des modernen Subjekts reflektieren und Lösungsmöglichkeiten entwickeln, sucht Kafka im *Ruinenbewohner* nach möglichen Ursachen dieser Krise. Den Ursprung der Entfremdung zwischen Körper und Geist wähnt das Subjekt der Biografie in der Erziehung. Und so beginnen seine Aufzeichnungen mit den Worten: „Wenn ich es bedenke, so muß ich sagen, daß mir meine Erziehung in mancher Richtung sehr geschadet hat." (KKA 9, S. 17)

einer Gesellschaft geladen ist. Von einer Rahmenhandlung wie in der ersten Fassung kann daher nur bedingt gesprochen werden. Vielmehr kann die Begegnung zwischen Erzähler und Beter als Erläuterung für den Konflikt zwischen Erzähler und Bekanntem gelesen werden. In der Begegnung zwischen Erzähler und Beter werden die Gründe für den intrasubjektiven Konflikt dargelegt, aus dem ein intersubjektiver resultiert, der die beiden zum Verlassen der Gesellschaft veranlasst. Der Zusammenhang zwischen den Figuren wird somit deutlicher als in der ersten Fassung.

Judith Ryan verweist auf das gänzlich neue „Strukturprinzip" der zweiten Fassung: „Die Zersplitterung der Perspektive wird hier aufgegeben und die Handlung auf eine einheitlichere Ich-Erzählung reduziert, deren Struktur hauptsächlich durch die Rückblende auf die Kindheit und auf die Begegnung zwischen dem Haupterzähler und dem Beter bestimmt wird." Mit der neuen Struktur erfährt die Erzählung zugleich eine inhaltliche Modifikation. Die in der ersten Fassung reflektierte Erkenntnisproblematik tritt „in den Hintergrund zugunsten der Spannung zwischen dem Leben in der Einsamkeit und in der Gesellschaft"[86].

Die Frage nach der Möglichkeit sozialer Interaktion ist bereits in der ersten Fassung aufgeworfen und mit dem Entwurf einer neuen Lebensform beantwortet worden. In der zweiten Fassung wird dieser Entwurf nicht wieder aufgegriffen. Stattdessen werden die Probleme zwischenmenschlicher Interaktion, die aus der Diskrepanz zwischen *res cogitans* und *res extensa* entstehen, reflektiert. Die Gründe werden offenbar, die eine Modifikation des Interaktionsmediums erfordern. Nicht der „Maskenanzug", sondern das Gedächtnis steht im Zentrum der zweiten Fassung der *Beschreibung eines Kampfes*. Deutlicher als in der ersten Fassung wird die „Seekrankheit auf festem Lande" als mentale Disposition offenbart, die den Betroffenen aus der Gemeinschaft isoliert.

Neben den strukturellen Veränderungen gibt es eine entscheidende inhaltliche Abweichung zur ersten Fassung: die Definition der „Seekrankheit auf festem Lande". In der ersten Fassung hieß es noch: „Deren Wesen ist so, daß Ihr den wahrhaftigen Namen der Dinge vergessen habt und über sie jetzt in einer Eile zufällige Namen schüttet." (KKA 5, S. 74) In der zweiten Fassung wird daraus: „Ist Euch nicht so, daß Ihr vor lauter Hitze mit dem wahrhaftigen Namen der Dinge Euch nicht begnügen könnt, davon nicht satt werdet und über sie jetzt in einer einzigen Eile zufällige Namen schüttet." (KKA 5, S. 126) Was in der ersten Fassung lediglich eine Vermutung war, ist in der zweiten zur Gewissheit geworden, nämlich dass die „Seekrankheit" durch einen Defekt im Subjekt selbst ausgelöst wird. Zunächst wird noch in Betracht gezogen, dass die unaufhörliche Benennungsabsicht die Reaktion auf das Vergessen der „wahrhaftigen Namen der Dinge" darstellt: „denn Ihr wußtet nicht oder wolltet nicht wissen" (KKA 5, S. 74); in der Überarbeitung der *Beschreibung eines Kampfes* steht zweifellos fest, dass nicht das Vergessen die „Seekrankheit" auslöst, sondern die Benennungsgier des Subjekts: „denn Ihr wolltet nicht wissen" (KKA 5, S. 126).

---

[86] RYAN, Zwei Fassungen, S. 564f.

Die „Seekrankheit" befällt, so könnte man sagen, einen überaktiven Verstand, dessen „Trieb zur Benennung"[87] so übermächtig ist, dass er seine Speicherfähigkeit einbüßt. Nicht das Vergessen, sondern im Gegenteil die Hyperaktivität des Vermögens der Begriffsbildung führt zur Haltlosigkeit der *res cogitans*. Zwar findet ein solcher Verstand neue Benennungen: „Aber kaum seid Ihr von ihnen weggelaufen, habt Ihr den Namen vergessen." (KKA 5, S. 126) Das Vergessen erscheint in der zweiten Fassung der *Beschreibung eines Kampfes* als Kehrseite oder genauer: als Folge der Benennungssucht. Beide ‚Verstandestätigkeiten' bilden jedoch keinen Gegensatz, sondern sind aufeinander bezogen. In ihrer Interdependenz veranschaulichen sie den Denkmechanismus, keine „Gedächtnisorte", sondern ‚Vergessensorte', im Bewusstsein begründet.[88]

In der „Seekrankheit auf festem Lande" offenbart sich die Disposition eines Denkens, das das Subjekt der Erkenntnis zum gesellschaftlichen Außenseiter macht, weil eine infinite Reflexion referentielle Begriffe als Grundlage von Interaktion zerstört. Das Denken führt, wie der Anfang der *Beschreibung eines Kampfes* zeigt, schrittweise in die Verunsicherung.

Wie die erste, so beginnt auch die zweite Fassung mit dem Gespräch zwischen Erzähler und Bekanntem auf einer Gesellschaft und ihrem anschließenden Spaziergang zum Laurenziberg. Die *Beschreibung eines Kampfes* veranschaulicht, wie ein äußerer Reiz ins Bewusstsein und damit als Proposition ins Gedächtnis gelangt. Am Anfang steht die sinnliche Affizierung des Bekannten, die als Unregelmäßigkeit geschildert wird. Er ist „ein wenig zerrauft und aus der Ordnung geraten", als er sich an den Erzähler wendet; möglicherweise hofft er, seine Verwirrung dadurch beseitigen zu können, dass er sich das Geschehen bewusst macht, und auf diese Weise eine Zufälligkeit in eine reproduzierbare Erinnerung zu transformieren. Das Erlebnis initiiert den Prozess zur Bewusstwerdung. Wenn der Bekannte den Erzähler mit den Worten anspricht: „das Glück hält es einfach nicht in mir aus" (KKA 5, S. 98), heißt das nichts anderes, als dass er sich ausdrücken möchte, dass also die Affizierung zum Ausdruck werden soll. In seinem Mitteilungsbedürfnis offenbart sich der „Trieb zur Benennung".

Durch die Reflexion wird das Glück aber nicht bewusst, sondern droht im Gegenteil sogar zerstört zu werden. In der ersten Fassung der *Beschreibung eines Kampfes* heißt es, es „ist die Art der Glücklichen, alles natürlich zu finden, was um sie geschieht. Ihr Glück stellt einen glanzvollen Zusammenhang her." (KKA 5, S. 56) Dieses Gefühl der Selbstverständlichkeit verliert sich, indem der „glanzvolle Zusammenhang" Schritt für Schritt vom Bewusstsein seziert wird. Der Erzähler erweist sich nicht als so „vertrauenswürdig" (KKA 5, S. 99), wie der Bekannte anfangs glaubt. Der durch seine Mitteilung initiierte Reflexionsprozess

---

[87] HATTORI, Sprachkrise, S. 30.
[88] Andreas Kilcher verwendet den Begriff des „Gedächtnisorts" im Zusammenhang mit der klassischen „Gedächtniskunst", des Erinnerns. „Das künstliche Gedächtnis, die *ars memorativa*, beruht bekanntlich auf der Konstruktion eines realen oder imaginären Raumes, in dem die Gedächtnisinhalte in Form von Bildern in einer bestimmten, einprägsamen Reihenfolge deponiert werden." (KILCHER, Dispositive des Vergessens, S. 217)

führt nicht zum Verständnis des Erlebnisses und damit zur Wiederherstellung der „Ordnung" (KKA 5, S. 98), sondern führt im Gegenteil aufs „Glatteis" (KKA 5, S. 110).

Die Begegnung, der Spaziergang und schließlich die Trennung von Bekanntem und Erzähler zeigen die für Kafka problematische Transformation vom Erlebnis zum Begriff auf. Am Beginn dieses Prozesses steht die Perzeption. Solange der Bekannte sein Erlebnis nicht mitteilt, ist sie noch vor-bewusst. Erst als er mit der Absicht, sich auszudrücken, an den Erzähler herantritt, wird die Empirie zur Proposition. Dass die Affizierung zunächst noch unbewusst ist, wird nicht nur durch die Personenspaltung Bekannter/ Erzähler in *res extensa* und *res cogitans* anschaulich, sondern auch durch den Zustand, in dem sich der Erzähler befindet, bevor er angesprochen wird. Er sitzt teilnahmslos etwas abseits der übrigen Gäste und trinkt „Schnaps". (Vgl. KKA 5, S. 99) Andreas Kilcher weist darauf hin, dass der Alkoholrausch mit dem Vergessen korreliert: „In der *Beschreibung eines Kampfes* herrscht dieser Zustand der Namenlosigkeit förmlich als Betrunkenheit. […] Der Weinrausch, Inbegriff des Zustandes der Vergessenheit, beschreibt metaphorisch das Vergessen der nachbabylonischen Sprache."[89]

Im Falle des Erzählers kann der Rausch als Bild für das Bewusstsein als *tabula rasa* angesehen werden. Offenbar ist dem Erzähler die aufgezwungene Bewusstseinsbildung unangenehm, denn die Ernüchterung, die er durch die Ansprache des Bekannten erfährt, stimmt ihn „traurig". Er empfindet das Verhalten des Bekannten als „unpassend": „Ich bin natürlich froh darüber, daß ich Ihnen vertrauenswürdig scheine, aber unzufrieden damit, daß Sie sich mir anvertraut haben." (KKA 5, S. 99) Warum dem Erzähler die Ernüchterung so unangenehm ist, wird im weiteren Fortgang der Erzählung deutlich: Das erwachte Bewusstsein verfällt der Benennungssucht.

Die Mitteilung oder Bewusstwerdung des Verliebtseins löst einen Gedankengang aus, der sich als zentripetale Bewegung von der Außen- in die Innenwelt vorstellen lässt: Der Bekannte verlässt auf Initiative des Erzählers gemeinsam mit diesem die Festgesellschaft und begibt sich auf einen Spaziergang. Wie in der ersten bedeutet dieser Spaziergang auch in der zweiten Fassung, dass der Bekannte, nachdem er die Gesellschaft verlassen hat, seinen Gedanken nachgeht, und zwar wortwörtlich, denn der Bekannte läuft dem Erzähler hinterher. Das Nachdenken führt jedoch nicht zur Festigung des Standpunktes, zur Begründung eines „Gedächtnisortes", sondern buchstäblich aufs „Glatteis" (KKA 5, S. 110).

Der Erzähler verliert mit dem Verlassen der Gesellschaft seine frühere Teilnahmslosigkeit: „Kaum waren wir ins Freie getreten, als ich offenbar in bedeutende Munterkeit geriet." (KKA 5, S. 100) Diese „Munterkeit" oder, technisch ausgedrückt, Aktivität der *res cogitans* erscheint angesichts ihrer Aufgabe übertrieben: Mehr als die vorangegangene Information des Verliebtseins des Bekannten muss sie gar nicht verarbeiten, verfällt dieser doch auf einmal in Schwei-

---

[89] KILCHER, Dispositive des Vergessens, S. 235f.

gen. Das ebenso plötzlich einsetzende wie endende Mitteilungsbedürfnis des Bekannten irritiert den Erzähler. Ein gesprächiger Bekannter war ihm zunächst zwar unangenehm, aber verständlich – ein schweigsamer Bekannter jedoch ist ihm fremd: Der Erzähler erkennt, dass „ich seinen Zustand plötzlich nicht mehr begriff" (KKA 5, S. 101).

Die Tätigkeit der *res cogitans* und der *res extensa* erfolgt nicht synchron: Einerseits ist die Begriffsbildung der Empirie nachgeordnet, andererseits kann der Verstand von der Erfahrung unabhängig einem weiteren Erleben vorauseilen.[90] Dass äußerer Reiz und innere Vorstellung asynchron stattfinden, wirkt sich auf die *res cogitans* insofern aus, als die fehlenden Informationen der Erfahrung durch Reflexion ersetzt werden. Was bedeutet das auf Kafkas Text bezogen? Der Erzähler erfährt erst mit Verzögerung von Erlebnissen des Bekannten. Das Erleben wird in Vorstellungssegmente des Bewusstseins zerlegt. Diese Vorstellungssegmente bilden den Gegenstand einer von der Außenwelt unabhängigen Reflexion. Dies führt dazu, dass der Erzähler, einem vorauseilenden Verstand gleich, dem Bekannten zeigt, „daß er [d. i. der Bekannte] zurückgeblieben war." (KKA 5, S. 101)

Die Vermutung, dass das Denken in der *Beschreibung* nicht, wenn man so will, lösungsorientiert, sondern nur Selbstzweck ist, wird nicht zuletzt durch die Haltung des Erzählers zum Erinnern bestärkt. Er vertritt die Ansicht: „Erinnern ist traurig, wie erst sein Gegenstand!" (KKA 5, S. 105) Die „Munterkeit" des Erzählers, sein unstillbarer „Appetit" (KKA 5, S. 108) nach Neuigkeiten, steht im Gegensatz zum Erinnern, denn um memorierbar zu sein, bedarf es gleich bleibender Definitionen. Das Wesen der „Seekrankheit" besteht aber gerade darin, den Dingen nicht nur „zufällige Namen" zu geben, sondern diese darüber hinaus auch wieder zu vergessen. (Vgl. KKA 5, S. 126)

Für den Erzähler ist diese Beweglichkeit des Denkens offenbar erstrebenswert, denn er sieht sie durch das Erinnern gefährdet: „Man schwächt ja dadurch – nichts ist klarer – seine gegenwärtige Position, ohne die frühere zu stärken, abgesehen davon daß die Frühere Stärkung nicht mehr nötig hat." (KKA 5, S. 105f.) Die Schwächung, die das Erkenntnissubjekt durch das Erinnern erfährt, besteht darin, dass im Aktualisieren der Vergangenheit die Müdigkeit kompen-

---

[90] Der Tagebucheintrag vom 16. Januar 1922 verdeutlicht die schon in der *Beschreibung eines Kampfes* reflektierte Interdependenz von Wahrnehmung und Verstandestätigkeit. Letztere wird durch ein Erlebnis zwar erst aktiviert, doch schon bald verselbständigt sie sich, und das bedeutet: „Die Uhren stimmen nicht überein, die innere jagt in einer teuflischen oder dämonischen oder jedenfalls unmenschlichen Art, die äußere geht stockend ihren gewöhnlichen Gang. Was kann anderes geschehn, als daß sich die zwei verschiedenen Welten trennen und sie trennen sich oder reißen zumindest an einander in einer fürchterlichen Art. Die Wildheit des inneren Ganges mag verschiedene Gründe haben, der sichtbarste ist die Selbstbeobachtung, die keine Vorstellung zur Ruhe kommen läßt, jede emporjagt um dann selbst wieder als Vorstellung von neuer Selbstbeobachtung weiter gejagt zu werden. Zweitens: Dieses Jagen nimmt die Richtung aus der Menschheit." (KKA 11, S. 198) Die „Wildheit des inneren Ganges" veranschaulicht Kafka in der *Beschreibung* durch die „Seekrankheit auf festem Lande" als „Fieber", das „vor lauter Hitze" in eine Raserei verfällt: „Nur schnell, nur schnell!" (KKA 5, S. 126)

siert wird, die für Kafka Ausdruck einer nachlassenden Überzeugung zwischen Erleben und Aussage darstellt.[91] Für ihn gibt es „Müdigkeit [...] eigentlich nur zur Liebhaberei der knapp vorhergehenden Zeit" (KKA 5, S. 12).

Den „Appetit" des Erzählers nach mehr Informationen befriedigt weder das Erinnern noch der Erzähler. Dieser ist nämlich sehr schweigsam, von vereinzelten Bemerkungen abgesehen. Mit diesen spärlichen Informationen will sich der Erzähler jedoch nicht abfinden. Er offenbart seine Gier nach Mitteilungen, wenn er den Bekannten auffordert: „Los mit den Geschichten! Ich will nichts mehr in Brocken hören. Erzählen Sie mir alles, von Anfang bis zu Ende. Weniger höre ich nicht an, das sage ich Ihnen. Aber auf das Ganze brenne ich." (KKA 5, S. 112)

Dass sein „Appetit" bisher nicht gestillt wurde, liegt nicht am Bekannten, sondern am Erzähler selbst. Die Abstraktion von der Empfindung zur Vorstellung durch das Vermögen der Begriffsbildung bedeutet eine Segmentierung der Zeit: „Die Apprehension", konstatiert Kant, „bloß vermittelst der Empfindung, erfüllet nur einen Augenblick"[92]. In ihrer Funktion der Subsumtion ist die *res cogitans* dann bedroht, wenn zu viele Sinneseindrücke gleichzeitig ins Bewusstsein dringen. Einer derartigen Reizüberflutung ist der Verstand nicht gewachsen, denn angesichts der Informationsfülle muss jeder Definitionsversuch scheitern.

Eine solche Gefährdung des Verstandes wird in der *Beschreibung eines Kampfes* reflektiert. Unmittelbar nachdem der Erzähler den „Zustand" seines

---

[91] Im *Kleinen Ruinenbewohner* beruht die Schwierigkeit, eine Autobiografie zu verfassen, auf der Fragwürdigkeit des Erinnerns. Eigentlich hat eine Lebensgeschichte nämlich keinen Gegenstand, weil das Objekt der Erinnerung seine Existenz nur dadurch erhält, dass es erinnert wird. Wenn sich das Erkenntnissubjekt seine Erzieher wieder ins Gedächtnis ruft, sind sie eigentlich nichts weiter als Projektionen des intentionalen Bewusstseins des Erinnernden. „Diese Personen mögen mit einer vergessenen Energie in der Erinnerung festgehalten werden, einen Fußboden werden sie kaum mehr unter sich haben und selbst ihre Beine werden schon Rauch sein." (KKA 9, S. 20) Die „vergessene Energie" ist die frühere Unmittelbarkeit des Verhältnisses zwischen Erkenntnissubjekt und -objekt. Indem sie im Erinnern wiederhergestellt wird, verbraucht das Erkenntnissubjekt zwar Kraft, weil das erneute Erleben der Vergangenheit schmerzhaft ist, aber seine Bemühungen sind vergeblich.

Ein „therapeutisches Wiederholen, Durcharbeiten, Erinnern" ist deshalb sinnlos (KILCHER, Dispositive des Vergessens, S. 228), weil es keine neuen Ansichten vermitteln kann. Den erinnerten Personen „mit irgendeinem Nutzen Fehler vorzuwerfen, die sie in früheren Zeiten einmal bei der Erziehung eines Jungen gemacht haben der ihnen jetzt so unbegreiflich ist wie sie uns" (KKA 9, S. 20), ist deshalb aussichtslos, weil im Erinnern sowie im Denken die Beziehung zwischen Erkenntnissubjekt und -objekt intentional ist. Mit anderen Worten: Im Denken und im Erinnern begegnet sich das Subjekt selbst. Die Beschäftigung der *res cogitans* ist gegenstandslos, denn: „Es gibt kein Faktum des Erinnerns, sondern nur den Wunsch, mehr noch: die ‚Sucht' danach." (KILCHER, Dispositive des Vergessens, S. 228) Dass das Subjekt im *Kleinen Ruinenbewohner* trotz der Einsicht in die Sinnlosigkeit jeden Erinnerns weiterhin versucht, sich die Ursachen seines gegenwärtigen Dilemmas zu vergegenwärtigen, ist Ausdruck der „Sucht sich zu erinnern". Diese Erinnerungssucht aber ist „vielleicht eine allgemeine Eigenschaft der Junggesellen" (KKA 9, S. 23).
[92] KANT, Kritik der reinen Vernunft, 1, WA 3, S. 209.

Bekannten nicht mehr begreifen kann, realisiert er, „daß mein Bekannter eine Melodie aus der ‚Dollarprinzessin'[93] zu summen begann". Durch das Summen fühlt sich der Erzähler brüskiert: „Wollte er mich beleidigen?" Seine Überreaktion erklärt sich damit, dass ihn das Summen des Bekannten glauben lässt, dieser habe ihn „nicht nötig" (KKA 5, S. 101). Der Erzähler fühlt sich seiner Daseinsberechtigung beraubt. Er erwägt, sich zurückzuziehen und den Bekannten sich selbst zu überlassen. Was ist unter diesem Rückzug zu verstehen? Konnte die Kontaktaufnahme zwischen Erzähler und Bekanntem als Erwachen des Bewusstseins bezeichnet werden, so ihre Trennung als zunehmendes Schwinden der Aufmerksamkeit. So wie der Erzähler durch die Mitteilung des Bekannten aufgeregt wurde, so könnte er wieder zu Ruhe kommen, wenn er sich erneut von ihm distanzieren würde. Der Erzähler weiß sehr wohl, was ihn beim Abschied vom Bekannten erwartet, nämlich die Abkühlung seines erhitzten Denkens: „Nun, dann werde ich auskühlen und Stunden allein zwischen den bemalten Wänden verbringen auf dem Fußboden, welcher in den an der Rückwand aufgehängten Goldrahmspiegel schräg abfällt." (KKA 5, S. 102)[94]

Der Erzähler kann sich nicht zu dem vom Bekannten offenbar gewünschten Rückzug entschließen und sich damit möglicherweise auch ‚normal' verhalten. „Den Tag über im Amt, abends in Gesellschaft, in der Nacht auf den Gassen und nichts übers Maß. Eine in ihrer Natürlichkeit schon grenzenlose Lebensweise!" (KKA 5, S. 101) Eine derart geordnete Lebensweise widerspricht dem Wesen des Erzählers, denn er ist maßlos. Er stört das Zusammenwirken von *res cogitans* und *res extensa*. Der Bekannte verlässt sich darauf, dass sich der Erzähler erwartungsgemäß verhält und sich zurückzieht, denn: „Er zwinkerte mit den Augen wegen irgendeines Einverständnisses, an das ich offenbar vergessen hatte." (KKA 5, S. 102) Es besteht zwar ein „Einverständnis" zwischen *res cogitans* und *res extensa*,

---

[93] In der ersten Fassung der *Beschreibung eines Kampfes* summt der Bekannte nur eine nicht weiter definierte „Melodie" (KKA 5, S. 50). Dass Kafka in der zweiten Fassung die Melodie nicht nur spezifiziert, sondern damit zugleich auch auf eine aktuelle Operette rekurriert, ist sicherlich bedeutungsvoll. Dass er Leo Falls 1907 uraufgeführte *Dollarprinzessin* ausgerechnet im Zusammenhang mit einem verliebten jungen Mann nennt, ist insofern aufschlussreich, als in der Operette die Männer für die „Dollarprinzessin" nur Mittel zum Zweck des sozialen Aufstiegs sind. Eine weitergehende Untersuchung über die Beziehung zwischen der *Dollarprinzessin* und der *Beschreibung eines Kampfes* wäre sicherlich erhellend.
[94] Was in der *Beschreibung eines Kampfes* dem Erzähler nicht möglich ist, nämlich das erholsame Nachlassen der Aufmerksamkeit, erscheint im *Kleinen Ruinenbewohner* als Versäumnis der Erziehung. Das Subjekt der Biografie kommt angesichts der ihm zuteil gewordenen Sozialisation zu der Einsicht: „Ich hätte der kleine Ruinenbewohner sein sollen, horchend ins Geschrei der Dohlen, von ihren Schatten überflogen, auskühlend unter dem Mond, abgebrannt von der Sonne, die zwischen den Trümmern hindurch auf mein Epheulager von allen Seiten mir geschienen hätte, wenn ich auch am Anfang ein wenig schwach gewesen wäre unter dem Druck meiner guten Eigenschaften die mit der Macht des Unkrauts in mir hätten wachsen müssen." (KKA 9, S. 19) In der Einsamkeit, wie sie durch die Ruinenlandschaft assoziiert wird, hätte sich das Denken in aller Ruhe entwickeln können – wie „Unkraut", also ohne sofort kultiviert zu werden.

dieses aber ist für den Erzähler nicht handlungsrelevant, hat er es doch „vergessen".

Geht man davon aus, dass das „Einverständnis" darin besteht, dass eine maßvolle „Lebensweise" einen Wechsel von Aufmerksamkeit und Bewusstlosigkeit, Wachheit und Ermüdung erfordert, muss sich der Erzähler, ohne Kenntnisse dieser Bedingung für den Einklang zwischen *res extensa* und *res cogitans*, gegen eine Verdrängung wehren. Statt hierin nämlich einen natürlichen Wechsel zu erkennen, fühlt er sich vom Bekannten bedroht, sobald dieser nicht mehr das Bewusstsein tangiert.

Ist der Erzähler zunächst nur beleidigt, steigert er sich kurz darauf zunehmend in einen Verfolgungswahn hinein. Als der Bekannte den Arm hebt und „auf den Kastagnettenklang des Manschettenkettchens" horcht, ist der Erzähler überzeugt: „Jetzt kam offenbar der Mord." (KKA 5, S. 108) Aus einer latenten Bedrohung ist eine akute Gefahr geworden, ohne dass für den Leser ersichtlich wird, weshalb der Erzähler Musik als unheildrohend empfindet. Eine Erklärung dafür, dass die Musik das Gefühl der Bedrohung nicht nur begleitet, sondern sogar auslöst, gibt Norbert Oellers: „Die Musik bleibt dem Menschen gefährlich, solange er denkt, solange er denken muß, um – Mensch zu sein."[95] Die Musik, so müsste man einschränken, wird einem Menschen gefährlich, der sein Menschsein wesentlich über die Vernunfttätigkeit und das Bewusstsein definiert. Diese Überzeugung scheint für den Erzähler in der *Beschreibung eines Kampfes* der Grund dafür zu sein, dass er sich durch Geräusche und Melodien bedroht fühlt: Er fürchtet die Musik, weil sie ihn als *res cogitans* verdrängt. Die vorhergesehene Ermordung durch die Musik und nicht so sehr durch den Bekannten gleicht einer Eliminierung des Bewusstseins durch eine Überhandnahme des Gefühls.

Vor der Musik sieht sich der Erzähler auch nicht durch einen „Polizeimann" geschützt, obwohl dieser sich in unmittelbarer Nähe befindet, aber ganz in sich versunken ist: Mit „Melodien im Kopf" ist seine Aufmerksamkeit nach Innen gelenkt, so dass er „nur sich selbst sah und hörte" (KKA 5, S. 109). Da der Spaziergang eine Bewegung nicht in der Außen-, sondern in der Innenwelt beschreibt, ist auch der Polizist keine wirkliche Figur. Er ist ein Gedächtnisinhalt, der dem Erzähler keinen Schutz bieten kann, weil die Musik bei ihm bereits ihre auflösende Wirkung zeigt. Statt einen „Gedächtnisort" zu besetzen, lässt „sich ein Polizeimann wie ein Eisläufer über das Pflaster gleiten." (KKA 5, S. 108f.) Er bietet keinen gedanklichen Anknüpfungspunkt, denn er entzieht sich dem Erzähler.

Der vor der Gefahr flüchtende Erzähler gerät in den Sog der das Bewusstsein auflösenden Haltlosigkeit: Er verliert das Gleichgewicht auf dem „Glatteis" und stürzt. Er versucht zwar seine Stabilität wiederzuerlangen: „Ich schwankte gleich und mußte das Standbild Karl des Vierten streng ansehn, um meines Standpunktes sicher zu sein." Sein Versuch ist jedoch nicht erfolgreich, denn er erkennt: „Aber nicht einmal das hätte mir geholfen, wäre mir nicht eingefallen,

---

[95] OELLERS, Keine Hilfe für Karl Roßmann, S. 259.

daß ich von einem Mädchen mit schwarzem Samtband um den Hals geliebt würde, zwar nicht hitzig aber treu." (KKA 5, S. 111)

Was ist geschehen? Offenbar hat der Erzähler seine Strategie verändert: Er sträubt sich nicht mehr gegen die Auflösung des Gedächtnisraumes, sondern verlässt ihn sogar. Das heißt, dass er seiner Benennungssucht frönen kann, ohne an der inneren Haltlosigkeit zu leiden. Das Denken wird sich, von sich selbst erleichtert, unbeschwert entwickeln: „Und es wurde mir leicht, als ich Schwimmbewegungen mit den lässigen Armen machend ohne Schmerz und Mühe vorwärtskam. Daß ich das früher nicht versucht hatte!" (KKA 5, S. 111) Die Voraussetzung für das fließende Entwickeln von Gedanken ist die Abwesenheit des Selbstbewusstseins. Die Fülle der Gedanken kann nur genossen werden, wenn sie nicht von einem Subjekt vorgestellt wird, denn die Einengung des Denkens auf eine subjektive Perspektive würde den ‚Blick' auf eine solche Fülle gleichsam verstellen. So bemerkt der Erzähler erfreut, „daß mein Gedächtnis so gut war, daß es selbst solche Dinge [d. s. seine Probleme mit dem Bekannten] bewahrte. Doch ich durfte nicht viel denken, denn ich mußte weiterschwimmen, wollte ich nicht zu sehr untertauchen." (KKA 5, S. 111)

Das Schwimmen ist eine fließende Bewegung; sie ermöglicht dem Erzähler die Erfüllung seines Wunsches, „das Ganze" des Erlebens und nicht mehr nur „Brocken" zu erfahren. (Vgl. KKA 5, S. 112) Es ist ein Bild für einen dem Nachdenken gegensätzlichen Erkenntnismodus: Es bedeutet ein Eintauchen in den Gegenstand, ein Verlieren im Detail, vor dem sich der Erzähler hüten will, weil es die Sukzession des vormaligen Erkenntnismodus unterbinden würde. Als er vom Laufen zum Schwimmen wechselt, hat er offenbar von einem intentionalen zu einem kontemplativen Erkenntnismodus gewechselt: In der Kontemplation fehlt die wertende Haltung des Erkenntnissubjekts, so dass die Bewusstseinsinhalte nicht subjektive Urteile, sondern, wenigstens theoretisch, Tatsachen darstellen. Schwimmend bewegt sich das Erkenntnissubjekt widerstandslos im Gedankenstrom und wird von ihm getragen.[96]

---

[96] Die 1908 unter dem Titel *Betrachtung* erschienene Sammlung von Prosastücken steht in einer engen thematischen Beziehung zur *Beschreibung eines Kampfes*, was schon darin ersichtlich ist, dass Kafka einige Passagen aus der *Beschreibung* hier als eigenständige Skizzen präsentierte. So kann das kleine Stück *Der Kaufmann* als Variation für das Schwimmen als Veranschaulichung eines kontemplativen Erkenntnismodus gelesen werden. Das Ich der Erzählung ist als Kaufmann in ständiger Sorge um das Geschäft, dessen vielfältige Verbindungen seiner Meinung nach eine unablässige Aufmerksamkeit bedürfen. Solange er im Geschäft ist, um seine Sorgen dadurch zu minimieren, dass er tätig wird, wird sein alle Eventualitäten erwägender Verstand noch nicht zum Problem. Er wird es erst, wenn sich die Unruhe nicht mehr durch Arbeit abbauen lässt. Wenn das Geschäft geschlossen ist, „dann wirft sich meine am Morgen weit vorausgeschickte Aufregung in mich, wie eine zurückkehrende Flut, hält es aber in mir nicht aus und ohne Ziel reißt sie mich mit" (KKA 1, S. 22). Das im Vergleich zu den tätigen Umsetzungsmöglichkeiten übermächtige Denken führt offenbar zu einer „Seekrankheit auf festem Lande", die sich darin äußert, dass er „wie auf Wellen" geht. Diese Unsicherheit verkehrt sich in Genuss, als er sich in ein anderes Verhältnis zum Gedankenfluss stellt: Als er in den Lift steigt, wechselt er gleichsam auch in einen anderen Erkenntnismodus. Die Flut innerer Unruhe

Der Erzähler, dessen Stimmung bisher insofern sehr schwankend erschien, als er das Verhalten des Bekannten sofort auf sich bezog und dazu Stellung nahm, wirkt plötzlich viel ruhiger. Ihm fehlt die Involvierung, er referiert Fakten, ohne sie auf sich selbst zu beziehen. Dass die Gefühle seiner Geliebten „nicht hitzig, aber treu" sind, kann er sich vergegenwärtigen, ohne dass dieser Einfall eine Kaskade von Reflexionen oder Selbstzweifeln auslöst. Auch die Tatsache, dass sein Bekannter ihn „nicht recht hatte leiden können" (KKA 5, S. 111), nimmt der Erzähler gleichmütig zur Kenntnis. Dem Denken fehlt der Ausdruck der Betroffenheit. Die Bewusstseinsinhalte fließen ohne Intentionalität am inneren Sinn des Erzählers vorbei, ohne dass sie apperzipiert werden.

Apperzeption bezeichnet nicht nur ein bewusstes Erkennen, sondern ein von Selbstbewusstsein begleitetes Erkennen. Die „Identität der Apperzeption" wird nicht allein durch das Bewusstsein hergestellt: „Denn das empirische Bewusstsein", so Kant, „welches verschiedene Vorstellungen begleitet, ist an sich zerstreut und ohne Beziehung auf die Identität des Subjekts. Diese Beziehung geschieht also dadurch noch nicht, daß ich jede Vorstellung mit Bewußtsein begleite, sondern daß ich eine zu der andern hinzusetze und mir der Synthesis derselben bewußt bin."[97]

Die Veränderung, die sich in der Haltung des Erzählers vollzogen hat, lässt sich durch Arthur Schopenhauers Charakterisierung der Kontemplation veranschaulichen. Normalerweise ist für Schopenhauer die Erkenntnis ein intentionaler Akt:

> Wann aber äußerer Anlaß oder innere Stimmung uns plötzlich aus dem endlosen Strome des Wollens heraushebt, die Erkenntnis dem Sklavendienste des Willens entreißt, die Aufmerksamkeit nun nicht mehr auf die Motive des Wollens gerichtet wird, sondern die Dinge frei von ihrer Beziehung auf den Willen auffaßt, also ohne Interesse, ohne Subjektivität, rein objektiv sie betrachtet, ihnen ganz hingegeben, sofern sie bloß Vorstellungen, nicht sofern sie Motive sind: dann ist die auf jenem ersten Wege des Wollens immer gesuchte, aber immer entfliehende Ruhe mit einem Male von selbst eingetreten, und uns ist völlig wohl.[98]

Das Diktat des Wollens erscheint bei Kafka als unstillbare Gier. Sobald die *res cogitans* nicht mehr vom „Appetit" abhängt, ist der Erzähler wie befreit, denn er ist nun „ohne Schmerz und Mühe" (KKA 5, S. 111). Für diese Befreiung vom intentionalen Erkenntnismodus entwickelt Kafka ein Bild. Vergegenwärtigt man seine Ansicht, dass „alles gezwungen" ist, „sich an die Apperception zu halten wie an ein Geländer", erscheint es aufschlussreich, dass der Erzähler mit dem Erkenntnismodus auch einen ‚Ortwechsel' vollzieht. Er bewegt sich nicht mehr auf dem „Pflaster", sondern, als das Denken in die Kontemplation umschlägt, „er-

---

beschwert nun nicht länger seine Fortbewegung, denn „die Treppengeländer gleiten an den Milchglasscheiben hinunter wie stürzendes Wasser" (KKA 1, S. 23).

[97] KANT, Kritik der reinen Vernunft, 1, WA 3, S. 137.
[98] SCHOPENHAUER, Wille und Vorstellung, I, S. 280.

hob ich mich durch ein Tempo über das Geländer und umkreiste schwimmend jede Heiligenstatue" (KKA 5, S. 111). Indem er das Geländer als sichernde Begrenzung überwindet, verlässt er den Boden der sprachlichen Konvention. Das, was er jenseits des Geländers erfährt oder betreibt, ist nicht jedem zugänglich. Man wird „später nicht sagen dürfe[n], über dem Pflaster könne jeder schwimmen und es sei nicht des Erzählens wert" (KKA 5, S. 111). Der Erzähler verlässt also freiwillig die Orientierungslinie, deren Fehlen in der Interaktion – „Wenn man schon so große Plätze aus Übermuth baut, warum baut man nicht auch ein Geländer quer über den Platz?" (KKA 5, S. 129) – beklagt wird.[99]

---

[99] Die Tatsache, dass das Geländer an einer weiteren prominenten Stellung in der *Beschreibung* erwähnt wird, stützt die Vermutung, dass Kafka dieses Bild für die Apperzeption verwendet. Wohl nicht zufällig teilt der Erzähler dem Bekannten seine Ansichten über die Sinnlosigkeit des Erinnerns mit, als sie an ein „Flußgeländer" kommen und der Bekannte „näher an das Geländer" tritt. (Vgl. KKA 5, S. 105) Hier hält er sich allerdings noch am Geländer fest.

Der ‚Brückensprung' als Wechsel des Erkenntnismodus eröffnet eine interessante Perspektive auf die Erzählung *Das Urteil*. Dieser Text kann insofern als Kafkas literarischer Durchbruch bezeichnet werden, als ihm hier offenbar erstmals die Umsetzung seines in der *Beschreibung* formulierten Erkenntnisideals gelungen ist, nämlich: „die Abschaffung der Distanz zwischen dem schreibenden (*beobachtenden*) Subjekt und dem Geschriebenen (*Beobachteten*)" (HATTORI, Sprachkrise, S. 33). In seinem Tagebuch verwendet Kafka für den Schreibprozess des *Urteils* das Bild des Schwimmens, wenn er notiert: „Die fürchterliche Anstrengung und Freude, wie sich die Geschichte vor mir entwickelte wie ich in einem Gewässer vorwärtskam." Das Schwimmen steht hier für eine besondere mentale Disposition Kafkas. Die Erzählung ist gleichsam aus ihm herausgeflossen und nicht in „Brocken" mühsam konstruiert. Dieses ungehinderte Fließen erscheint ihm als Schreibideal: „Nur so kann geschrieben werden, nur in einem solchen Zusammenhang, mit solcher vollständigen Öffnung des Leibes und der Seele." (KKA 10, S. 101)

Dieses Charakteristikum der Textproduktion, der Wechsel von einem intentionalen zu einem kontemplativen Vernunftgebrauch, wird auch in der Erzählung selbst reflektiert. Vater und Sohn verbindet auf den ersten Blick der Petersburger Freund. Da seine Existenz aber fragwürdig bleibt, steht der Freund für die mentale Disposition der „Intentionalität des Bewußtseins" (HEIDSIECK, Fiktionale Ontologie, S. 392). Wie am ‚Geländer der Apperzeption' entwickelt sich der Handlungsverlauf: „Die Entwicklung der Geschichte zeigt nun, wie aus dem Gemeinsamen, dem Freund, der Vater hervorsteigt und sich als Gegensatz Georg gegenüber aufstellt, verstärkt durch andere kleinere Gemeinsamkeiten" (KKA 10, S. 125). Der vermeintliche Suizid am Ende kann als Verzicht auf die Benennungssucht des Bewusstseins gelesen werden. Letztmals, bevor er springt, hält Georg Bendemann „das Geländer fest, wie ein Hungriger die Nahrung" (E, S. 60). Die Apperzeption steht offenbar auch hier, wie in der *Beschreibung eines Kampfes*, im Zusammenhang mit einer Gier und einem „Appetit", die das Denken vorantreiben. Dieser Denkmodus segmentiert das Erleben in Einzelansichten – auch im *Urteil*. Während Georg, kurz bevor er das Geländer loslässt, das Leben von „Geländerstangen" fragmentiert und in „Brocken" erfährt, geht – ja fließt – nach seinem Sprung „über die Brücke ein geradezu unendlicher Verkehr" (E, S. 60). Die Negation der „Intentionalität des Bewußtseins", gedeutet als Verzicht auf die Befriedigung des unstillbaren „Appetits" nach Benennungen, kann als Wesen von Kafkas ‚Hungerkunst' bezeichnet werden.

Im Wechsel des Erkenntnismodus sieht der Erzähler eine Möglichkeit, der drohenden Liquidierung durch das Musizieren des Bekannten zu entgehen.[100] „Ich mußte mich nicht erstechen lassen, ich mußte nicht weglaufen, ich konnte mich einfach in die Luft werfen." (KKA 5, S. 112) Ein Denken jenseits der traditionellen Auffassung der Apperzeption, wie es in der *Beschreibung eines Kampfes* offenbar angestrebt ist, stellt eine Gefährdung für das Subjekt des Denkens dar. Denn wenn man Kants Ansicht folgt, „daß das Ich der Apperzeption, [...] in jedem Denken, ein Singular sei, der nicht in eine Vielheit der Subjekte aufgelöset werden kann"[101], verliert sich mit der Überwindung der Apperzeption auch die Einheit des Erkenntnissubjekts.

Das ‚In-die-Luft-Werfen' bedeutet also möglicherweise die Auflösung des Selbstbewusstseins durch die Negation des Willens und damit den Wechsel zu einer kontemplativen Haltung. Die Kontemplation kann insofern als Selbstvergessenheit bezeichnet werde, als die Negation des Willens eine „Möglichkeit zugrundezugehn" (KKA 5, S. 112) beschreibt. Als Charakteristikum der Selbstvergessenheit, wenn man den Zustand des Erzählers als solche bezeichnen möchte, erscheint in der *Beschreibung eines Kampfes* der Verlust der Intentionalität. Vergessen wird das Selbst im Sinne des einheitlichen Ichs der Apperzeption, so dass ein von Selbstbezüglichkeit gereinigtes ‚Denken' möglich wird; oder mit den Worten Schopenhauers: „nur die Erkenntnis ist geblieben, der Wille ist verschwunden."[102]

Wenn der Erzähler, sich an das problematische Verhältnis zu seinem Bekannten erinnernd, erfreut feststellt, „daß mein Gedächtnis so gut war, daß es selbst solche Dinge bewahrte" (KKA 5, S. 111), kann dies als Hinweis darauf angesehen werden, dass Gedanken, die ansonsten als unangenehm verdrängt oder

---

[100] Kafka bezeichnete sich selbst wiederholt als unmusikalisch. Als Ausdruck seiner „Unmusikalität" sieht er an, „daß ich Musik nicht zusammenhängend genießen kann" (KKA 9, S. 226). Dieses fehlende Rezeptionsvermögen wurde ihm zum Problem. In seinen Tagebuchaufzeichnungen finden sich zwei Vermerke über die Wirkung von Musik, die wie eine Illustration der in der *Beschreibung eines Kampfes* vorgestellten Reaktionen auf eine drohende Bewusstseinsauflösung gelesen werden können. Ende 1911 notiert Kafka: „Die gehörte Musik zieht natürlich eine Mauer um mich und meine einzige dauernde musikalische Beeinflussung ist die, daß ich so eingesperrt, anders bin als frei." (KKA 9, S. 226) Die Musik wird als einengend und als Bedrängnis erfahren. Was ihm hier noch unangenehm ist, kann er genießen, wenn er sich auf die Musik einlässt, wie einer Aufzeichnung von 1912 zu entnehmen ist: „Ich kann mich von jetzt an bei Musik nicht mehr langweilen. Diesen undurchdringlichen Kreis, der sich mit der Musik um mich bald bildet, versuche ich nicht mehr zu durchdringen, wie ich es früher nutzlos tat, hüte mich auch, ihn zu überspringen, was ich wohl imstande wäre, sondern bleibe ruhig bei meinen Gedanken, die in der Verengung sich entwickeln und ablaufen, ohne daß störende Selbstbeobachtung in dieses langsame Gedränge eintreten könnte." (KKA 10, S. 60) Die Besonderheit einer kontemplativen Haltung, in der die „Intentionalität des Bewußtseins" aufgehoben ist, formuliert Kafka 1910 im Zusammenhang mit dem *Kleinen Ruinenbewohner*, wenn er schreibt: „Oft überlege ich es und lasse den Gedanken ihren Lauf ohne mich einzumischen" (KKA 9, S. 19).
[101] KANT, Kritik der reinen Vernunft, 2, WA 4, S. 346.
[102] SCHOPENHAUER, Wille und Vorstellung, I, S. 558.

unendlich reflektiert worden wären, zugelassen werden können, sofern sich die *res cogitans* nicht mehr selbst als Erkenntnissubjekt wahrnimmt.

Dieser Zustand der Selbstvergessenheit ist jedoch kein dauerhafter. Die Kontemplation ermöglicht nur eine kurzzeitige Befreiung von der Bedrohung, die die *res cogitans* durch die Begehrlichkeit des Körpers erfährt. Der Körper stellt insofern den Unsicherheitsfaktor für die Kontemplation als Ausweg aus der dilemmatischen Situation des modernen Subjekts dar, als seine Bedürftigkeit mit der Intentionalität des Willens korreliert. „Das Grundthema aller mannigfaltigen Willensakte ist die Befriedigung der Bedürfnisse, welche vom Dasein des Leibes in seiner Gesundheit unzertrennlich sind, schon in ihm ihren Ausdruck haben und sich zurückführen lassen auf Erhaltung des Individuums und Fortpflanzung des Geschlechts."[103]

Die Befreiung der Erkenntnis aus dem Dienst des Willens ist nur kurzzeitig möglich und immer latent bedroht durch den Körper, der die Erkenntnis jederzeit wieder in die Abhängigkeit der Bedürfnisbefriedigung zwingen kann. Diese Erfahrung macht der Erzähler in der *Beschreibung eines Kampfes*: Seine Abhängigkeit vom Bekannten wird ihm schmerzlich bewusst. Seine Emanzipation ist nur temporär und endet in dem Moment, in dem eine Perzeption in sein Bewusstsein dringt. Als der Erzähler vom Bekannten buchstäblich wieder an die Hand genommen wird, kehrt er in seine ursprüngliche Abhängigkeit zurück: Während er in einem Augenblick noch losgelöst schwimmt, „faßte mein Bekannter meine Hand. Da stand ich wieder auf dem Pflaster und fühlte einen Schmerz im Knie" (KKA 5, S. 111).

Trotz der Einsicht in die unlösbare Verbindung zwischen Erzähler und Bekanntem wird das ‚In-die-Luft-Werfen' als Rettung vor der befürchteten Ermordung durch den Bekannten angesehen. Aber nicht nur für den Erzähler erscheint die „Möglichkeit zugrundezugehn" als Ausweg aus einer bedrohlichen Situation, auch für den Bekannten stellt sie eine Chance dar, sich vom Erzähler zu befreien.

2. Vom Denken genarrt oder närrisch durchs Denken?

Auf den ersten Blick erscheint die Bedrohung, der der Erzähler entgehen möchte, als Ergebnis eines pathologischen Verfolgungswahns. Möglicherweise aber entspringt seine Angst in Wirklichkeit doch einer realen Gefahr, schließlich hat der Bekannte gute Gründe, den Erzähler loswerden zu wollen, wird dieser ihm doch schnell unangenehm. Er wird für den Bekannten regelrecht zum Quälgeist, weil er sich nicht absprachegemäß verhält. Worin eine solche Absprache bestehen könnte, wird nicht gesagt, aber aus dem Verhalten des Bekannten schließt der Erzähler, dass es zwischen ihnen eine Vereinbarung geben muss, die ihre Interaktion reglementieren soll. Sicher ist er sich allerdings nicht, denn er kann sich an keine Absprache erinnern. Der vermeintliche Versuch des Bekannten, sich einer Übereinkunft mit dem Erzähler zu versichern, läuft daher ins Leere. „Er zwinkerte mit den Augen wegen irgendeines Einverständnisses, an das

---

[103] Ebd., S. 448.

ich offenbar vergessen hatte." (KKA 5, S. 102) Was bedeutet diese angedeutete Störung der Interaktion zwischen *res extensa* und *res cogitans*? Und wieso führt sie dazu, dass die Verstandestätigkeit als quälend empfunden wird, so dass der Wunsch entsteht, sie zu unterbinden? Oder konkret bezogen auf die *Beschreibung eines Kampfes* formuliert: Warum möchte der Bekannte den Erzähler möglicherweise loswerden?

Die gestörte Interaktion zwischen Bekanntem und Erzähler veranschaulicht ein epistemisches Problem: Auf welche Weise können sinnliche Anschauungen in eine kognitive Begrifflichkeit transformiert und zu Erfahrungen verknüpft werden? Die Ansprache des Erzählers durch den Bekannten kann als Ausdruck des Wunsches aufgefasst werden, ein sinnliches Erleben rational zu erfassen. Der durch die Affizierung „aus der Ordnung geraten[e]" (KKA 5, S. 98) Bekannte bedarf möglicherweise des Erzählers, um die Eindrücke zu systematisieren. Im Erzähler hofft der Bekannte die Urteilskraft angesprochen zu haben.

Er ist auf den Erzähler angewiesen, um die aktuellen Erlebnisse mit seiner Erfahrung verknüpfen zu können. So fragt er den Erzähler nach seiner „Meinung über jenes Stubenmädchen": „Wer ist das Mädchen? Haben Sie sie früher schon gesehen? [...] War es überhaupt ein Stubenmädchen?" (KKA 5, S. 102f.) Die Reflexion, die diese Fragen auslösen sollten, wird vom Bekannten unterbunden, sobald sie zu sehr in die Tiefe zu gehen drohen. Er erwartet vom Erzähler offenbar nur, aus der Empirie Schlüsse zu ziehen, aber er ist nicht an gedanklichen Spekulationen interessiert.

Die Antwort des Erzählers auf die Fragen des Bekannten, dass er das Stubenmädchen „an ihren roten Händen" und durch ihre „harte Haut" (KKA 5, S. 103) identifiziert habe, zeigt, dass der Erzähler zwar Urteilsvermögen besitzt, dieses aber offenbar auf Äußerlichkeiten beschränkt bleiben soll. Aus den empirischen Daten vermag er zu dem Schluss zu kommen, dass es sich bei der Bekanntschaft um ein Stubenmädchen handelt. Weitergehende Aussagen über den Menschen hinter dieser sozialen Rolle können nicht gemacht werden. Die Verfassung der Hände des Stubenmädchens „beweist nur, daß sie schon einige Zeit im Dienst steht" (KKA 5, S. 103). Während der Bekannte mit dieser Beurteilung des Mädchens zufrieden ist, erscheint sie dem Erzähler ungenügend. Da die Wahrnehmung durch die Beleuchtung behindert war, zieht er in Erwägung, dass sich aus den Sinnesdaten keine unbedingt gültigen Aussagen über das Mädchen treffen lassen. Dem Einwand des Bekannten, dass seine Schlüsse Aussagen nicht über die Person, sondern nur über ihre berufliche Stellung zulassen, gibt der Erzähler recht: „In der Beleuchtung dort konnte man ja nicht alles unterscheiden, aber auch mich erinnerte ihr Gesicht an eine ältere Offizierstocher meiner Bekanntschaft." (KKA 5, S. 103)

Seine Vermutungen soll er nicht weiter verfolgen. Der Bekannte fordert vom Erzähler nur die subsumierende, nicht die reflektierende Urteilskraft. Weitere Reflexionen über das Mädchen werden vom Bekannten unterbunden; ihn erinnert das Mädchen an keine Bekannte. Dass die reflektierende Urteilskraft keine alltagspraktische Relevanz besitzt, ist für den Erzähler allerdings kein

Grund, auf sie zu verzichten. Bei der bloßen Erkenntnis der Äußerlichkeiten möchte er nicht stehen bleiben. Möglicherweise weil er sich im Weiterdenken vom Bekannten gestört fühlt, erwägt er erneut, sich von ihm zurückzuziehen. Doch wie beim ersten Mal realisiert er sein Vorhaben nicht. Stattdessen beginnt er sich nun doch für den Bekannten zu interessieren – denn, so glaubt er, dessen Anwesenheit vermag „mir vor den Leuten Wert zu geben, ohne daß ich ihn erst erwerben mußte" (KKA 5, S. 104).

Der Bekannte erhält für den Erzähler in dem Moment eine Bedeutung, als er die *res cogitans* nicht mehr als Urteilskraft instrumentalisiert, sondern er sich an der Denktätigkeit zweckfrei ergötzt. Der Bekannte hält den Erzähler für einen „Komiker" (KKA 5, S. 103). Diese Ansicht beruht jedoch auf einer Fehleinschätzung, die sich der Erzähler zunutze machen möchte. Die Aufmerksamkeit, die der Bekannte ihm widmet, ist eigentlich unverdient, denn sie kommt daher, so glaubt der Erzähler, „daß mein Bekannter etwas in mir vermutete, was zwar nicht in mir war, mich aber bei ihm in Beachtung brachte dadurch, daß er es vermutete" (KKA 5, S. 103f.). Der Bekannte ist mit dem Erzähler gleichsam „durch Neugier" (KKA 5, S. 125) verbunden, statt sich also dem Denkvermögen für das Systematisieren von Erlebnissen zu bedienen, wird die *res cogitans* selbst Gegenstand des Erkenntnisinteresses. Da die *res cogitans* bei Kafka nicht unabhängig von der Erfahrung existiert, richtet sich die Aufmerksamkeit des Bekannten eigentlich auf einen nichtexistenten Gegenstand. Das Erkenntnisobjekt ist nicht *apriori*, sondern *aposteriori* vorhanden, und zwar durch das Interesse des Bekannten. Mit anderen Worten: Der Erzähler erhofft sich vom Bekannten eine Existenzberechtigung, und zwar indem dieser zum Gegenstand seines Denkens wird. Wenn der Erzähler vermutet, dass das Interesse des Bekannten ihm „vor den Leuten Wert zu geben" vermag, so scheint dies zu bedeuten, dass die Selbstbeobachtung dem Einzelnen eine soziale Legitimation ermöglicht.

Somit wird der Bekannte als Garant für eine permanente Existenzbestätigung für den Erzähler unentbehrlich. Eine unablässige Verbindung zwischen ihnen sieht der Erzähler als Bedingung dafür an, nicht „aus der Welt herausgeworfen" (KKA 5, S. 104) zu werden. Um ihn nicht zu verlieren, versucht er den Bekannten an sich zu binden. So beschäftigt er sich bald mit dessen Verliebtheit, allerdings in anderer Weise als von diesem gewünscht: Er stellt sich vor, wie ihn der Bekannte seiner Geliebten beschreiben würde. Für Seiji Hattori liegt dieser „Jagd des Benennungsakts" ein „erkenntnismäßige[r] seelische[r] Mechanismus" zugrunde, der darin besteht, „die Außenwelt in Vorstellungen = Wortbildern als *innere* Realität aufzufassen. Sich einen Gegenstand vorstellen, hieße im gewissen Sinne eine Vorstellung im Innern anschauen, bzw. *beobachten*, was suggeriert, daß jede Vorstellung mit der *Selbstbeobachtung* irgendwie verflochten sein kann."[104]

In der Vorstellung des Erzählers wird der Bekannte vom Erkenntnissubjekt zum Erkenntnisobjekt. Die Reflexionen darüber, wie der Bekannte sein Wesen,

---

[104] HATTORI, Sprachkrise, S. 31.

also den Erzähler, der Geliebten vertraut machen kann, gerät zur unangenehmen Selbstbeobachtung. In seinem fingierten Gespräch imaginiert er die Reaktion der Geliebten auf das ‚Selbstgeständnis' des Bekannten: „Wie, Annerl, Dir vergeht der Appetit? Ja dann ist es meine Schuld, dann habe ich das Ganze schlecht erzählt." (KKA 5, S. 104) Die Versuche des Bekannten, die Gesellschaft des Erzählers zu rechtfertigen, gehen über in Vorwürfe gegen Annerl, die nicht bei ihrem Geliebten war: „Denn wo warst Du, Annerl? In Deinem Bett warst Du und Afrika war nicht entfernter als Dein Bett." (KKA 5, S. 105) Auch dieses imaginierte Gespräch offenbart letztlich nur, wie sehr das Denken des Erzählers um das Verhalten des Bekannten kreist. Die Wirkung einer derartigen Selbstbeobachtung auf das Erkenntnisobjekt ist dem Erzähler nicht nur bewusst, sondern sie ist offenbar auch intendiert. Detailliert malt er die Begegnung und die Rechtfertigungsversuche des Bekannten aus: „Und ich erließ meinem Bekannten [...] nicht den geringsten Teil der Beschämung, die er bei solcher Rede fühlen mußte." (KKA 5, S. 105) Die Selbstbeobachtung führt zum Gefühl der Minderwertigkeit. Bevor dem Bekannten seine Verliebtheit bewusst wurde, war er „glücklich" (KKA 5, S. 100); nun, nachdem seine Verliebtheit zum Gegenstand der Selbstbeobachtung geworden ist, ist er beschämt. Die innere Unsicherheit des Erzählers wird auf den Bekannten projiziert.

Die Mechanismen, die die „Seekrankheit auf festem Lande" in eine Sozialphobie verwandeln, veranschaulicht die Begegnung zwischen dem Erzähler und der Figur des Beters in der Stadt der Narren. Der Beter, der wie schon in der ersten Fassung der *Beschreibung eines Kampfes* sein Beten so inszeniert, dass er durch die erregte Aufmerksamkeit eine Existenzbestätigung erhält, leidet an der „Seekrankheit auf festem Lande" (KKA 5, S. 126). Und seine Krankheit ist ansteckend: „Denn mein Unglück ist ein schwankendes Unglück, ein auf seiner Spitze schwankendes Unglück und berührt man es, so fällt es auf den Frager." (KKA 5, S. 124)

Und wirklich: Die Bekanntschaft mit dem Beter hat gravierende Folgen für den Erzähler. Nachdem er mit ihm nämlich, von dessen unerklärlichem Verhalten angezogen, in Kontakt getreten ist, überträgt sich das Unglück auf ihn: Er wird närrisch. Wurde anfangs der Beter aufgrund seines Auftretens in der Kirche als „vollkommener Narr" (KKA 5, S. 125) bezeichnet, wird schließlich der Erzähler vom Beter als „Narr" (KKA 5, S. 131) angesprochen. Die Narrheit steht dabei für die „Seekrankheit auf festem Lande", für das überhitzte Denken, das im Vergessen mündet. Nachdem er buchstäblich närrisch geworden ist, bemerkt der Erzähler erstaunt: „Diese Vergeßlichkeit ist übrigens etwas ganz neues an mir." (KKA 5, S. 133) Im Vergessen offenbart sich die Folge eines infiniten, von einem unstillbaren „Appetit" geleiteten Denkens. Auch die Schlaflosigkeit ist ein Kennzeichen dieser ununterbrochenen Verstandestätigkeit. Unablässige Konzentration und Wachheit kennzeichnen denn auch den Ort, an dem der Erzähler auf den Beter trifft: die Stadt der Narren, die nie schlafen, „weil sie nicht müde werden." – Denn: „Wie könnten Narren müde werden!" (KKA 5, S. 120)

Die Bewohner der Stadt sind also durch ihr unablässiges Denken charakterisiert. Als Ursprung eines solchen Denkens kann ein aufklärerischer Fortschrittsoptimismus bezeichnet werden. Der Glaube an die Möglichkeiten der Vernunft initiiert ein Erkenntnisstreben, das zur Atomisierung seines Gegenstandes führt. Die entfesselte Vernunft macht närrisch und narrt damit das Erkenntnissubjekt, das seine Hoffnung in das Denkvermögen gesetzt hat. Daher müssen die ‚Ewig-Wachen', also die permanent Denkenden, als „Narren" erscheinen.[105]

---

[105] Kafkas Entwurf einer medialen Lebensform steht in mehrfacher Hinsicht im Zeichen der Narrheit. Bereits in seinem zweiten Brief an Felice Bauer wirft er sich die „Unruhe", einen Gedanken sofort niederzuschreiben, als „Narrheit" vor. (Vgl. F, S. 46) Wenig später konkretisiert er: „Meine Schreibweise ist natürlich nicht selbständig närrisch, sondern genau so närrisch wie meine gegenwärtige Lebensweise" (F, S. 51). Offenbar sah Felice die beinahe selbstzerstörerische Lebensweise Kafkas als närrisch an und riet ihm, vernünftig zu sein und sich zu mäßigen, denn er weist ihren Rat mit der Begründung zurück: „'Maß und Ziel' setzt die menschliche Schwäche schon genug. Müßte ich mich nicht auf dem einzigen Fleck, wo ich stehen kann, mit allem einsetzen, was ich habe? Wenn ich das nicht täte, was für ein heilloser Narr wäre ich!" (F, S. 76)

Tiefere Einsicht in Kafkas Verständnis des Narrenbegriffs geben seine Tagebuchaufzeichnungen. Ihnen sind drei unterschiedliche Vorstellungen von ‚Narrheit' zu entnehmen. Neben der gesellschaftlichen Funktion des Narren tritt der Begriff bei Kafka auch als Werturteil auf: Aus der Perspektive derjenigen, die in die Gemeinschaft involviert sind, erscheint der als Narr, der außerhalb des Zusammenhangs steht und sich auf diese Weise dem Leistungsvergleich entzieht. Aus umgekehrter Sicht wirkt angesichts der Vergänglichkeit des Lebens jeder Fortschrittsglaube, der die Grundlage für einen Leistungsvergleich darstellt, als Narrheit. Alle drei Vorstellungen erläutert Kafka in Tagebuchaufzeichnungen.

Aus der Sicht Hermann Kafkas war der Halbbruder seiner Frau, Rudolf Löwy, ein Narr, weil er im gesellschaftlichen Spiel des Leistungsvergleichs ein Versager war, „der es weder zu einer Heirat noch zu wirtschaftlicher Selbständigkeit, sondern nur zu einer subalternen Anstellung als gewöhnlicher Buchhalter in einer Bierbrauerei gebracht hatte und außerdem noch zum Katholizismus übergetreten war" (KROLOP, Vollkommener Narr, S. 10). Hermann Kafka fürchtete, aus seinem Sohn könnte „ein zweiter Onkel Rudolf, also der Narr der neuen nachwachsenden Familie, der für die Bedürfnisse einer andern Zeit etwas abgeänderter Narr werden" (KKA 9, S. 236). Als eine Form der Narrheit beschreibt Kafka hier den Nonkonformismus, die Verweigerung der Teilnahme am gesellschaftlichen Fortschrittsoptimismus.

Umgekehrt erschien Kafka der Glaube an die Möglichkeit eines Fortschritts als Narrheit. 1921 notiert er: „Das Unglück eines fortwährenden Anfangs, das Fehlen der Täuschung darüber, daß alles nur ein Anfang und nicht einmal ein Anfang ist, die Narrheit der andern, die das nicht wissen und z. B. Fußball spielen, um endlich einmal ‚vorwärts zu kommen'" (KKA 11, S. 187). So hat die Narrheit als Nonkonformismus ihren Ursprung in der Desillusionierung über die Möglichkeiten eines Fortschritts, denn ohne diesen Glauben gibt es nicht den für die Teilnahme am gesellschaftlichen Leistungsvergleich notwendigen Ehrgeiz.

Was aus der Sicht seines Vaters Narrheit war, ist aus Kafkas Sicht das genaue Gegenteil: Nicht zu handeln, ist die logische Konsequenz aus der Erkenntnis einer Unmöglichkeit von Entwicklung. Eine Aufzeichnung von 1913 verdeutlicht diese Folge: „Die Furcht vor Narrheit. Narrheit in jedem geradeaus strebenden, alles andere vergessen machendem Gefühl sehn. Was ist dann die Nicht-Narrheit? Nicht-Narrheit ist vor der Schwelle, zur Seite des Einganges bettlerhaft stehn, verwesen und umstürzen." (KKA 10, S. 212)

Die Episode in der Stadt der Narren veranschaulicht das Umschlagen von Benennungssucht in Vergessen. Dem hartnäckigen Wunsch aber zu vergessen, der in der ersten Fassung der *Beschreibung* als Voraussetzung für das künftige Leben des Erzählers genannt wird, und der Abneigung des Erzählers gegen das Erinnern in der zweiten Fassung steht eine „Erinnerungssucht" gegenüber. Beide Pole stehen in einem dialektischen Prozess zueinander: „Die artistische Dynamik dieser ‚Erinnerungssucht' besteht darin", konstatiert Andreas Kilcher, „daß sie nie an ihren Gegenstand gelangt. [...] Das Erinnern, in dem der Gegenstand zum imaginären Wunsch wird, ist leer und schlägt um in Vergessen."[106]

Die Erfahrung, dass eine unablässige Verstandestätigkeit ins Vergessen münden kann, macht der Erzähler, der seit seiner Ankunft in der Stadt der Narren vom Erkenntnishunger geleitet ist, so dass ihm „Klarheit über alles" (KKA 5, S. 121) geht. Irritierenden Phänomenen möchte er auf den Grund gehen – so auch dem Wesen des Beters. Doch dieser besitzt keinen erkennbaren eigenen Charakter. Eine Definition erhält er erst durch die beobachtenden Blicke anderer. Wenn er offenbart, es sei ein „Bedürfnis, von diesen Blicken mich für eine kleine Stunde festhämmern zu lassen" (KKA 5, S. 125f.), wird deutlich, dass er selbst keine wirkliche Existenz hat, denn seine Erscheinung besteht nur temporär. Er gehört nicht zur empirischen, sondern zur intelligiblen Welt, zählt er doch zu den „hinfälligen Vorstellungen" (KKA 5, S. 75). Als Vorstellung aber ist er letztlich nichts weiter als eine Projektion des Beobachters, und das heißt: Das Gespräch zwischen dem Erzähler und dem Beter zeichnet den Prozess der Selbstbeobachtung nach. Dieser führt aber nicht zur Selbsterkenntnis, sondern macht närrisch.

Die Einseitigkeit und das unbeirrbare Verfolgen eines Ziels waren für Kafka nicht nur närrisch, sondern ängstigten ihn auch. Narrheit als unbeirrbares Erkenntnisstreben beschreibt ein überhitztes Denken, wie einer Reflexion über den „menschlichen Rechner" und dessen Bestreben, die Welt bis in ihre letzte Tiefe zu ergründen, zu entnehmen ist, die unmittelbar nach der Aufzeichnung über die Narrheit notiert wurde. Das Anliegen des „Rechners" ist tragisch und närrisch, denn: „Welche Unvereinbarkeit liegt zwischen dem sichtbar Menschlichen und allem andern! Wie folgt aus einem Geheimnis immer ein größeres! Im ersten Augenblick geht dem menschlichen Rechner der Atem aus! Eigentlich müßte man sich fürchten aus dem Haus zu treten" (KKA 5, S. 212f.). In seinem Bestreben nach Erkenntnis gleicht der „Rechner" dem Narren. Kurt Krolop hebt dementsprechend hervor, dass bei Kafka „die alte Opposition Narrheit/ Weisheit ihre kontrastive Funktion immer mehr einbüßt". Kafka beschreibt eine Dialektik der Narrheit, denn: „Der Negativpol der Narrheit konvergiert mit dem rechnerischen Bilanzieren" (KROLOP. Vollkommener Narr, S. 16).

In der Ambivalenz seines Narrenbegriffs spiegelt sich Kafkas Vorstellung vom Denken zwischen Benennungssucht und Vergessen wider. Bezieht man die unterschiedlichen Vorstellungen über die Narrheit auf seine Charakterisierung des Schreibens, kann man sagen: Die unruhige Verstandestätigkeit ist zwar närrisch, aber unabänderlich. Der Gedankenfluss lässt sich nicht unterdrücken; aber da es für Kafka nicht möglich war, die zusammenhängende Verstandestätigkeit im Alltag zu nutzen, sondern nur im Schreiben, war sein Lebenskonzept „närrisch".

[106] KILCHER, Dispositive des Vergessens, S. 228f.

In der Begegnung zwischen Erzähler und Beter wird deutlich, wie das Erkenntnissubjekt als Gegenstand der Selbstbeobachtung „an Muth und Gesundheit" verliert, sobald man über es „nachdenkt". (Vgl. KKA 5, S. 84) Die Folge der „Vergeßlichkeit" ist nämlich eine Verunsicherung im Handeln, die sich als Sozialphobie offenbart: Nicht nur hat der Erzähler vergessen, dass er zu einer Geselligkeit eingeladen ist, sondern, als er daran erinnert wird, scheut er sich auch davor, ohne den Beter dorthin zu gehen.

Das permanente Denken isoliert das Subjekt aus der Gemeinschaft, indem es unablässig neue „zufällige Namen" für alles entwickelt und so die Grundlage jeder Interaktion zerstört: das wechselseitige Verstehen. Wenn in einer Gemeinschaft Konsens über die Bedeutung von Begriffen besteht, kann es nicht zu einer existentiellen Verunsicherung, wie sie in der „Seekrankheit auf festem Lande" versinnbildlicht ist, kommen: „Denn schon sind wir auf unserer Erde eingerichtet und leben auf Grund unseres Einverständnisses." (KKA 5, S. 132)

Unter der Tatsache, dass zwischen *res cogitans* und *res extensa* kein „Einverständnis" besteht, leidet nicht nur der Erzähler, sondern auch der Bekannte.[107] Befürchtet er auch nicht, verdrängt zu werden, reagiert er doch mit Unmut darauf, dass der Erzähler ihn nicht in ‚Ruhe lässt', sondern unablässig anwesend ist. Bald fürchtet auch der Erzähler, dem Bekannten durch die Weitschweifigkeit seines Denkens zu verärgern. „Und dieser Umstand quälte mich […] doch so sehr, daß ich meinen Rücken gebückt machte, bis meine Hände im Gehn meine Knie berührten." (KKA 5, S. 107) Wenn man den Erzähler als Metapher für die *res cogitans* ansieht, kann seine veränderte Körperhaltung zweierlei bedeuten: Einerseits weist die unkomfortable Haltung auf eine Einschränkung der geistigen Bewegungsfreiheit hin, andererseits kann die Krümmung seines Rückens als Bild für ein zirkuläres Denken verstanden werden.

---

[107] Im *Kleinen Ruinenbewohner* wird die Erziehung als Ursache für die Entfremdung von *res cogitans* und *res extensa* genannt. Das Subjekt der Biografie klagt: „Diese Unvollkommenheit ist nicht angeboren und darum desto schmerzlicher zu tragen. Denn wie jeder habe ich auch von Geburt aus meinen Schwerpunkt in mir, den auch die närrischeste Erziehung nicht verrücken konnte." Auch wenn nicht gesagt wird, was „die närrischeste Erziehung" bedeutet, kann vor dem Hintergrund von Kafkas Vorstellung von Narrheit vermutet werden, dass hier eine Sozialisation kritisiert wird, die im Sinne eines aufklärerischen Fortschrittsoptimismus zur Verstandestätigkeit ermutigt hat. Die Verstandestätigkeit ist prozessual und damit notwendig eine „Unvollkommenheit". Die Vernunfterziehung sieht der Erzähler rückblickend als fatal an, nicht weil sie seine Persönlichkeit zersetzt hätte, sondern weil der Körper mit dem Denken offenbar nicht Schritt halten kann. So konstatiert das Subjekt der Biografie: „Diesen guten Schwerpunkt habe ich noch aber gewissermaßen nicht mehr den zugehörigen Körper." Aus dieser Diskrepanz erwächst sein gegenwärtiges Unglück, denn „ein Schwerpunkt, der nichts zu arbeiten hat, wird zu Blei und steckt im Leib wie eine Flintenkugel" (KKA 9, S. 22). Das Denken kann sich nicht in der Tat verwirklichen, weil es nicht den dafür notwendigen Körper zur Verfügung hat. Ohne nach außen wirken zu können, richtet sich das Denken nach innen. Das Bild der „Flintenkugel" kann als Veranschaulichung der destruktiven Selbstbeobachtung aufgefasst werden.

Die buchstäblichen Verrenkungen, die der Erzähler macht, um beim Bekannten bleiben zu können, sieht dieser nicht nur als „Dummheiten" an, sondern er fühlt sich davon offenbar auch gestört, denn er fährt ihn an: „Das muß ich aber sagen, ärgern können Sie einen. Dieser unnütze Aufenthalt! Also machen Sie endlich Schluß!" (KKA 5, S. 107) Der Bekannte will die Qual des permanenten Denkens beenden, denn durch die Selbstbeobachtung läuft er Gefahr, närrisch zu werden. Vor der drohenden Narrheit kann er sich nur schützen, wenn er sich vom Erzähler befreit. Wenn sich der Erzähler einer befürchteten Verdrängung durch ein ‚In-die-Luft-Werfen' entzieht, kann dies dem Bekannten nur recht sein, ist er dadurch doch nicht mehr gezwungen, seinen Qualgeist zum „Weglaufen" zu bewegen oder ihn zu „erstechen". (Vgl. KKA 5, S. 112)

Das ‚In-die-Luft-Werfen' bedeutet, dass der Erzähler den Bekannten nicht mehr „stören" will. Dies heißt aber nicht, dass er sich von ihm trennt, denn ausdrücklich betont er, dem Bekannten „nicht einmal durch Weglaufen" (KKA 5, S. 112) zur Last fallen zu wollen. Der Erzähler distanziert sich so vom Bekannten, dieser ist nicht mehr Gegenstand der Verstandestätigkeit. Indem er die „dritte Möglichkeit zugrundezugehn" wählt, befreit sich das Denken aus der Enge der Selbstreflexion und erlöst das Subjekt der Erkenntnis zugleich von der Selbstbeobachtung.

Noch immer ist die *res cogitans* aktiv – mit dem Unterschied allerdings, dass an die Stelle des subsumierenden das „produktive" Erkenntnisvermögen getreten ist: die Einbildungskraft. Mit ihrer Hilfe kann sich der Erzähler vom Bekannten distanzieren. „Die Einbildungskraft (als produktives Erkenntnisvermögen) ist nämlich", so betont Kant, „sehr mächtig in Schaffung gleichsam einer andern Natur, aus dem Stoffe, den ihr die wirkliche gibt. Wir unterhalten uns mit ihr, wo uns die Erfahrung zu alltäglich vorkommt"[108].

Der Wechsel vom „bestimmenden" zum „produktiven Erkenntnisvermögen" stellt nicht nur für den Erzähler eine Rettung dar, sondern zugleich auch für den Bekannten eine Befreiung: Was er als quälend empfunden hat, solange er der Gegenstand war, bereitet ihm nun Vergnügen. Ihm gelingt es sogar, den früheren Qualgeist als „Komiker" (KKA 5, S. 103) anzusehen. Bevor der Erzähler sich auf den Weg macht, „zugrundezugehn", beruhigt er den Bekannten: „Und fürchten müssen Sie sich vor mir nicht, das ist wirklich überflüssig." Doch von Furcht kann keine Rede sein, im Gegenteil: Als der Erzähler sich aufschwingt, hört er den Bekannten nur „noch lachen." (KKA 5, S. 112)[109]

---

[108] KANT, Kritik der Urteilskraft, WA 10, S. 250.
[109] Aufschlussreich für das Verständnis des Mechanismus, der in der *Beschreibung eines Kampfes* als Lösung für die als zerstörerisch empfundene hyperaktive Verstandestätigkeit gezeigt wird, ist eine Aufzeichnung Kafkas über das Verhältnis zwischen Sancho Pansa und Don Quichote. Dieser Text ist zwar erst Ende 1917 entstanden, Kafkas Umdeutung von Cervantes' Figuren scheint aber auf charakteristische Weise seine Vernunftkritik zu veranschaulichen: „Sancho Pansa, der sich übrigens dessen nie gerühmt hat, gelang es im Laufe der Jahre, in den Abend- und Nachtstunden, durch Bereitstellung einer Menge Ritter- und Räuberromane seinen Teufel, dem er später den Namen Don Quichote gab, derart von sich abzulenken, daß die-

3. „Zugrundegehn" als Ausweg

Der Bekannte lässt seinen Gedanken, also dem Erzähler, freien Lauf. Ein solcher Gedankengang wurde bereits mit dem Verlassen der Gesellschaft beschrieben. Beide Spaziergänge behandeln das Problem der Entfremdung von *res cogitans* und *res extensa*. Die Unvereinbarkeit der beiden ist ein Problem der Urteilskraft, die zwischen Erkennen und Denken einerseits und Wollen und Handel andererseits bei Kafka nicht vermitteln kann.

Die Urteilskraft bezeichnet Kant als das mittlere Vermögen zwischen Verstand und Vernunft. Vermittels dieses Vermögens können „der bestirnte Himmel über mir, und das moralische Gesetz in mir"[110] synthetisiert werden. Die Dichotomie zwischen Naturnotwendigkeit und geistiger Freiheit glaubte Kant durch das Vermögen der Urteilskraft überwinden zu können. Diese wirkt in zweierlei Richtung: Einerseits ist sie ist das „Vermögen der Subsumtion des Besondern unter das Allgemeine"[111], also die Fähigkeit, eine Vielheit zur Einheit zu verbinden. Andererseits verknüpft sie als „bestimmende Urteilskraft" die Vielfalt der Sinnesdaten zu Begriffen und verbindet so Anschauung und Verstand. Als „reflektierende Urteilskraft" verbindet sie Vorstellungen zu Werthaltungen. Die „reflektierende Urteilskraft" ist das Vermögen, „zu dem Besonderen das Allgemeine zu finden"[112] – und das bedeutet: „gegebene Vorstellungen entweder mit andern, oder mit seinem Erkenntnisvermögen, in Beziehung auf einen dadurch möglichen Begriff, zu vergleichen und zusammen zu halten. Die reflektierende Urteilskraft ist diejenige, welche man auch das Beurteilungsvermögen […] nennt."[113]

---

ser dann haltlos die verrücktesten Taten ausführte, die aber mangels ihres vorbestimmten Gegenstandes, der eben Sancho Pansa hätte sein sollen, niemandem schadeten." Die teuflische Selbstbeobachtung ist dadurch unschädlich gemacht worden, dass Sancho Pansa sein Denken von sich abgelenkt hat, indem er den Appetit des Verstandes mit Hilfe von Literatur stillt. Wie bei Cervantes führt die exzessive Lektüre Don Quichotes dazu, dass er den Verstand verliert. Dass sich dadurch Sancho Pansa von seinem Teufel befreit, deutet an, dass es sich bei den beiden, wie so oft bei Kafka, um eine und dieselbe Person handelt. Als völlige Verkehrung von Cervantes wird bei Kafka die idealistische Verblendung Don Quichotes nicht kritisiert. Bei Cervantes sollte die Figur Sancho Pansas den verlorenen Realitätssinn seines Herrn wiederherstellen. Anders bei Kafka, hier ist es nämlich gerade der Pragmatiker, der seinen Verstand in Literatur auflöst und auf diese Weise den Kampf, der sich sonst gegen ihn selbst gerichtet hätte, als „Belustigung" erfährt. „Sancho Pansa, ein freier Mann, folgte gleichmütig, vielleicht aus einem gewissen Verantwortlichkeitsgefühl dem Don Quichote auf seinen Zügen und hatte davon eine große und nützliche Unterhaltung bis an sein Ende." (KKA 6, S. 167) Der Nutzen, den Sancho Pansa aus den „verrücktesten Taten" zieht, ist die Einsicht in die Sinnlosigkeit des Kampfes vom Idealismus gegen den Realismus. Dem Betrachter offenbart sich der Widerstreit des Geistes mit der Materie als Tragikkomödie.

[110] KANT, Kritik der praktischen Vernunft, WA 7, S. 300.
[111] DERS., Kritik der Urteilskraft, WA 10, S. 15.
[112] Ebd., S. 22.
[113] Ebd., S. 24.

Die „bestimmende Urteilskraft", die die Anschauungen apperzipiert, bedeutet für Kafka ein „Zugrundegehn" des Gegenstandes, denn dieser hat das „Gleichgewicht verloren undzwar im üblen Sinn". Der Verlust des „Gleichgewichts" ist bedingt dadurch, dass der Gegenstand als neue Anschauung zunächst die Aufmerksamkeit des Erkenntnissubjekts erregt; sobald sie jedoch apperzipiert ist, ist sie memoriert und damit eine alte Vorstellung. Die Apperzeption ist für Kafka „kein Zustand, sondern eine Bewegung also muß sie sich vollenden. Es entsteht ein wenig Lärm, dazwischen dieses bedrängte Lustgefühl, aber bald muß alles in seinen gehöhlten Lagern ruhen." (KKA 5, S. 12)

Wer sich nicht mit den „wahrhaftigen Namen der Dinge [...] begnügen" kann, dem muss die nach Vollendung strebende Bewegung der Apperzeption einengend erscheinen. Zu einer solchen Beschränkung des Denkens fühlt sich der Erzähler möglicherweise durch den Bekannten genötigt. Er ist jedoch nicht bereit, die sinnlichen Anschauungen des Bekannten zu apperzipieren, denn das hieße, dass die *res cogitans* eingeschränkt wäre auf die bestimmende Urteilskraft: Um nicht auf das Subsumtionsvermögen festgelegt zu werden, also um der Forderung nach einer Vollendung der Denkbewegung, wie sie im befürchteten Mord assoziiert werden kann, zu entgehen, ersinnt er eine „Möglichkeit zugrundezugehn". Dieses „Zugrundegehn" ist jedoch nicht gleichbedeutend mit der Vollendung der Denkbewegung, sondern stellt im Gegenteil einen Weg dar, einen solchen Abschluss zu vermeiden.

Die Befreiung des Erzählers vom Bekannten erfolgt nicht plötzlich, sondern durchläuft verschiedene Stadien. Am Anfang steht der Wechsel von der „bestimmenden" zur „reflektierenden Urteilskraft", die aber noch von der Anschauung der *res cogitans* gespeist wird. Indem sich der Erzähler „einfach in die Luft" wirft, dient er nicht mehr als „bestimmende Urteilskraft" zur Subsumtion der Anschauung, sondern das Besondere der Anschauung dient ihm als Grundlage für den Entwurf eines Allgemeinen.

Zunächst bleiben Erzähler und Bekannter also noch verbunden, allein ihr Abhängigkeitsverhältnis hat sich verkehrt, und dies sehr deutlich: „Schon sprang ich – im Schwung, als sei es nicht das erste Mal – meinem Bekannten auf die Schultern und brachte ihn dadurch, daß ich meine Fäuste in seinen Rücken stieß, in einen leichten Trab." (KKA 5, S: 112) Tatsächlich distanziert sich der Erzähler „nicht das erste Mal" vom Bekannten: Kurz bevor er zu der Einsicht gelangt, dass das ‚In-die-Luft-Werfen' für ihn die „dritte Möglichkeit zugrundezugehn" ist, hat er sie bereits erprobt. Seine „Schwimmbewegungen" hat er genossen, aber die durch sie ermöglichte Befreiung vom Bekannten war nur zeitweise möglich. Nun stellt sich die Frage, ob die temporäre Unabhängigkeit der *res cogitans* von der *res extensa* auch in eine dauerhafte Lebensform umgewandelt werden kann.

Mit dieser Absicht scheint sich der Erzähler zumindest vom Bekannten gelöst zu haben. Als er auf dessen Rücken „in das Innere einer großen, aber noch unfertigen Gegend" (KKA 5, S. 113) aufbricht, geschieht dies mit dem Vorsatz „zugrundezugehn". Der Erzähler erhebt sich vom festen Boden der Tatsachen und begibt sich ins Reich der Imagination, das er nach seinem „Willen" erschafft.

Er, der gerade noch gefürchtet hat, vom Bekannten ermordet zu werden, erscheint revitalisiert. Nicht mehr er befindet sich in einer unterlegenen Position, sondern der Bekannte. Der Erzähler quält ihn zu seinem Vergnügen: Er lässt die Straße „steiniger und steiler werden" und außerdem „einen starken Gegenwind" blasen, ohne an die Beschwerden zu denken, die seinem zum Transportmittel degradierten Bekannten dadurch entstehen. „Sobald mein Bekannter stolperte, riß ich ihn an seinem Kragen in die Höhe und sobald er seufzte, boxte ich ihn in den Kopf." (KKA 5, S. 113)

Es scheint fast, als zöge der Erzähler seine Kraft aus dieser Behandlung des Bekannten. Seine Allmachtsphantasie als Schöpfer seiner eigenen Vorstellungswelt berauscht ihn. Er kommt erst wieder zur Besinnung, als sich die „noch unfertige Gegend" zu vollenden beginnt und ihm so die Sicht behindert: „Erst als mir der Himmel allmählich durch die Äste der Bäume, die ich an der Straße wachsen ließ, verdeckt wurde, besann ich mich." (KKA 5, S. 113) Dieses Innehalten unterbricht die fließende Bewegung des Reitens. Der Erzähler weiß zwar um die Gefahren, die ein solches Innehalten birgt – „ich durfte nicht viel denken, denn ich mußte weiterschwimmen, wollte ich nicht zu sehr untertauchen" (KKA 5, S. 111) –, doch er missachtet diese Sicherheitsmaßnahme. Mit der Folge, dass dem Erzähler nun genau das geschieht, was er bei seinem ersten Befreiungsversuch vom Bekannten noch vermieden hat: Er besinnt sich, das heißt, er *denkt*, statt sich der Bewegung hinzugeben und geht deshalb unter.

Nachdem er sich vom Bekannten mit der Absicht „zugrundezugehn" distanziert hat, ist zunächst an die Stelle der „bestimmenden" die „reflektierende Urteilskraft" getreten. Gleichsam wie der Motor für die Einbildungskraft fungiert der zum Reittier degradierte Bekannte. Die Imagination absorbiert die Kraft des Gegenstandes, so dass nach kurzer Zeit der Bekannte verletzt und so geschwächt ist, dass der Erzähler ihn zurücklässt, weil er ihn nicht mehr als „nützlich" erachtet. (Vgl. KKA 5, S. 114)

Von nun an ist er gezwungen, seinen Weg „als Fußgänger" (KKA 5, S. 114) fortzusetzen. Während er soeben noch, als er sich vom Bekannten in „das Innere einer großen, aber noch unfertigen Gegend" hatte tragen lassen, „springende Bewegungen" ausführte, die Straße „noch steiniger und steiler" werden und „einen starken Gegenwind" (KKA 5, S. 113) wehen ließ, wird sein Lauf nun ruhiger. Auch seine Umwelt passt er dieser Mäßigung an: „Weil ich aber als Fußgänger die Anstrengungen der bergigen Straße fürchtete, ließ ich den Weg immer flacher werden und sich in der Entfernung endlich zu einem Tale senken. Die Steine verschwanden nach meinem Willen und der Wind verlor sich." (KKA 5, S. 114) Liest man die Bewegung des Erzählers als Beschreibung der Denktätigkeit, so werden die „Überlegungen" nach der Befreiung vom Bekannten nicht mehr „schwanken, wie Kettenbrücken bei zorniger Strömung" (KKA 5, S. 66), sondern gleichmäßiger werden.

Zwar wird das Denken ruhiger, weil es nicht mehr von Anschauungen mobilisiert ist, aber die Denktätigkeit droht letztlich zu erlahmen, weil sie nicht durch neue Eindrücke aktiviert wird. Ausdruck dieses Erlahmens ist das Herabsinken des Erzählers. Hatte er sich zunächst „in die Luft" geworfen, um auf den Schultern des Bekannten bergauf zu galoppieren, ist er nun vom Reiter zum Fußgänger herabgesunken. Und auch die Landschaft, in der sich sein Zustand widerspiegelt, wird „flacher", bis sie sich „endlich zu einem Tale senk[t]." (KKA 5, S. 114) Die Folge dieses Absinkens ist, dass sich die Distanz zur „guten Luft", die der Erzähler als Reiter für so „gesund" befunden hat, vergrößert. Nachdem er den Bekannten hinter sich gelassen hat, kann er sich nicht mehr in dieser gesunden Luft bewegen, sondern sie nur noch indirekt wahrnehmen: nämlich anhand der vorbeiziehenden Wolken, „die ein Wind, der nur in ihrer Höhe wehte, zur Überraschung des Spaziergängers durch die Luft zog" (KKA 5, S. 114).

Das ‚In-die-Luft-Werfen' offenbart sich also buchstäblich als „Möglichkeit zugrundezugehn". Einen Augenblick kann der Erzähler sich auf dem erreichten Plateau halten. Den Anblick des Baumes, der beim Reiter zum Besinnen führte, weil er den Himmel zu verdecken drohte, kann der Spaziergänger genießen: „Dieser Anblick, wie gewöhnlich er auch sein mag, freute mich so, daß ich als ein kleiner Vogel auf den Ruten dieser fernen struppigen Sträucher schaukelnd daran vergaß, den Mond aufgehn zu lassen." (KKA 5, S. 114f.) Der Anblick bereitet dem Erzähler „ästhetische Freude", die nur eine „Vorstellung, die nicht in die Sphäre des Willens fällt" (KKA 5, S. 11), erwecken kann. Dass der Erzähler den Baum kontemplativ betrachtet, wird durch seine Verwandlung in ein Tier angedeutet: Wenn er sich „als ein kleiner Vogel" der Vorstellung hingibt, ist der Wille, der bisher so aktiv die Vorstellungswelt erschaffen hat, nicht tangiert. Ohne Selbstbewusstsein kann der Erzähler nicht erinnern, und so ist es nicht verwunderlich, dass er vergisst, „den Mond aufgehn zu lassen".

Der überraschende Anblick des aufgehenden Mondes fesselt ihn zunächst, „aber nach einem Weilchen gewöhnte ich mich an ihn". Der Mond hat den Reiz des Neuen verloren. Die heftige Wirkung, die er beim ersten Anblick im Erzähler hervorgerufen hat – „als ich [...] ihn mit einem Male sah, wie er schon fast mit seiner ganzen Rundung leuchtete, blieb ich mit trüben Augen stehn, denn meine abschüssige Straße schien gerade in diesen erschreckenden Mond zu führen" –, ist verflogen, so dass er ihn nach kurzer Zeit mit „Besonnenheit", also unaufgeregt, ansieht. (Vgl. KKA 5, S. 115)

Wieder ist es die Besonnenheit, die sein „Zugrundegehn" vorantreibt. Diesmal muss er nicht den Bekannten hinter sich lassen, sondern insofern die ganze Welt, als sie sich auflöst. Vor dem endgültigen Untergang kann er sich jedoch retten: „Dann aber, als der Weg mir unter den Füßen zu entgleiten drohte und alles müde wie ich zu entschwinden begann, beeilte ich mich den Abhang an der rechten Straßenseite mit allen Kräften zu erklettern" (KKA 5, S. 115). Während er sich nicht nur auf eine Anhöhe, sondern auch noch auf einen Baum retten kann, versinkt die Welt um ihn herum. Sie geht zugrunde: „Der Berg gehörte schon der Finsternis, die Landstraße endete zerbröckelnd dort, wo ich zum Abhang mich gewendet hatte, und aus dem Innern des Waldes hörte ich das sich nähernde Krachen stürzender Bäume." (KKA 5, S. 115f.) Das Zugrundegehen der Vorstellungswelt kann als Vollendung der Bewegung von der Perzeption zur

Apperzeption gelesen werden. Die mannigfaltigen Anschauungen werden zu Begriffen subsumiert, und das bedeutet, dass eine Fragmentierung des Erlebens zu Abstraktionen erfolgt. Die Destruktion des Zusammenhangs, den die bestimmende Urteilskraft zwangsläufig bewirkt, scheint angedeutet im Bild der „zerbröckelnd[en]" Straße und im Bild „stürzender Bäume".

Während alles um ihn herum also apperzipiert wird, ist es der Erzähler allein, der einer Vollendung der Bewegung entkommt. Er geht nicht unter, sondern rettet sich in die Höhe. In dieser Sicherheit schläft er ein, und zwar „weil die Welt um mich zuende war" (KKA 5, S. 116). Tatsächlich ist die Vorstellungswelt „zuende", aber nicht im Sinne von nicht mehr existent, sondern im Sinne von begrifflich definiert und damit festgelegt. In diesem Sinne ist der Erzähler nicht zugrunde gegangen wie der Rest der Welt, aber er ist insofern ‚zu seinem Grund gegangen', als er zu seinem Ursprung zurückgekehrt ist – in eine reine Tätigkeit.[114] Das heißt, indem der Erzähler ‚zugrunde gegangen' ist, hat er die Verstandestätigkeit von jeder Intentionalität befreit: Seine Vorstellungen sind nicht mehr Konstruktionen seines ‚Willens'.

Bei den weiteren Ausführungen des Erzählers handelt es sich nicht um die Beschreibung eines Traumes[115]: Ausdrücklich wird darauf hingewiesen, dass der Schlafende „dem Schlaf und dem Traum" entflieht, um jenseits von diesen in die „Dörfer meiner Heimat" (KKA 5, S. 116) zurückzukehren. Die Rückkehr der *res cogitans* ist möglicherweise formal und nicht inhaltlich zu verstehen. Das bedeutet, dass der Erzähler keine Kindheitserinnerung referiert, sondern das Denken selbst veranschaulicht. Was seiner ‚Heimatgeschichte' fehlt, um eine Kindheits-

---

[114] Die Rückkehr des Denkvermögens in die „Heimat" gibt eine denkbare Erklärung für Kafkas Versuch, sich dem Erwachsenwerden zu widersetzen. Wenn Peter-André Alt „das Festhalten an der Rolle des Sohnes" als Charakteristikum von Kafkas Leben bezeichnet (Vgl. ALT, Der ewige Sohn, S. 73), dann liegt dieser Konservierung der Kindlichkeit möglicherweise eine epistemische Überlegung zugrunde. Die Besonderheit des, wenn man so will, kindlichen Blicks liegt in der Vorurteilsfreiheit, die so lange besteht, bis der Mensch durch Erfahrung ein Wertesystem entwickelt hat. Durch ein solches Wertesystem fürchtete Kafka eine Einengung der Weltrezeption. Er wollte ein ewiges Kind bleiben, um sich die Unschuld des Blickes, um sich die Unvoreingenommenheit zu bewahren. Er war bestrebt, sich jeder wertenden Stellungnahme zu enthalten. Denn nur so glaubte er die Welt als ästhetischen Genuss erfahren zu können, als Genuss des ‚freien Spiels der Verstandeskräfte'.

Die ‚Reinheit' des Blicks war der latenten Gefahr einer Trübung ausgesetzt, und zwar durch die Selbstbeobachtung. 1922 notierte Kafka: „Ewige Jugend ist unmöglich; selbst wenn kein anderes Hindernis wäre, die Selbstbeobachtung machte sie unmöglich" (KKA 11, S. 228). Die größte Gefahr für das Aufrechterhalten einer derartig wertneutralen Erkenntnishaltung war für ihn die Selbstbeobachtung, denn diese dient der Ausbildung eines individuellen Wertprofils.

[115] Für die Annahme, dass es sich bei den weiteren Ausführungen des Erzählers nicht um die Beschreibung eines Traumes handelt, spricht auch die Tatsache, dass Kafka die vermeintliche Traumpassage aus der *Beschreibung eines Kampfes* als eigenständige Prosaskizze im Sammelband *Betrachtung* mit dem Titel *Kinder auf der Landstraße* veröffentlichte. Die in der *Betrachtung* vereinten Skizzen lassen sich wie Kommentare zum für Kafka zweifelhaft gewordenen cartesianischen ‚cogito ergo sum' lesen.

erinnerung zu sein, ist ein Gegenstand: Denn nur auf den ersten Blick schildert die Geschichte Erlebnisse.

So erweckt nach Ansicht Judith Ryans die Erinnerung den Eindruck einer geborgenen und sorglosen Kindheit. „Von der Natur umgeben, fühlen die Menschen kein Bedürfnis nach der Einsamkeit [...]", konstatiert Ryan. „Die Konflikte und Diskrepanzen des gesellschaftlichen Lebens existieren nicht in diesem Paradiese der Kindheit."[116] Der Erzähler tritt in dieses Paradies der Kindheit, was aber nicht bedeutet, dass er sich an eine eigene paradiesische Kindheit erinnert, denn eine erlebte Kindheit wird gar nicht beschrieben, sondern nur ein Gedankenspiel.

Tatsächlich erscheint das Subjekt der vermeintlichen Erinnerung (im Weiteren nur noch das Subjekt) als Außenseiter, der nichts im Sinne einer Interaktion erlebt, sondern dessen Erleben allein aus dem Beobachten, vor allem seiner inneren Welt, gespeist ist. Sein Isolationsbedürfnis ist die Ursache dafür, dass sein Leben keine Abfolge von Erfahrungen ist, und zwar im wörtlichen Sinne, denn das Subjekt zieht sich zurück auf die Position des bloßen Beobachters. Eine Übertragung der vermeintlichen Kindheitserinnerung auf die Person des Bekannten/ Beters ist daher unmöglich, denn: „Das Bild, das so entsteht, ist [...] nicht das einer biographischen Gestalt, die gelebt und geschrieben hat, sondern die Bildlosigkeit eines Lebens, das gar nicht stattgefunden hat oder besser, das gewesen ist, ohne stattgefunden zu haben."[117]

Der Außenseiter beobachtet das gesellschaftliche Treiben, und zwar von einer Schaukel im elterlichen Garten. An den Aktivitäten jenseits des „Gartengitter[s]", die als „Schande" (KKA 5, S. 116) bewertet werden, nimmt er nicht teil. Die Grenze zwischen dem Elternhaus und der Öffentlichkeit überschreitet das Subjekt nicht, auch wenn die ‚Heimatgeschichte' diesen Eindruck erweckt. Wenn beispielsweise jemand „über die Fensterbrüstung" sprang und den Außenseiter nachdrücklich auffordert, sich den anderen anzuschließen, scheint das Subjekt von Kameraden zum Spielen aufgefordert zu werden. (Vgl. KKA 5, S. 117) Für diese Lesart aber ist die Beschreibung der Gruppe zu befremdlich, denn sie erscheint wie eine einzige dynamische Masse: „Bald rieben sich unsere Westenknöpfe aneinander wie Zähne, bald liefen wir in gleichbleibender Entfernung Feuer im Mund wie Tiere in den Tropen." Diese dynamische Masse erinnert durch die Vehemenz ihres Auftretens an den Ritt des Erzählers auf dem Rücken des Bekannten. Und so heißt es denn auch: „Wie Kurassiere in alten Kriegen stampfend und hoch in der Luft trieben wir einander die kurze Gasse hinunter und mit diesem Anlauf in den Beinen die Landstraße weiter hinauf." (KKA 5, S. 118) Die Kinder imitieren Reiter im Kampf. Die Bewegung ihrer Angriffe ist kalkuliert. Wie beim Ritt des Erzählers, so ließe sich interpretieren, wird auch hier ein intentionaler Erkenntnismodus dargestellt, eine gelenkte Bewegung.

---

[116] RYAN, Zwei Fassungen, S. 568.
[117] SCHÄRF, Kafka, S. 16.

Diese, wenn man so will, ‚Denkoffensive' wird als Kampf geschildert, in dem ein „Angriff" auf den nächsten folgt. Wer bei einem solchen „Angriff" zugrunde geht, legt sich „in das Gras des Straßengrabens, fallend und freiwillig". Er fällt damit also aus der Sphäre der Intentionalität, des Kampfes und der Dynamik heraus. Das Zugrundegehen wird durch ein merkwürdiges Bild beschrieben: Das Subjekt fällt buchstäblich aus der Gemeinschaft heraus, indem es sich ein immer tieferes Fallen wünscht, und zwar so lange, bis „man sich im letzten Graben richtig zum Schlafen aufs äußerste strecken würde". Um diesen tiefen Fall zu ermöglichen, bedarf es einer ‚Fallhöhe', und um diese zu erlangen, will sich das Subjekt „gegen die Luft werfen" (KKA 5, S. 118).

Das Fallen ist eine Variation vom Bild des Schwankens der „Seekrankheit auf festem Lande". Der Verlust des Standpunktes zugunsten einer Auflösung in der Bewegung wird durch die Hyperaktivität der *res cogitans* bewirkt. Der unstillbare „Appetit" des Denkens führt aus der Gemeinschaft in die Vereinzelung, wie bereits in der Konfrontation zwischen Erzähler und Bekanntem gezeigt. Auch in der ‚Heimatgeschichte' wird die soziale Dimension der Benennungssucht geschildert. Zwar isoliert sich das Subjekt, aber der Wunsch nach Einsamkeit führt nicht zur Zufriedenheit. Stattdessen mündet er in die Sehnsucht nach Gemeinschaft. Sobald sich das Denken seinem Ende nähert und die Vorstellung entsteht, „wie man sich im letzten Graben richtig zum Schlafen aufs äußerste strecken würde", erscheint diese Aussicht nicht mehr verlockend, denn nun liegt das Subjekt „zum Weinen aufgelegt wie krank auf dem Rücken". Das drohende Ende des Denkens lässt die Einsamkeit unerträglich erscheinen, und plötzlich „lag einem nicht mehr soviel daran, allein zu sein" (KKA 5, S. 118).

Die Auflösung der Intentionalität des Denkens wird unterbrochen durch den Wunsch nach Gemeinschaft. Das Zugrundegehen hat sich noch nicht vollendet. Die Angst davor, dass die Welt „zuende" sein könnte, wenn sich das Erkenntnissubjekt auflösen würde, indem im Schlaf das Bewusstsein seiner Selbst liquidiert wird, stört den Vorsatz des Zugrundegehens. Diese Intentionalität scheint zerstört, als sich der Erzähler, nachdem er sich zurückgezogen hat, der Verstandestätigkeit wieder zuwendet. Diesmal aber wird die Verstandestätigkeit nicht mit Kürrasieren verglichen, sondern mit Indianern. Außerdem ist das Denken nun nicht entzweit, befindet sich nicht im Kampf, sondern ist geschlossen: „Wir liefen enger beisammen, manche reichten einander die Hände, den Kopf konnte man nicht genug hoch haben, weil es abwärts gieng. Einer schrie einen indianischen Kriegsruf heraus, wir bekamen in die Beine einen Galopp wie niemals, bei den Sprüngen hob uns in den Hüften der Wind." (KKA 5, S. 119) Im Gegensatz zum Kürassier, der durch das Gewicht seines Brustharnisches die Bewegung des Tieres erschwert, hemmt der Indianer durch keinerlei unnötigen Ballast den Lauf des Pferdes. Im Gegenteil, die Reiter werden vom Wind erfasst, fliegen gleichsam.[118] Ohne jede Beschwernis wird die Bewegung fließender; und

---

[118] Die Tilgung eines intentionalen Bewusstseins im kreativen Prozess beschreibt die Prosaskizze *Wunsch, Indianer zu werden*, die 1908 in der *Betrachtung* erschien. Im Bild des Reitens wird die Sehnsucht nach einer Auflösung des Subjekts in der Bewegung dargestellt. „Wenn

dieses Gleichmaß scheint der Erkenntnis zu dienen. Kein Nachdenken hemmt ihre Dynamik und reißt sie hinab, so dass es ihnen möglich ist, „das Ganze" (KKA 5, S. 112) wahrzunehmen: „wir waren so im Laufe, daß wir selbst beim Überholen die Arme verschränken und ruhig uns umsehn konnten." (KKA 5, S. 119)

Die Reiter gehen nicht unter, weil sie nicht denken. Ihre Bewegung veranschaulicht keinen Denkprozess, sondern eine kontemplative Erkenntnishaltung. Sie widersetzen sich dem Vorstellungsstrom nicht, weil sie kein Eigengewicht haben, das sich denkend mit den Vorstellungen auseinandersetzen und so den Gedankenfluss unterbrechen könnte. So ähneln die Reiter Leerkörpern, die deshalb vom Gedankenfluss getragen werden können, weil sie keine Individualität besitzen.[119] Die Vorstellung fällt also „nicht in die Sphäre des Willens" (KKA 5,

---

man doch ein Indianer wäre, gleich bereit, und auf dem rennenden Pferde, schief in der Luft, immer wieder kurz erzitterte über dem zitternden Boden, bis man die Sporen ließ, denn es gab keine Sporen, bis man die Zügel wegwarf, denn es gab keine Zügel, und kaum das Land vor sich als glatt gemähte Heide sah, schon ohne Pferdehals und Pferdekopf." (KKA 1, S. 30) Erträumt wird hier die Auflösung des Subjekts. Dass diese Liquidierung ausgerechnet im Zusammenhang mit dem Reiten erdacht ist, deutet darauf hin, dass Kafka im Wunsch, Indianer zu werden sein Ideal der ästhetischen Produktion veranschaulicht hat. Und das hieße: Der Reiter, der als Lenker der Pferdes für das Bewusstsein steht, geht in der Bewegung auf, so dass er nicht mehr länger die Gangart vorgibt, sondern sich, gleichsam bewusstlos, von der Bewegung tragen lässt.

Die Auflösung des Bewusstseins in der Bewegung bezeichnet Kafka 1922 als „Trost des Schreibens: das Hinausspringen aus der Totschlägerreihe Tat – Beobachtung, Tat – Beobachtung, indem eine höhere Art der Beobachtung geschaffen wird" (KKA 11, S. 210). Diese Deutung würde mit Kafkas Vorstellung der ästhetischen Produktion korrespondieren, die er 1922 in einem Brief an Max Brod erläuterte: Wesentlich für das Schreiben ist seiner Ansicht nach die Nivellierung der Subjektivität, denn „nicht Wachheit, Selbstvergessenheit ist erste Voraussetzung des Schriftstellertums" (B, S. 379).

[119] Für das Verständnis der Funktion des Leerkörpers ist eine Tagebuchaufzeichnung Kafkas überaus aufschlussreich: Ende 1911 notiert er im Anschluss an den Besuch einer Aufführung der jiddischen Theatergruppe um Jizchak Löwy seine Irritation über die Rolle der „Herrenimitatorin", deren Funktion sich ihm zunächst nicht erschließt. Die Rolle, die von einer Frau und einem Mann in identischer Verkleidung besetzt ist, zeichnet sich zwar durch eine gewisse Nähe zur Gemeinde aus, aber die „Herrenimitatoren" sind Außenseiter. Durch ihre innere Distanz werden sie zu Beobachtern. Weil sie außerhalb der Gemeinderegeln stehen, stören sie die Ordnung, zu der sie äußerlich gehören, indem sie gegen Konventionen verstoßen. Ihr Verhalten zeichnet sie jedoch nicht als autonome Persönlichkeiten aus, sondern ist ihm Gegenteil Ausdruck eines gänzlichen Mangels an Individualität. Dieser Mangel ermöglicht es ihnen, auf jeden äußeren Impuls unmittelbar zu reagieren, denn sie besitzen „nicht das geringste Eigengewicht" (KKA 9, S. 49), mit dem sie sich widersetzen und einen eigenen Standpunkt vertreten könnten. Ohne „Eigengewicht", also ohne Persönlichkeit, können sie nicht zur Verantwortung gezogen werden. Sie „scheinen sich aus jedem einen Narren zu machen" (KKA 9, S. 48), weil dieser Mangel an Individualität nicht erkannt wird, sondern eine Intention unterstellt wird. Die hier beschriebene Rolle gibt einen Hinweis auf die Funktion des Leerkörpers: Ohne eigenes Gewicht, also ohne Persönlichkeit erscheint sie nur äußerlich als vollwertige Figur. Ihre Körperlichkeit erhält sie temporär nur dadurch, dass sie auf äußere Einflüsse reagiert. Die Nachahmung konstituiert ihre Figur. Im Anschluss an die Beschreibung der Aufführung kommt Kafka zu dem Schluss: „Herrenimitatorin ist eigentlich eine falsche Benennung. Dadurch daß

S. 11) und kann auf diese Weise „ästhetische Freude" bewirken. Ohne einen Wesenskern kann es keine Intentionalität in der Beziehung zwischen Erkenntnissubjekt und Vorstellung geben. Leerkörper veranschaulichen bei Kafka einen zweckfreien Erkenntnismodus.

Das Zugrundegehen des Willens als Ausdruck von Individualität ist nach Kant eine besondere Form des Urteilens. Im Geschmacksurteil drückt sich die Haltung des Erkenntnissubjekts zum Erkenntnisobjekt aus. Das Interesse stellt zwischen ihnen eine Beziehung her, die entweder das Gefühl der „Lust" oder das der „Unlust" hervorruft, und zwar je nachdem, ob der Gegenstand als zweckmäßig angesehen wird oder nicht. Wird er als Mittel zur Befriedigung eines subjektiven Zweckes betrachtet, spricht Kant vom „Angenehmen", wird er hingegen als an und für sich zweckmäßig gehalten, vom „Guten". Eine besondere Form des „Wohlgefallens" ist das „Schöne": „unter allen diesen drei Arten des Wohlgefallens, [ist] das des Geschmacks am Schönen einzig und allein ein uninteressiertes und *freies* Wohlgefallen; denn kein Interesse, *weder* das der Sinne, *noch* das der Vernunft, zwingt den Beifall ab."[120]

Das „Wohlgefallen", das vom Schönen ausgelöst wird, ist, obwohl ein subjektives Urteil, insofern allgemeingültig, als damit ein spezifischer Gemütszustand bezeichnet ist. Die Einsicht: „Schön ist das, was ohne Begriff allgemein gefällt"[121], meint, dass gerade die Begriffslosigkeit allgemein als schön empfunden wird, weil sie eine Befreiung des Erkenntnisvermögens aus dem Dienst der Intentionalität bezeichnet. „Die subjektive allgemeine Mitteilbarkeit der Vorstellungsart in einem Geschmacksurteile, da sie, ohne einen bestimmten Begriff vorauszusetzen, Statt finden soll, kann nichts anders als der Gemütszustand in dem freien Spiele der Einbildungskraft und des Verstandes"[122].

Der Ausweg des Erzählers in der *Beschreibung eines Kampfes* scheint dieses ‚freie Spiel der Verstandestätigkeit' zu intendieren. Der Weg zu diesem ästhetischen Zustand erforderte die Negation des Willens, denn nur eine „Vorstellung, die nicht in die Sphäre des Willens fällt, erweckt ästhetische Freude" (KKA 5, S. 11). Der ästhetische Zustand kann nur temporär sein, das Zugrundegehen als Destruktion des Willens durch Selbstvergessenheit immer nur für eine kurze Weile erfolgen, solange die *res cogitans* auf die *res extensa* als ‚Anschauungslieferanten' angewiesen ist. Das Begehrungsvermögen des Körpers kann jederzeit den Zustand einer zweckfreien Betrachtungsweise aufheben. Der Körper behindert das Denken.

---

sie in ihrem Kaftan steckt, ist ihr Körper vergessen. Nur durch ihr Schulterzucken und Rückendrehn, das wie unter Flohbissen geschieht, erinnert sie an ihren Körper." (KKA 9, S. 56) Die Narren scheinen, ihrer fehlenden Persönlichkeit entsprechend, keinen eindeutig identifizierbaren Körper zu besitzen. Sie scheinen nur aus Kleidern zu bestehen, wodurch die Entindividualisierung und Funktionalisierung ihrer Imitations-Rolle hervorgehoben wird.
[120] KANT, Kritik der Urteilskraft, WA 10, S. 123.
[121] Ebd., S. 134.
[122] Ebd., S. 132.

4. Vom Ausweg zur Lebensform

In der *Beschreibung eines Kampfes* ist die dualistische Natur des Menschen durch das Bild der zwei „Gäste des gleichen Hauses" (KKA 5, S. 98) veranschaulicht, als die der Erzähler und der Bekannte bezeichnet werden. Eine Vermittlung zwischen *res cogitans* und *res extensa* wird, anders als bei Kant, als unmöglich erachtet. Die Ursache für diese Unvereinbarkeit liegt in Kafkas Zweifeln an der Urteilskraft als Subsumtionsvermögen. Denken und Handeln, Erkennen und Wollen bleiben bei ihm separiert wegen einer Deformation der Urteilskraft, die sich in der Interaktion als „Seekrankheit auf festem Lande" äußert. Die besondere Disposition einer ästhetischen Verstandestätigkeit kann entweder zu „Scherz und Unterhaltung" (KKA5, S. 90) führen oder zur „Seekrankheit auf festem Lande". Wenn den Gedanken freier Lauf gelassen wird, kann die spezifische Funktionsweise seines Verstandes einem ästhetischen Menschen „Belustigungen" (KKA 5, S. 91) bereiten. Ein derartiges Denken bedeutet, keine logischen Schlüsse zu ziehen und dadurch den Gedankengang zu unterbrechen. Die Kehrseite einer ästhetischen Verstandestätigkeit ist eine Entschlussunfähigkeit; während sie intrasubjektiv unterhalten kann, wird sie in der Intersubjektivität zum Problem: Das Unvermögen zu schließen führt im zwischenmenschlichen Verkehr zu einer Verunsicherung des ästhetisch denkenden Menschen, zur „Seekrankheit auf festem Lande".

Für Kafka war es fraglich, ob es einem ästhetischen Menschen möglich ist, eine sinnliche Wahrnehmung zu apperzipieren. Dieser Zweifel hatte Folge für seinen Glauben an die menschlichen Interaktionsmöglichkeiten. Ein ästhetisch arbeitender Verstand wird von den Anforderungen des sozialen Verkehrs überfordert sein, weil ihn die Vielzahl der Sinneseindrücke derart verwirren kann, dass er darüber sein Ziel aus den Augen verliert. Was bedeutet das? Ohne die Fähigkeit zur Subsumtion der Anschauung unter Allgemeinbegriffe ist ein kreativer Mensch in den Möglichkeiten der sozialen Interaktion beeinträchtigt. Kafka veranschaulicht diese Beeinträchtigung durch das Beispiel eines Menschen, der in eine fremde Stadt kommt und zu einem dort lebenden Freund Kontakt aufnehmen will. Hierfür hat er zwei Möglichkeiten, wobei allerdings nur eine von beiden erfolgreich ist: Er kann den Freund entweder besuchen oder ihm schreiben. Nur letztere Möglichkeit wird jedoch erfolgreich für eine Interaktion sein.

Eine direkte Begegnung hält Kafka für ausgeschlossen, weil die Unfähigkeit zur Apperzeption die Distanz zwischen den beiden nicht zu überbrücken vermag. Der Ortsfremde wird unablässig nach dem Weg fragen müssen, denn eine „Apperception ist hier überhaupt unmöglich". Dadurch kann der Weg zum Freund nicht als etwas „Altes" gespeichert werden, ist also nicht reproduzierbar und erschwert auf diese Weise die Zusammenkunft der beiden. Die Mühsal, die der Versuch darstellt, sich unablässig neu zu orientieren, kann ein Treffen sogar gänzlich verhindern, denn es ist „möglich daß ich müde werde und ins Kaffeehaus eintrete, das am Wege liegt um mich auszuruhn und es ist auch möglich, daß ich den Besuch überhaupt aufgebe, deshalb aber habe ich immer noch nicht appercipiert" (KKA 5, S. 12).

Eine unmittelbare Begegnung stellt einen ästhetisch arbeitenden Verstand vor unüberwindliche Probleme. Die immer neuen Sinneseindrücke stellen eine solche Überforderung des Perzeptionsvermögens dar, dass die Interaktion durch die Ermüdung bedroht ist.[123] Wenn das Denken durch die Affizierung der Sinne beeinträchtig wird, also eine Apperzeption aus der Anschauung unmöglich scheint, stellt sich die Frage, auf welche Weise der Ortsfremde zu Wissen gelangen kann.

Wer nicht selbst in der Lage ist, Anschauungen zu Begriffen zu subsumieren, ist darauf angewiesen, dass ihm diese Abstraktionsleistung abgenommen wird. Der Ortsfremde kann zwar keine (sinnlichen) Erfahrungen apperzipieren, aber bereits in Worte transformierte Informationen. Unveränderliches kann auch der ästhetisch arbeitende Verstand apperzipieren. Der Weg zu einer direkten Begegnung mit dem Freund ist gepflastert mit neuen Eindrücken; anders sieht es bei einer schriftlichen Kontaktaufnahme aus.

Wenn der Ortsfremde dem Freund schreiben will, braucht er nur nach der Adresse zu fragen und bekommt sie mitgeteilt. Das bedeutet: „ich appercipire das und brauche Dich niemals mehr zu fragen, Deine Adresse ist für mich etwas ‚Altes', so appercipieren wir die Wissenschaft." (KKA 5, S. 12) Durch den Brief vermag ein ‚entschlussunfähiger' Mensch die Distanz zwischen sich und der Welt zu überbrücken, indem er sich einer Überreizung des Perzeptionsvermögens entzieht.

Überträgt man diese Überlegungen auf die *Beschreibung eines Kampfes*, kann die „Seekrankheit auf festem Lande" insofern als soziales Leiden bezeichnet werden, als die innere Haltlosigkeit die Folge des Unvermögens ist, Anschauungen zu apperzipieren. Sie ist dann nicht nur im Sinne einer hyperaktiven Ver-

---

[123] Für Kafka äußerte sich die Unmöglichkeit einer Apperzeption aus der Anschauung als Problem der unmittelbaren Interaktion. In einem Brief an Oskar Pollak veranschaulicht er die Hoffnungslosigkeit eines mündlichen Gesprächs. Sobald das Gespräch auf persönliche Gegenstände gelenkt werde, „sehn wir plötzlich, daß wir Maskenkleider mit Gesichtslarven haben, mit eckigen Gesten agieren [...] und dann werden wir plötzlich traurig und müde. [...] Ich verstehe es ja, wenn man jahrelang vor einer häßlichen Mauer steht und sie so gar nicht abbröckeln will, dann wird man müde." (KKABr, S. 10)
Wie in dem Beispiel des Ortsfremden, der entweder brieflich oder persönlich Kontakt zu einem Freund aufnehmen will, formuliert Kafka auch hier seine Ansicht, dass die Unmöglichkeit einer Apperzeption zur Ermüdung führt, die eine Interaktion verhindert. So wie er in dem Beispiel des Ortsfremden im Briefeschreiben eine Alternative sieht, schlägt Kafka nach seiner Diagnose der Unzulänglichkeit eines mündlichen Gesprächs zur Generierung einer Beziehung Pollak vor: „Wenn wir es einander zu schreiben versuchten, würden wir leichter sein, als wenn wir miteinander reden, – wir könnten ganz ohne Scham [...] reden, denn das Bessere wäre in Sicherheit." (KKABr, S. 11) Die schriftliche Form des sozialen Verkehrs birgt zweierlei Vorteil: Zum einen wäre die Persönlichkeit vor der Einengung des Bewusstseins gefeit, zum anderen wäre der ununterbrochene intersubjektive Zusammenhang gewährleistet, der ansonsten durch eine kontemplative Haltung verhindert ist.

standestätigkeit zu verstehen, sondern kann auch als Ausdruck der Unvernunft aufgefasst werden, wodurch die Urteilskraft ins Leere läuft. Das heißt: Wenn Kant die Urteilskraft als Bindeglied zwischen dem Verstand als Vermögen der Begriffsbildung und der Vernunft als Ort der Ideen bezeichnet, die Aufgabe der Urteilskraft also darin besteht, das Besondere unter das Allgemeine zu subsumieren, wird ihre Funktion unmöglich, sobald es kein Allgemeines mehr gibt. Wenn also die „Seekrankheit" ihren Ausgangspunkt darin hat, dass man sich mit den „wahrhaftigen Namen der Dinge [...] nicht begnügen" kann, dann bedeutet das, dass das Urteilsvermögen kein Allgemeines hat, unter das das Besondere subsumiert werden kann. Die Haltlosigkeit des Denkens ist dann die Folge des Verlusts einer ordnenden Struktur des Denkvermögens, wie es die erste Formulierung der „Seekrankheit" nahe legt, oder, wie in der zweiten Formulierung, die Folge der Negation einer ordnenden Struktur: Die „wahrhaftigen Namen" sind in der zweiten Fassung der *Beschreibung eines Kampfes* nicht vergessen, sondern als ungenügend empfunden worden. Damit aber wäre die „Seekrankheit" in der zweiten Fassung nicht mehr ein Bild für ein defizitäres Denkvermögen, sondern insofern Ausdruck einer Rationalismuskritik, als die Einengung des Erkenntnisvermögens auf Ideen als einschränkend negiert und überwunden wird.

Die Urteilskraft, die mangels Kategorien oder Ideen nicht subsumieren kann, wird stattdessen reflektierend tätig. Diese Reflexion führt in der *Beschreibung eines Kampfes* ins Unbestimmte. Eine Sprache, die ihre Referentialität eingebüßt hat, ist die Sprache der Kunst, nicht die des Alltags. Wer ihr verfallen ist – denn ihrer bedienen kann man sich nicht, da sie kein definiertes Zeichensystem darstellt, sondern einen prozessualen Charakter hat – ist „für den menschlichen Verkehr verloren" (F, S. 401). Diese Verfallenheit wird in der Interaktion zum Problem, weil „ein menschliches Gespräch Zuspitzung, Festigung und dauernden Zusammenhang braucht" (KKA 11, S. 74); eine Forderung, die ein an der „Seekrankheit" Erkrankter nicht erfüllen kann. Zwangsläufig wird er daher zum Außenseiter.

Da die „Seekrankheit" eine soziale Erkrankung darstellt, die durch die Empirie und die unmittelbare Interaktion ausgelöst wird, ist der Außenseiter von ihr nicht befallen. Ohne die Affizierung der Sinne, die, wie es in der ersten Fassung der *Beschreibung eines Kampfes* heißt, die „Überlegungen schwanken [läßt], wie Kettenbrücken bei zorniger Strömung" (KKA 5, S. 66), ist Apperzeption, also eine Zuspitzung des Denkens, möglich. Eine sinnliche Affizierung führt zur „Seekrankheit", die ihrerseits wiederum eine Beeinträchtigung des Interaktionsvermögens darstellt. Die innere Unruhe, die eine Anschauung auslösen kann, ist auf dem ersten Spaziergang in der *Beschreibung eines Kampfes* geschildert worden. Der Alleingang des Erzählers hingegen veranschaulicht seine Beruhigung durch die schrittweise Befreiung vom Erzähler.

Zwar wird die Möglichkeit einer Überwindung der Naturnotwendigkeit durch die Freiheit der Vernunft reflektiert, wenn es in dem imaginierten Gespräch zwischen dem Bekannten und der Geliebten Annerl heißt: „Manchmal aber war mir wahrhaftig, als höbe sich mit den Athemzügen seiner platten Brust der gestirnte Himmel." (KKA 5, S. 105) Frappierend ist hier die Nähe zu Kants Bild des Menschen als Bewohner zweier Welten. Die „platte Brust" steht hier möglicherweise für die Ausdehnungslosigkeit des Erzählers, seine Antikörperlichkeit; durch die Aktivität der *res cogitans* kann die Naturnotwendigkeit, die der Mensch als *res extensa* unterliegt, überwunden werden. So scheint es zumindest „manchmal". Von einer Vermittlung zwischen Körper und Geist, wie sie bei Kant durch die Urteilskraft gedacht wird, kann aber keine Rede sein, denn eine temporäre Überwindung ist nur möglich, indem sich der Erzähler durch sein ‚In-die-Luft-Werfen' vom Bekannten distanziert und so mehr Raum erhält. In der ersten Fassung der *Beschreibung eines Kampfes* erfüllt sich der Wunsch des Dicken, der Bedrängnis durch die Natur zu entkommen, als er die Augen schließt und bittet: „gebt mir ein wenig Raum, damit ich athmen kann." (KKA 5, S. 67)

Diese Befreiung des Erzählers erfordert ein Distanzieren vom Begehrungsvermögen als Gefährdung für die ästhetische Erkenntnishaltung. Bald nachdem sich der Erzähler auf dem Rücken des Bekannten seiner rauschhaften Schaffenslust hingegeben hat, weicht seine Egozentrik dem Bedürfnis nach Gemeinschaft. Er wird sich seiner Einsamkeit bewusst: „Wenn niemand kommt, dann kommt eben niemand. Ich habe niemandem etwas Böses getan, niemand hat mir etwas Böses getan, niemand aber will mir helfen, lauter niemand." Der Erzähler formuliert seine gänzliche Beziehungslosigkeit – und malt sich unmittelbar darauf aus, wie es wäre, einer „Gesellschaft von lauter niemand" anzugehören. Diese utopische Gemeinschaft konstituiert sich durch einen rein formalen Zusammenhalt. Zwar missfällt dem Erzähler, dass er allein ist und dass ihm so „niemand hilft", aber abgesehen davon

> wäre lauter niemand hübsch, ich würde ganz gerne [...] einen Ausflug mit einer Gesellschaft von lauter niemand machen. Natürlich ins Gebirge, wohin denn sonst? Wie sich diese Niemand aneinander drängen, diese vielen quergestreckten oder eingehängten Arme, diese vielen Füße durch winzige Schritte getrennt! Versteht sich, daß alle im Frack sind. Wir gehen so lala, ein vorzüglicher Wind fährt durch die Lücken, die wir und unsere Gliedmaßen offen lassen. Die Hälse werden im Gebirge frei. Es ist ein Wunder, daß wir nicht singen. (KKA 5, S. 113f.)

Der Erzähler imaginiert eine Gemeinschaft ohne Subjekte. Ihre Leerstelle wird kenntlich gemacht, aber nicht gefüllt. Den Platz des Subjekts als Individuum nehmen Leerkörper ein: Nur die miteinander verbundenen Gliedmaßen sind präsent, aber sie repräsentieren niemanden. Dass sie Fräcke, also Festkleidung, tragen, enthebt sie der Alltäglichkeit. In der aus „lauter niemand" bestehenden Gesellschaft wird, so konstatiert Norbert Kassel, ein Bild für die „verzweifelte Ironisierung der eigenen Verlassenheit" gezeichnet, „indem der Held aus diesen ‚Niemand', die ja der Körper gewordene Ausdruck seiner Verlassenheit sind, eine unterhaltende Gesellschaft macht"[124].

---

[124] KASSEL, Das Groteske, S. 50.

Der Erzähler träumt das Unmögliche: Ein „Niemand" ist eigentlich eine Leerstelle in der Kommunikation; und dennoch wird eine Möglichkeit imaginiert, Leerstellen zu vereinigen. Die Verwirklichung seines Wunsches müsste Unpersonen, im wahrsten Wortsinne Masken, unter denen keine sprechenden Individuen verborgen sind, zu einer Gemeinschaft verbinden.

Die „Gesellschaft von lauter niemand" wird nicht von Individuen gebildet, sondern aus Leerkörpern. Indem sie nur aus Festkleidung bestehen, die von keiner Persönlichkeit mehr getragen wird, ähneln sie den „nur aus verzierten Kleidern" (KKA 5, S. 85) bestehenden Menschen aus der ersten Fassung der *Beschreibung eines Kampfes*. „Niemand" ist ein Platzhalter für ein abwesendes Subjekt. In dieser Abwesenheit liegt der Vorteil der Utopie: Es gibt keine persönliche Betroffenheit in der Verbindung, eben weil keine Personen sich zusammenschließen. Das aber bedeutet für die Interaktion, dass das abwesende Subjekt zwar hilflos, aber zugleich auch unverletzbar ist.

Vor dem Hintergrund von Kafkas Überlegungen zur Unmöglichkeit der Apperzeption von Anschauungen liegt der Vorteil einer fehlenden unmittelbaren Betroffenheit darin, dass das Denken durch die Empirie nicht verunsichert wird. Leerkörper sind bloße Erscheinung ohne Wesen, sie sind also eine von der *res cogitans* befreite *res extensa*. Nicht Menschen, sondern entindividualisierte Leerkörper bilden einen Zusammenhang. Diese Leerkörper sind jedoch keine natürlichen Körper, sondern nur Stellvertreter.[125] Um eine Aufregung des Denkens durch eine sinnliche Affizierung zu verhindern, ist eine Distanzierung aus der Gesellschaft notwendig. Ohne die Affizierung fehlen jedoch die Anschauungen und damit das Material für die Vorstellungen.

---

[125] Die Sehnsucht nach Integration hoffte Kafka erfüllen zu können, nicht indem er die Entfremdung zwischen *res cogitans* und *res extensa* zu überwinden versuchte und damit eine Identität entwickelte, sondern indem er sich um die Synthetisierung der *res cogitans* mit einem neuen Körper bemühte. In aller Radikalität betrieb er eine Transformation vom natürlichen in ein künstlerisches und künstliches Dasein: Das Schreiben zehrte den natürlichen Körper auf, um an seine Stelle den Schriftkörper zu setzen: „In mir kann ganz gut eine Koncentration auf das Schreiben hin erkannt werden. Als es in meinem Organismus klar geworden war, daß das Schreiben die ergiebigste Richtung meines Wesens sei, drängte sich alles hin und ließ alle Fähigkeiten leer stehn, die sich auf die Freuden des Geschlechtes, des Essens, des Trinkens, des philosophischen Nachdenkens der Musik zu allererst richteten. Ich magerte nach allen diesen Richtungen ab." (KKA 9, S. 264)

Kafka verabschiedete sich von seinem Körper als Repräsentanten des Lebens und entwickelte mit dem Entwurf einer neuen Interaktionsfigur eine neue Lebensform. Oder in den Worten Walter H. Sokels: „Hier ist es nicht das Wort, das Leib wird, sondern der Leib, der Wort wird. Der lebendige Mensch aus Fleisch und Blut wird ‚nichts als Literatur'. Statt von Inkarnation könnte man von ‚Logosierung' oder ‚In-Logosation' sprechen." (SOKEL, Sprachkrise, S. 50f.) Der Schriftkörper sollte den natürlichen Körper als Interaktionsmedium ersetzen. „Wie vielleicht kein anderer deutschsprachiger Autor dieses Jahrhunderts hat Kafka darauf insistiert, daß er in allem er selbst sei; das Schreiben gehöre zu ihm wie sein Körper." (OELLERS, Bestrafung der Söhne, S. 72) Die Polyvalenz des Schriftkörpers sollte an die Stelle der Einengung des Subjekts auf die Identität treten, wie sie durch Name oder natürlichen Körper anschaulich wird.

Die *res cogitans* benötigt aber ein derartiges Material zum Denken, wie der „Appetit" des Erzählers zeigt. Um diesen zu stillen, braucht er Nahrung für seine Vorstellungen. Eine unerschöpfliche Quelle hierfür glaubt der Erzähler im Bekannten gefunden zu haben, wenn er vermutet: „Wer weiß, dieser Mensch, der jetzt neben mir mit in der Kälte rauchendem Mund an Stubenmädchensachen dachte, war vielleicht imstande, mir vor den Leuten Wert zu geben, ohne daß ich ihn erst erwerben mußte." (KKA 5, S. 104) Der Bekannte liefert dem Erzähler Denkinhalte, und in dieser Funktion ist er für ihn unentbehrlich. Kein Wunder also, dass sich der Erzähler um das Wohlergehen des Bekannten sorgt: „Und wie wenn er jetzt fällt, wie, wenn er sich verkühlt, wie, wenn ein Eifersüchtiger aus der Postgasse heraus ihn überfällt? Was soll dann mit mir geschehn, soll ich dann aus der Welt herausgeworfen werden?" (KKA 5, S. 104)

Seine Versorgung mit einem Reflexionsgegenstand sieht der Erzähler nicht nur durch eine mögliche physische Beeinträchtigung des Bekannten bedroht, sondern auch durch einen Konkurrenten: Ein „Eifersüchtiger" könnte dem Bekannten seine Stellung als Informationslieferanten streitig machen können. Die Herkunft des „Eifersüchtigen" offenbart sein Wesen: Der aus der „Postgasse" kommende Konkurrent des Bekannten ist der Brief. So wie der natürliche Körper dem Verstand empirische Daten liefern kann, vermag sich das Denken auch medial zu speisen. Diese Alternative zur Empirie erkennt der Erzähler aber offenbar (noch) nicht. Vielmehr sieht er den Menschenkörper durch den Schriftkörper bedroht.

Nachdem sich der Erzähler von der Qual der Selbstbeobachtung befreit hat, muss die Gier der *res cogitans* auf anderem Wege gestillt werden. Eine Alternative sieht er zwar bereits, aber sie ängstigt ihn. Mit der zunehmenden Emanzipation vom Bekannten scheint sich diese Furcht vor der Technik zu verlieren. Nachdem die Sorge des Erzählers Realität geworden ist, als er nämlich aus der „Welt herausgeworfen" ist, hat er den Bekannten als Reflexionsgegenstand bereits verloren, so dass er ohne Verbindung zur Erfahrung ist.

Der Übergang vom intentionalen Denken zur Kontemplation, der in der ‚Heimatgeschichte' durch die unterschiedliche Beweglichkeit der Kürassiere und der Indianer anschaulich wurde, wird durch das Erscheinen eines bisher gefürchteten „Eifersüchtigen" markiert. Einer Vision gleich, fährt in der ‚Heimatgeschichte', nachdem sich das Subjekt eine Rückkehr in die Gemeinschaft gewünscht hat, „ein Postwagen [...] vorbei" (KKA 5, S. 118). Könnte der zunächst als Konkurrent gefürchtete Schriftkörper, der Brief, den Bekannten als Informanten für die *res cogitans* doch ersetzen? Derjenige, der für „den menschlichen Verkehr verloren ist", ist ein Außenseiter und als solcher vom Leben ausgeschlossen. Er muss irgendeine Möglichkeit der Interaktion finden, da er auf dem natürlichen Weg des Erlebens keine Ansichten vom Leben gewinnen kann:[126]

---

[126] Die Notwendigkeit, eine zum persönlichen Verkehr alternative Möglichkeit der Interaktion zu entwickeln, wird in der Prosaskizze *Das Gassenfenster* aus der *Betrachtung* reflektiert: „Wer verlassen lebt und sich doch hie und da irgendwo anschließen möchte, wer mit Rücksicht auf die Veränderungen der Tageszeit, der Witterung, der Berufsverhältnisse und dergleichen ohne

„Wer nicht flaniert, muß, um beobachten zu können, zu technischen Hilfsmitteln Zuflucht nehmen."[127]

Bereits in der ersten Fassung der *Beschreibung eines Kampfes* wird die Idee einer technischen Prothetisierung des Subjekts entwickelt, um die Physis, die sich bei der Verwirklichung des Subjekts als hinderlich erweist, zu ersetzen. Das Missverstehen von *res cogitans* und *res extensa* macht es dem Erzähler unmöglich, seine Enttäuschung über diese Dissonanz zu artikulieren, so dass er eine alternative Mitteilungsmöglichkeit ersinnt: „Ich konnte nicht reden, denn mein Hals war voll Thränen, daher versuchte ich, wie ein Posthorn zu blasen, um nicht stumm zu bleiben." (KKA 5, S. 51)

Die mediale Prothetisierung ermöglicht dem Außenseiter eine Teilnahme am Leben, ohne dass er hierzu seine Beobachterposition aufgeben müsste. Die Tatsache, dass der Zeichentransport schneller erfolgen kann als die Bewegung des natürlichen Körpers, stellt dabei auch noch insofern einen Vorteil dar, als die Beschleunigung des Informationsflusses dem „Appetit" der *res cogitans* entsprechender ist als das mühsame Sammeln von Erfahrungen, für die das Subjekt physisch selbst die Welt bereisen muss.[128]

---

weiteres irgend einen beliebigen Arm sehen will, an dem er sich halten könnte, – der wird es ohne ein Gassenfenster nicht lange treiben." (KKA 1, S. 29f.) Das „Gassenfenster" als Öffnung vom Innenraum zur Öffentlichkeit soll die Tür, die ein Überschreiten der Schwelle ermöglicht, ersetzen. Wie aus einem Brief Kafkas an Oskar Pollak von 1903 zu schließen ist, steht das Fenster für eine mittelbare Welterfahrung. Kafka schreibt dem Freund: „Du warst, neben vielem andern, auch etwas wie ein Fenster für mich, durch das ich auf die Gasse sehen konnte." (KKABr, S. 28)

[127] ALT, Der ewige Sohn, S. 249.
[128] Im Zuge des technischen Fortschritts des 19. Jahrhunderts hat Kafka erkannt, und dies zeichnet ihn als Visionär aus, dass die Veränderung der Lebensbedingungen eine Anpassung des Menschen erfordert, um die Krise, in die das moderne Subjekt geraten war, zu überwinden. Nach W.G. Sebald versuchte Kafka, „die Permanenz der Krise und die damit notwendig werdende Mutation der Menschheit greifbar zu machen. Überleben werden diejenigen, die reibungslos funktionieren." (SEBALD, Evolutionsgeschichten, S. 201)

In einem „natürlichen Maskenanzug" (KKA 5, S. 93), wie der Körpers in der ersten Fassung der *Beschreibung eines Kampfes* bezeichnet wird, fühlt sich die *res cogitans* eingeengt. Die Trägheit der *res extensa* ist der wendigen *res cogitans* hinderlich. Die Liquidierung des Subjekts, also die Auflösung des Bewusstseins und die Ersetzung des Körpers, der als Indiz für Identität gilt, ist für Sebald Ausdruck von Kafkas Versuch, eine Anpassungsmöglichkeit des Subjekts an die veränderte Lebenswelt zu finden. „Der mit dem Entschluß zur Selbstzerstörung eingeleitete Versuch der Metamorphose, um den es ja bei Kafka immer wieder geht, erscheint vom Standpunkt [...] einer souveräneren Intelligenz her [...] als ein auf Weiterentwicklung ausgerichtetes naturhistorisches Experiment, als der Versuch eines in der Aussichtslosigkeit der eigenen Spezies sich gefangen wissenden Wesens, auszubrechen in einen Bereich, in dem ein bereits verurteiltes Leben vielleicht doch noch fortsetzbar wäre." (SEBALD, Evolutionsgeschichten, S. 195)

Einen Ausweg aus der Krise hoffte Kafka in der Prothetisierung des Menschen zu finden: Die Perfektion technischer Medien sollte die Mangelhaftigkeit der Natur kompensieren. Technische Medien treten in seinem Werk nicht nur in Konkurrenz zum Körper, sondern sollen ihn in der Interaktion ersetzen. Für Gerhard Neumann ist die „Trennung der Zeichen von den

Dieser Vorteil der medialen gegenüber der direkten Interaktion wird in der ‚Heimatgeschichte' angedeutet. Während das Subjekt in der ‚Heimatgeschichte' unbeweglich wie in einem Grab gelegen hat, ist der Körper vom Zeichen überholt worden, denn als es erwacht, erfährt das Subjekt, „daß die Post schon vorüber ist" (KKA 5, S. 119).

Die am Beginn des Emanzipationsprozesses beschriebene „Gesellschaft von lauter niemand" kann als mediales Interaktionsmodell gelesen werden, um dessen Realisierung der Erzähler bemüht ist, um die temporäre Befreiung in eine dauerhafte Lebensform zu verwandeln. Was in der *Beschreibung eines Kampfes* nur angedeutet ist, wird, wie im Folgenden gezeigt werden soll, in den *Hochzeitsvorbereitungen auf dem Lande* konkretisiert: die Vision der Ersetzung des natürlichen Körpers durch den Stellvertreter. Dieser Stellvertreter bietet den Vorteil, dass durch die Ermüdung des Subjekts die Welt nicht „zuende" ist, sondern unabhängig von der Verfassung des Subjekts die Verbindung zur Welt aufrechterhalten werden kann. Indem das Subjekt der ‚Heimatgeschichte' vom „Postwagen" überholt wird, scheint eine Lösung des Problems, wie sich eine Liquidierung des Subjekts mit der Sehnsucht nach Gemeinschaft vereinbaren lässt, gefunden: nämlich durch eine mediale Verbindung.[129]

Körpern" das wesentliche Merkmal für Kafkas Frühwerk. „Schmerzhaftes Mittel ihrer Ermöglichung ist die Perfektion des Zeichentransports als eine Perfektionierung der Distanz, wie sie die modernen Medien der Kommunikation bewirken." (NEUMANN, Nachrichten vom ‚Pontus', S. 174) Vgl. zu Kafkas Technikbegeisterung auch Kap. IV. 3.: Kafkas Vision einer vernetzten Welt.

[129] Kafka suchte nach einer Möglichkeit, die menschliche Natur zu überwinden, weil er durch die Körperlichkeit einerseits, wie die Analyse der *Beschreibung eines Kampfes* gezeigt hat, das Denken gestört und andererseits die Interaktion behindert sah. Zwischen beiden Problemen besteht ein unmittelbarer Zusammenhang: Da Interaktion auf der Grundlage eines Konsenses gelingt, wird die Individualität dem Regelwerk der Konvention unterstellt. Kafka schlussfolgerte daraus: „Die Enge des Bewußtseins ist eine sociale Forderung" (KKA 11, S. 183). Der Wunsch nach einer zweckfreien Ansicht des Lebens ist in der natürlichen Interaktion nicht möglich, weil „ein menschliches Gespräch Zuspitzung, Festigung und dauernden Zusammenhang braucht" (KKA 11, S. 75). Durch die körperliche Nähe fühlte Kafka eine „Unbehaglichkeit", die aus seiner „Unfähigkeit zur Herstellung vollständiger, lückenloser Beziehungen" (F, S. 559) resultierte.

Um das Bewusstsein im ästhetischen Zustand zu erhalten, sollte es nicht durch die Empirie mit Anschauungen unmittelbar erfüllt werden, sondern vermittels entsinnlichter Stellvertreter: Briefen. Diese könnten die Beziehung zur Welt aufrechterhalten, wenn die die Kontemplation begleitende Ermüdung das Subjekt vereinzelt, denn: „Wenn man einander schreibt, ist man wie durch ein Seil verbunden, hört man dann auf, ist das Seil zerrissen" (KKABr, S. 32).

III. Versuchsaufbau: *Hochzeitsvorbereitungen auf dem Lande*

1. Leben als unaufhörliche Vorbereitung

1907, also in der Zeit, in der er an der ersten Fassung der *Beschreibung eines Kampfes* arbeitete, begann Kafka ebenfalls mit dem Entwurf der ersten Fassung der *Hochzeitsvorbereitungen auf dem Lande*. Obwohl sich Kafka 1909 mit ihrer Überarbeitung beschäftigte, was darauf hinweist, dass ihm der Stoff wichtig war, blieb auch diese zweite größere Erzählung unvollendet. Da sich die Entstehungszeit der beiden frühen Erzählungen überschneidet, kann vermutet werden, dass eine thematische Verbindung zwischen beiden besteht. Während in der *Beschreibung* die Zerrissenheit des modernen Subjekts, die Differenz zwischen *res cogitans* und *res extensa*, aufgezeigt wird, steht in den *Hochzeitsvorbereitungen* die Suche nach einer Lebensform im Zentrum, die eine Lösung zwischen Gemeinschaftssehnsucht einerseits und Aufrechterhaltung von Individualität andererseits ermöglichen soll.

In der *Beschreibung* ist die unmittelbare sinnliche Affizierung des Bekannten durch die Geliebte als Existenzbedrohung des Erzählers geschildert worden, während der Gedanke, dass ihn ein Mädchen liebt, dem Erzähler Halt gibt. Was in der Nähe als Bedrohung empfunden wird, gibt aus der Distanz Stabilität. Dieser Gedanke wird in den *Hochzeitsvorbereitungen* aufgegriffen. Die Erzählung entwirft eine Lebensform, mit deren Hilfe der Epigone, dem die Kraft zur Bewältigung seines Lebens fehlt, dennoch bestehen kann. Für das tätige Leben wäre nach Rabans Ansicht „erst eine große Vorbereitung nöthig" (KKA 5, S. 28). Da ihm die Zeit für diese Vorbereitungen versagt bleibt und er sich trotzdem mit den Anforderungen des Lebens konfrontiert sieht, sucht er nach einem Weg, diesen gerecht zu werden.

Der Protagonist der *Hochzeitsvorbereitungen*, Eduard Raban, steht kurz vor der Abreise zu seiner Verlobten aufs Land. Diese Reise wird für ihn zum zentralen Problem, denn er fühlt sich den kommenden Aufgaben nicht gewachsen. Ausdruck seiner Überforderung ist seine Müdigkeit. Er läuft der Zeit buchstäblich hinterher, denn er droht unablässig zu spät zum Zug zu kommen, der ihn zu seiner Verlobten bringen soll. Obwohl er seine Zeitnot immer wieder artikuliert, zeigt er wenig Bestreben, die verlorene Zeit aufzuholen. Vielmehr versucht er, seine Abreise hinauszuzögern, seine Abfahrt aufzuschieben.

In seinem Zögern kommt sein tatsächlicher Wille zum Ausdruck: Raban möchte nicht verreisen, sondern „erwartet von der Welt nichts weiter, als daß sie ihn in Ruhe lassen möge"[130]. Er leidet unter der unmittelbaren Betroffenheit im zwischenmenschlichen Kontakt. Diese Unmittelbarkeit erlebt er nicht als Herzlichkeit, sondern im Gegenteil als Fremdheit. Der zwischenmenschliche Kontakt

---

[130] BAUMGART, Selbstvergessenheit, S. 208.

ermüdet: „Man arbeitet so übertrieben im Amt, daß man dann sogar zu müde ist, um seine Ferien gut zu genießen. Aber durch alle Arbeit erlangt man noch keinen Anspruch darauf, von allen mit Liebe behandelt zu werden, vielmehr ist man allen gänzlich fremd." (KKA 5, S. 15)

Eduard Raban möchte sich nicht vom Leben, sondern von dieser Betroffenheit distanzieren. Dies gelingt ihm, indem er die individuelle Erfahrung objektiviert, denn: „solange Du ‚man' sagst an Stelle von ‚ich', ist es nichts und man kann diese Geschichte aufsagen, sobald Du aber Dir eingestehst, daß Du selbst es bist, dann wirst Du förmlich durchbohrt und bist entsetzt." (KKA 5, S. 15) Das unpersönliche Pronomen ‚man' kennzeichnet eine Aussage als allgemeingültig, so dass zwischen ihr und dem Sprecher kein notwendiger Zusammenhang besteht. Die Sprache ermöglicht also die Distanzierung des Erkenntnissubjekts von einer Erfahrung. Indem ein persönliches Leid objektiviert wird, verliert es seinen Schrecken. Diese Objektivierung des Persönlichen wird in den *Hochzeitsvorbereitungen auf dem Lande* als Bedingung für die Kommunizierbarkeit genannt. Nur bereinigt von einer unmittelbaren Betroffenheit ist eine persönliche Erfahrung mitteilbar. Die bereits in der *Beschreibung eines Kampfes* entwickelte Idee der Distanzierung wird in den *Hochzeitsvorbereitungen* nicht nur aufgegriffen, sondern zum Entwurf einer Lebensform weiterentwickelt.

2. Der mediale Stellvertreter übernimmt das Leben

Eduard Raban fürchtet sich vor dem Eingeständnis, dass er zwar bis zur Erschöpfung arbeitet, aber ihm dieser Einsatz für die Belange der Allgemeinheit, und nichts anderes bedeutet ja die Bestellung zum Beamten, nicht automatisch Zuwendung oder Aufmerksamkeit einbringt. Im Gegenteil: „vielmehr ist man allen gänzlich fremd." (KKA 5, S. 15) Seine Sehnsucht nach Gemeinschaft wird durch die Erfahrung der Anonymität enttäuscht. Möglicherweise als Folge dieser Enttäuschung leidet er unter einer Sozialphobie.

Die Vorstellung zu verreisen ist Raban unangenehm, denn er hat Angst, sich blamieren zu können. Für eine gewöhnliche Konversation, die sich während des Aufenthalts nicht vermeiden lässt, fühlt er sich ungenügend vorbereitet. Ja, mehr noch: Er fürchtet, man werde gerade von ihm erwarten, zur Konversation beizutragen. Seine Erscheinung, so glaubt er zumindest, erweckt nämlich den Eindruck, dass er weltgewandt sei und das Gespräch mit Beobachtungen aus „entfernten Ländern" bereichern könne. Dieser Eindruck täuscht, denn obwohl er bereits im heiratsfähigen Alter ist, fühlt er sich einer Konversation nicht gewachsen. Sein Gesprächsbeitrag könnte lediglich darin bestehen, „vom Mond zu reden und Seligkeit zu empfinden und schwärmend auf Schutthaufen zu steigen", und dass dies unangemessen wäre, ahnt er. Diese Unangemessenheit besteht weniger in dem, was er sagen würde, als vielmehr in der Tatsache, dass er eigentlich gar nichts sagen kann, denn die genannten Vorstellungen eines Gesprächsbeitrags sind Bilder für sein Bewusstsein oder richtiger: Bilder, die zeigen, dass sein „Bewußtseinsinhalt ganz nebelhaft ist" (KKA 11, S. 75). Diese Art der Verträumtheit würde man bei einem Kind vermuten, nicht aber bei einem Erwachsenen. Derartige Gefühle und Anwandlungen in der Gemeinschaft zu zeigen, traut er sich daher nicht, weiß doch selbst er, dass er dazu „doch zu alt [ist], um nicht ausgelacht zu werden" (KKA 5, S. 16). Seine Zerstreutheit macht ihn zum Außenseiter, denn „ein menschliches Gespräch [braucht] Zuspitzung, Festigung und dauernden Zusammenhang" (KKA 11, S. 75).

Aus Angst davor, dass die Gesellschaft seine Kindlichkeit entdecken könnte, sucht Raban nach einer Möglichkeit, sich einer Konfrontation zu entziehen, allerdings nicht gänzlich. Trotz seiner Sorgen reizt ihn die Teilhabe am Leben. Seine Gefühle sind ambivalent und schwanken zwischen dem Wunsch, aufs Land zu fahren, und seiner Furcht, in der Gesellschaft anderer Menschen möglicherweise nicht bestehen zu können. Aus diesen ambivalenten Gefühlen erwächst sein Dilemma, denn „für jemanden, der aus der Distanz Teilnahme wünscht", ergibt sich „die Notwendigkeit einer Vermittlung"[131]. Rabans Wunsch nach einer abwesenden Anwesenheit bedingt die Konstituierung einer medialen Lebensform.

Seiner Kindlichkeit entsprechend, überlegt er, im Falle der bevorstehenden Reise so zu reagieren, wie er „es immer als Kind bei gefährlichen Geschäften machte". Er entwickelt statt einer Flucht- eine Schutzphantasie: „Ich brauche nicht einmal selbst aufs Land fahren, das ist nicht nöthig. Ich schicke meinen angekleideten Körper nur." (KKA 5, S. 18) Damit wäre „das Bessere [...] in Sicherheit" (KKABr, S. 10), denn: „Wankt er [d. i. der Körper] zur Thür meines Zimmers hinaus, so zeigt das Wanken nicht Furcht, sondern seine Nichtigkeit." (KKA 5, S. 18) Während er seinen „angekleideten Körper" mit der Erledigung seiner „Geschäfte" beauftragt, möchte Raban selbst im Schutz seines eigenen Zimmers bleiben: „Ich habe wie ich im Bett liege die Gestalt eines großen Käfers, eines Hirschkäfers oder eines Maikäfers glaube ich." (KKA 5, S. 18)

Der „angekleidete Körper" ist ein Leerkörper, da sich das ihn mit Individualität ausfüllende Subjekt von ihm distanziert und ihn von außen lenkt. Er soll als Repräsentant Rabans Platz in der Interaktion einnehmen. Statt sich selbst fortzubewegen, soll der Körper stellvertretend für ihn leben. Für die Ausführung seiner Aufgabe muss er mit der Geschäftsführung betraut und als Stellvertreter ins Amt eingesetzt werden: „Und ich lisple eine kleine Zahl Worte, das sind Anordnungen an meinen traurigen Körper, der knapp bei mir steht und gebeugt ist." Sobald der Körper als Stellvertreter installiert ist, ist Raban seiner Verantwortung enthoben: „Bald bin ich fertig, er verbeugt sich, er geht flüchtig und alles wird er aufs beste vollführen, während ich ruhe." (KKA 5, S. 18f.)

Raban spitzt die Feststellung über die befreiende Wirkung der sprachlichen Distanzierung zu, indem er die Sprache zum Schriftkörper materialisiert und so die Idee einer Distanzierung vom Körper als Interaktionsmedium zu realisieren hofft. Während er in seiner Kindlichkeit unter der Anonymität des zwischenmenschlichen Verkehrs leidet, weil er trotz seiner Bemühungen „keinen Anspruch darauf erlangt, von allen mit Liebe behandelt zu werden" (KKA 5, S. 15),

---

[131] GUNTERMANN, Vom Fremdwerden der Dinge, S. 51.

hofft er, durch die Stellvertreterschaft das Leid in eine Belustigung umwandeln zu können: „Raban ist ein Versuch des Käfer-Ich, zu leben, ohne sich an der Man-Automatik zu zerreiben."[132]

Die Idee der Stellvertreterschaft soll eine Teilhabe am Leben durch eine anwesende Abwesenheit ermöglichen. Rabans Idee zeigt, „wie kindlich leicht es ist, aus der Wirklichkeit auszusteigen, ohne ihre Ordnung, deren Faktor man selbst ist, zu stören. Weil die emotionale Sphäre dieser Wirklichkeit nicht mehr standhält, wird die Ratio aufs Land geschickt."[133] Durch das Konzept der Repräsentation hofft Raban, „zwei Bedürfnissen gleichzeitig gerecht werden zu können, die sich gegenseitig begrenzen: dem Wunsch nach Distanz, ja Isolation, und dem Verlangen nach Gemeinsamkeit"[134].

Er erträumt keinen gänzlichen Rückzug aus dem Leben, sondern will die Machtverhältnisse umkehren. Im unmittelbaren Kontakt fühlt er sich unsicher. Durch die imaginierte Bevollmächtigung seines Körpers mit der Ausführung des gefährlichen Geschäfts der Interaktion kann er aus der Sicherheit der Distanz am Leben teilnehmen, ohne dass seine Abwesenheit bemerkt würde:

> Rabans Regression [...] bedeutet Genuß und Lizenz, sie verdankt sich einer Allmachtsphantasie und einem Ohnmachtswunsch: das Kind als Käfer will keine Verantwortung übernehmen für sein Handeln draußen in der Welt und zugleich doch diese ganze, nur scheinbar jenseits seiner selbst liegende Welt träumend und gottvatergleich regieren.[135]

Die Umkehrung der Machtverhältnisse erfordert eine Transformation des Körpers als Interaktionsmedium. Wenn Raban seinen „angekleideten Körper" mit der Geschäftsführung beauftragt, ist dies nicht mehr sein natürlicher, sondern ein neuer Körper. Die erträumte Abspaltung ist eigentlich eine Verdopplung des Körpers. Äußerlich wird durch den „angekleideten Körper" zwar der Eindruck erweckt, Raban selbst sei anwesend. Doch der Schein trügt: Der Körper ist nur Hülle, ein medialer Stellvertreter ohne Individualität. Wolf Kittler ist der Ansicht, dass sich Raban eine „postalische Utopie" erträumt, „nämlich die Versendung des eigenen Körpers, während das Subjekt zu Hause bleibt"[136]. Aber Raban träumt nicht nur eine „postalische Utopie": Er entwickelt die Idee einer medialen Stellvertreterschaft: Der Schriftkörper soll an die Stelle des natürlichen Körpers in der Interaktion treten.

Raban entwickelt die Phantasie einer Substitution des Menschen durch ein vakantes Zeichen. Durch die Repräsentation wird „die Bewegung [...] auf das Subjekt des Ausgesagten verlagert" und „dem zweiten, in den Brief verlegten Subjekt wird eine scheinhafte, papierene Bewegung zugewiesen, die dem ersten jede reale Bewegung erspart". Durch die Installation eines medialen Stellvertre-

---

[132] SOLDO, Offene Lebensform, S. 81.
[133] Ebd., S. 65.
[134] GUNTERMANN, Vom Fremdwerden der Dinge, S. 40.
[135] BAUMGART, Selbstvergessenheit, S. 205.
[136] KITTLER, Schreibmaschinen, Sprechmaschinen, S. 83.

ters kann das reale Subjekt „bewegungslos liegenbleiben, denn es hat ja sein Double im Gewand des Briefes ausgesandt"[137]. So ist Rabans Idee einer anwesenden Abwesenheit nicht nur ein kindlicher Traum, sondern er setzt sie auch in die Tat um: Statt selbst zu seiner Verlobten zu reisen, schickt er Stellvertreter in Form von Briefen, die ihn wenigstens temporär vor der Verpflichtung einer Anwesenheit befreien.

In einem der Briefe hat Raban seiner Verlobten Betty sein Kommen für den Abend angezeigt. Durch diese Vorankündigung fühlt er sich verpflichtet, die Fahrt aufs Land anzutreten, denn, so überlegt er: „Auf dem Lande erwartet man mich doch. Macht man sich nicht schon Gedanken? Aber ich habe ihr die Woche über, seit sie auf dem Lande ist, nicht geschrieben, nur heute früh." (KKA 5, S. 19) Zwar fürchtet Raban, man könne sich bei seinem Nichterscheinen auf dem Lande Sorgen machen, gleichzeitig aber hat er Angst, dass er nicht dem Bild entsprechen würde, das man sich aufgrund seiner Briefe von ihm gemacht hatte. Möglicherweise, so erwägt er, „stellt man sich schon mein Aussehen am Ende anders vor. Man glaubt vielleicht daß ich losstürze wenn ich einen anspreche, doch das ist nicht meine Gewohnheit, oder daß ich umarme wenn ich ankomme, auch das thue ich nicht gern." (KKA 5, S. 19) Raban befürchtet, die Erwartungen, die man auf dem Land in ihn setzt, nicht erfüllen zu können, dass er also dem medial inszenierten Bild in der Realität nicht genügen könnte.

Die buchstäbliche Beschreibung oder Beschriftung eines medialen Stellvertreters eröffnet die Möglichkeit einer „Vertauschung [...], bei der das zweite Subjekt die reale Bewegung übernimmt, die normalerweise dem ersten Subjekt zukäme"[138]. Durch den medialen Stellvertreter wird gleichsam ein Verwirrspiel mit der Außenwelt betrieben, denn durch die Erschaffung eines Doppelgängers wird die Zuordnung von Verantwortung und damit auch Schuld erschwert.

Als Raban auf dem Weg zum Bahnhof zufällig seinen Freund Lement trifft, der den „Bräutigam" anspricht und feststellt, dass dieser „schrecklich verliebt" (KKA 5, S. 22) aussehe, fühlt er sich sofort in eine Rechtfertigungsposition versetzt: Eigentlich habe er am folgenden Tag mit Lement gemeinsam aufs Land fahren wollen, habe aber seine Pläne geändert. Raban gesteht Lement, dass er entgegen ihrer Absprache schon „heute fahre". Sofort entschuldigt er sich aber mit dem Hinweis, er habe die Veränderung seiner Reisepläne dem Freund bereits mitgeteilt. Allerdings kann Lement davon noch keine Kenntnis besitzen, denn Raban hat ihm von seinen neuen Plänen erst am „nachmittag geschrieben" (KKA 5, S. 22). Indem sich Raban auf seinen Brief beruft, versucht er sich von einer vermeintlichen Schuld zu befreien, schließlich habe er den Freund vor seinem Handeln verständigt und nicht erst im Nachhinein vor vollendete Tatsachen gestellt. Der Akt der Niederschrift des Briefes befreit zwar Raban von seiner Schuld, nun doch nicht mit dem Freund gemeinsam zu reisen, aber da Lement diese Information mit Verzögerung erhält, ist er zum Zeitpunkt der Zusammen-

---

[137] DELEUZE / GUATTARI, Kafka, S. 44.
[138] Ebd.

kunft mit Raban noch nicht mit dessen neuen Plänen vertraut. Das aber bedeutet, dass die briefliche Mitteilung nur scheinbar von einer Verantwortung dem anderen Gegenüber befreien kann: Der Schreibende hat sich zwar mitgeteilt, aber der Adressat hat diese Mitteilung noch nicht empfangen.

Wie sich zeigt, sind Rabans Rechtfertigungsversuche gar nicht nötig, denn Lement reagiert verständnisvoll und bietet an, ihn ein Stück auf seinem Weg zu begleiten. Obwohl er sich der Reise aufs Land und damit einer Begegnung mit seiner Verlobten entziehen möchte, gibt Raban an, sich zu verspäten. Auf diese Weise hofft er der Gegenwart Lements zu entkommen. Gegen den Ratschlag, er solle die Nacht noch in der Stadt bleiben, wendet Raban daher auch ein, er habe seine Ankunft für den Abend bereits brieflich angekündigt.

Er versteckt sich hinter dem Stellvertreter, denn indem „er sich auf den Brief berufen kann, den er seiner Braut geschrieben hat", hofft Raban, sich „den Freund buchstäblich vom Leib [zu] halten", wie Wolf Kittler formuliert. Die durch den medialen Stellvertreter erlangte Freiheit ist immer nur temporär. Zwar kann sich Raban von Lement befreien, aber nur um den Preis eines neuerlichen unangenehmen Zusammentreffens, „denn die nächste Begegnung, die so sehr gefürchtete Konfrontation mit der Braut, steht unmittelbar bevor"[139].

Um sich dem Freund Lement physisch zu entziehen, fühlt sich Raban daher genötigt, die unangenehme Reise aufs Land doch anzutreten. Er ist in einer Zwickmühle: Die Möglichkeit einer Befreiung aus der aktuell unbehaglichen Situation sieht er nur dadurch gegeben, dass er sich durch die Reise in eine andere Zwangslage begibt. Dass er sich dem Freund entziehen will, geht daraus hervor, dass er den Vorschlag Lements, er solle seiner Verlobten seine Verspätung doch telegrafisch anzeigen, ablehnt, denn „wenn ein Telegramm käme, würden sie [d. s. die ihn Erwartenden] noch erschrecken". (Vgl. KKA 5, S. 24) Diese Begründung erscheint fadenscheinig: Auch wenn ein Telegramm zunächst insofern erschrecken kann, als es einen Unfall ankündigen könnte, kann es die Wartenden durch eine Begründung für Rabans Ausbleiben beruhigen.

Doch was ist der eigentliche Grund für Rabans Weigerung, die Verzögerung seiner Ankunft telegrafisch anzukündigen? Eine denkbare Erklärung wäre die unterschiedliche Geschwindigkeit von Brief und Telegramm: Ein Telegramm ermöglicht anders als der Brief keinen Zeitaufschub. Würde er seiner Braut telegrafieren, würde das Telegramm seinen Brief, den er erst am Morgen seiner Abreise aufgegeben hat, überholen. (Vgl. KKA 5, S. 19) Durch die schnelle Datenübertragung würde gleichsam die räumliche Distanz zwischen den Verlobten schrumpfen. Nur mit einer relativ kurzen Verzögerung hätte seine Braut auf dem Lande eine Nachricht von ihm. Briefe hingegen zögern den Moment des, wenn auch medialen, Zusammentreffens durch ihre langsame Zustellung hinaus. Im Gegensatz zu Telegrammen sind Briefe als Stellvertreter geeignet, denn sie „ver-

---

[139] KITTLER, Brief oder Blick, S. 53.

binden, schaffen aber auch Distanz gegenüber der womöglich einschüchternden Gegenwart des Anderen. Sie schaffen Zeit zum Nachdenken"[140].

Sollen Medien eigentlich dazu dienen, Menschen einander näherzubringen, erlauben sie zugleich auch die Aufrechterhaltung einer Distanz, indem sie die Illusion einer Annäherung erwecken. Raban reflektiert die Möglichkeit, den realen Vollzug seines Ehevorhabens in eine Scheinbewegung zu verlegen, indem er darüber nachdenkt, welche Folgen es hätte, wenn er „in einen falschen Zug einsteigen würde" (KKA 5, S. 25). Auf diese Weise würde er sich in eine Warteschleife begeben, die ihm die Möglichkeit böte, einerseits die Begegnung zu verzögern und andererseits seine Illusion aufrechtzuerhalten, den Abschluss seiner Hochzeitsvorbereitungen voranzutreiben. Er könnte sich also der Selbsttäuschung hingeben und hätte außerdem, für den Fall, dass sie beispielsweise von seiner Verlobten gefordert wird, eine plausible Erklärung für sein Zuspätkommen. Die Benutzung eines falschen Zuges würde den Anschein erwecken, „als sei das Unternehmen schon begonnen und wenn ich später nach Aufklärung des Irrtums zurückfahrend wieder in diese Station käme, dann wäre mir schon viel wohler" (KKA 5, S. 25).

Rabans Wohlergehen resultiert aus der Scheinbewegung, die keine wirkliche Veränderung der Ausgangssituation bewirkt. Die Verzögerungsstrategie des Scheinaktionismus vergleicht Charles Bernheimer mit Kafkas Schreiben, denn „die falsche Richtung ist die Richtung des ‚Scheins', und ‚Schein' ist das befreiende Medium der Dichtung. ‚Aufklärung des Irrtums' führt einen an denselben Ausgangspunkt zurück." Allerdings könne man bei der Rückkehr „glücklicher" sein, und zwar „infolge der augenblicklichen Freiheit von den einspurigen Anforderungen sexueller und sozialer Reife"[141]. Die Scheinbewegung des medialen Stellvertreters soll davon ablenken, dass der ruhende Raban keine wirkliche Entwicklung durchläuft.

Solange der Brief an seine Verlobte unterwegs ist, kann Raban die Freiheit eines Zeitvakuums genießen, denn obwohl eine Handlung durch das Abschicken der Botschaft eingeleitet ist, verzögert sich die Notwendigkeit einer Reaktion so lange, bis der Brief zugestellt wird. Auf diese Weise kann sich der Absender während der Zustellung des Briefes von jeder Verantwortung befreit fühlen, denn eine möglicherweise bevorstehende Entscheidung ist noch offen. Durch den Stellvertreter wird das Leben vom Kampf zum schwebenden Verfahren. Je länger die Zeit der Ungewissheit ausgedehnt wird, desto länger bleibt der Urteilsspruch aus.

Entscheidend für den Erfolg von Rabans Distanzierungskonzept ist es, die Geschwindigkeit des Mediums richtig einzuschätzen, um auf diese Weise eine bestmögliche Ausnutzung des entstehenden Freiraums zu gewährleisten. Daher kreisen Rabans Gedanken permanent um das Problem der Zeitökonomie. Als er auf dem Land ankommt, bereut er die übereilte Abreise aus der Stadt, denn „es

---

[140] KURZ, Schnörkel und Schleier, S. 80f.
[141] BERNHEIMER, Psychopoetik, S. 168.

war [...] vorauszusehn, daß mein Brief erst morgen ankommen wird, ich hätte recht gut also noch in der Stadt bleiben [...] können ohne mich vor der Arbeit des nächsten Tages fürchten zu müssen, was mir sonst jedes Vergnügen verdirbt" (KKA 5, S. 34). Raban hat sich verrechnet und damit Freizeit verschenkt, die er allein in der Stadt hätte genießen können.

Sein Berechnen der Frei-Zeit ist eigentlich ein Vermessen des Freiraumes, denn nur eine größtmögliche Distanz zum Lebenskreis kann ihn von einer Verantwortung entbinden. Nur „solange der Held sich als Verfasser und Absender von Briefen auf Braut und Freund ansieht, hat er den teilnahmslosen Blick. Er verliert ihn, sobald er seine Briefe im verkehrstechnischen Sinne überholt."[142] Der mediale Stellvertreter ermöglicht Raban den „teilnahmslosen Blick" aufs Leben. Er hat ihn nur, solange er nicht unmittelbar, sondern medial interagiert. Statt selbst einen zentrifugalen Entwicklungsprozess zu durchlaufen, lässt er sich im Leben vertreten, während er in Wirklichkeit entwicklungslos bleibt. Raban verharrt in seiner Kindlichkeit am Ausgangspunkt einer möglichen Entwicklung. Das aber bedeutet, dass der Stellvertreter nicht nur temporär für Raban einspringt, sondern dass er dauerhaft seine Position im Leben ersetzt; der Stellvertreter ‚lebt' gleichsam. Die Möglichkeit eines biografischen Subjekts wird negiert, indem stattdessen ein mediales Subjekt mit der Aufgabe betraut wird. Der Traum von der Installation eines Stellvertreters veranschaulicht den Urmythos von Kafkas Absicht einer Transformation von Leben in Literatur: die Negation des biografischen Subjekts als Verzicht auf einen Lebensvollzug zugunsten des medialen Stellvertreters:

> Überall ist dieses unmögliche Subjekt in die Texte eingeflossen, es ist, als schriebe Kafka in leicht durchschaubarer Bildlichkeit von sich selbst. Aber [...] dieses Ich ist nur ein Stellvertreter. Ein täuschend ähnliches Double zwar, aber immerhin ein Double. Klar, daß es ständig die Hauptrolle übernehmen will. Kafka überläßt sie ihm bedingungslos.[143]

Der Stellvertreter ist kein Doppelgänger des Auftraggebers, sondern sein Ersatz. Es gibt keinen Dualismus, denn der Auftraggeber ‚lebt' nicht unabhängig vom Stellvertreter. Sein Leben *ist* das des Stellvertreters, während Raban selbst „der sozial Gelöschte, der ewige Sohn"[144] ist. Überspitzt kann man sagen: Rabans Traum illustriert möglicherweise, auf welche Weise sich Kafka eine Transformation seiner biografischen in eine literarische Existenz vorgestellt hat. Einen medialen Stellvertreter mit dem Leben beauftragen heißt dann, ‚Literatur geworden zu sein' und damit zugleich keine Lebenserfahrung unabhängig von den postalisch erhaltenen Informationen zu machen.[145]

---

[142] KITTLER, Brief oder Blick, S. 54.
[143] SCHÄRF, Kafka, S. 17.
[144] Ebd., S. 57.
[145] Solange ein Dualismus angenommen wird – und ein Brief legt normalerweise den Glauben an einen unabhängig von diesem medialen Stellvertreter existierenden und lebenden Menschen nahe –, diese Vermutung aber nicht negiert wird, kann das Gegenüber durch das Double genarrt werden. Der mediale Stellvertreter kann dann als Narrenfigur bezeichnet werden. Die

3. Selbstvergessenheit und mediale Existenz

Der Leerkörper ohne Individualität gleicht dem Narren, der nie müde wird. Er ermöglicht eine ununterbrochene Verbindung mit den Menschen und befreit Raban so von der Notwendigkeit, sich selbst dem „Risiko des Lebens" (E, S. 466) auszusetzen. Durch den Traum von der Stellvertreterschaft könnte sich Raban endlich seiner Müdigkeit hingeben, die in der direkten Interaktion jede Entstehung einer dauerhaften Bindung verhindert hat.

Auch wenn er eine Möglichkeit gefunden hat, den Kontakt zum Leben aufrechtzuerhalten, wäre eine solche Existenz durch das zweifache Vergessen gekennzeichnet, das Andreas Kilcher als Charakteristikum des Junggesellen bei Kafka nennt. „Als genitivus objectivus, als Gegenstand des Vergessens also, steht der Vergessene außerhalb von Familie, Geschichte, Gedächtnis, ist er mithin ‚für den menschlichen Verkehr verloren'." Das biografische Subjekt, das sich der Teilnahme des Lebens entzieht, wird zwar vergessen, aber dieses Vergessen wird als solches nicht erkannt, weil der mediale Stellvertreter die biografische Leerstelle ausfüllt. Auf der anderen Seite vergäße Raban die Welt, nachdem er einen Stellvertreter eingesetzt und sich zur Ruhe begeben hat. Dem Vergessen durch die Welt „folgt, als sein genitivus subjectivus, das Vergessen der Geliebten, mehr noch: ihrer Familie, der Repräsentanten und Erinnerungsbilder der Institution Ehe."[146]

Da er im tätigen Leben vertreten würde, könnte sich Raban der Betrachtung hingeben. Während sein Stellvertreter mit dem Geschäft des Lebens betraut ist, schläft Raban ebenso wenig wie der Erzähler der ‚Heimatgeschichte' in der *Beschreibung eines Kampfes*. War dieser ausdrücklich „dem Schlaf und dem Traum entflohn" (KKA 5, S. 116), scheint auch Raban nur auf den ersten Blick zu schlafen, während er es in Wirklichkeit nur so „[anstellte] als handle es sich um einen Winterschlaf" (KKA 5, S. 18). Er träumt nicht, aber wie im Traum genießt er das freie Spiel der Verstandeskräfte. Wie im Traum wird im ästhetischen Zustand die Sphäre der Begehrlichkeit nicht tangiert, weil das Selbstbewusstsein liquidiert ist. Ohne das Bewusstsein dieser Einheit wird es dem Subjekt möglich, sich zweckfrei einer Vorstellung hinzugeben.

Der mediale Stellvertreter ist als Leerkörper bezeichnet worden, weil er keine Individualität besitzt. Dies gilt aber auch für Raban, sobald er seine Käferphantasie realisiert. Auch er wäre dann insofern ein Leerkörper, als er, indem er sich der Müdigkeit überlässt, das Selbstbewusstsein liquidiert. Fehlendes Selbst-

---

Idee der Maskierung als Prinzip der medialen Lebensform deutet ihre Nähe zum Theater an. Dieser Lebensform liegt eine Theaterauffassung zugrunde, die derjenigen diametral entgegensteht, die Goethe in *Wilhelm Meisters Lehrjahre* als Konzept für die Sozialisation des modernen Subjekts beschreibt und die Gerhard Neumann wie folgt charakterisiert: „Die Zeichenwelt des Theaters erscheint als jene Ordnung, in der Rollenspiel als repräsentatives soziales Spiel der Identifikation begriffen werden kann, die Institution des Theaters als Vermittlungsraum von Kunst-Spiel und Lebens-Spiel erscheint." (NEUMANN, Wanderer, S. 44f.) Bei Kafka soll das Theater nicht der Sozialisation dienen, sondern im Gegenteil *ihrer Verhinderung*.
[146] KILCHER, Dispositive des Vergessens, S. 230f.

bewusstsein kann Selbstvergessenheit zur Folge haben, denn die Einheit des Subjekts ist Voraussetzung für und Folge des Erinnerungsvermögens. Der moderne Subjektbegriff und sein Glaube an eine transzendentale Icheinheit sind verbunden mit einer „Kultur des Erinnerns als Bedingung der Humanität und Identitätsfindung"[147]: Einerseits ist eine Icheinheit die Bedingung für die Möglichkeit des Erinnerns, andererseits erfährt sich der Mensch als Einheit erst durch die Erinnerung.

Wenn das moderne Subjekt „durch die Einheit des Bewußtseins, die wir selbst nur dadurch kennen, daß wir sie zur Möglichkeit der Erfahrung unentbehrlich brauchen"[148], charakterisiert ist, hat die Auflösung der Einheit Folgen: nämlich eine besondere Konzeption des „Gedächtnisorts". Andreas Kilcher deutet in seinem Aufsatz über die *Dispositive des Vergessens bei Kafka* darauf hin, dass die in Kafkas Erzählungen beschriebene Topographie als „Gedächtnisorte" gelesen werden könne, die einen Einblick in die Besonderheit von Kafkas Vorstellung einer Wissensarchivierung geben. Für Kilcher „inszeniert Kafka das Dispositiv eines Vergessens als Deterritorialisierung eines mnemonisch semantisierten Raumes". (221) Und das bedeutet, dass „Kafkas Architektonik und Ikonographie [...] ganz offensichtlich die Anforderungen der klassischen Gedächtniskunst [verfehlen]"[149].

Raban muss in seinem Traum vom Leben durch einen Stellvertreter insofern selbstvergessen sein, als er seine Existenz in eine biografische Leerstelle verwandelt, indem er seinen Platz im Leben anderweitig besetzt hat. Durch das zweifache Vergessen führt er gleichsam das Leben eines Toten, und das bedeutet, dass es kein persönliches Erleben gibt, das als Erinnerung die Einheit eines selbstbewussten Individuums begründen könnte.[150]

---

[147] OSTEN, Das geraubte Gedächtnis, S. 9.
[148] KANT, Kritik der reinen Vernunft, 2, WA 4, S. 354.
[149] KILCHER, Dispositive des Vergessens, S. 219.
[150] Kafka verwendet für sich selbst das Bild eines Leerkörpers. Über den Eindruck der Lektüre Heinrich von Kleists schrieb er 1911: „Kleist bläst in mich, wie in eine alte Schweinsblase." (B, S. 89) Indem er sich so, als ein totes Gefäß, bezeichnet, beschreibt er seine Existenz als unbelebte und ungeformte Materie. Erst durch die Lektüre Kleists erhält sie Inhalt und Form. „Kafkas Postkartentext rückt Kleist, den bewunderten Autor, an die Stelle des Schöpfergottes", konstatiert Claudia Liebrand. „Der bereits tote Autor inspiriert den (noch) lebenden im buchstäblichen Sinne: Er bläst ihm ein. [...]; der Tote belebt den noch nicht Gestorbenen, versorgt ihn mit Lebens-Geist(ern)." (LIEBRAND, Kafkas Kleist, S. 74)
Die „Schweinsblase" ist ein leeres Gefäß, das erst in dem Moment eine wirkliche Form erhält, wenn man es mit Inhalt füllt. Gerade weil sie selbst keine eindeutige Form hat, kann sie potentiell jede Form annehmen. An einer weiteren Stelle vergleicht sich Kafka ganz ähnlich mit einem Leerkörper, der durch einen fremden Geist generiert wird. Seinem Bekenntnis, er „bestehe aus Literatur", folgt die Erläuterung: „Ich habe letzthin in einer ‚Geschichte des Teufelsglaubens' folgende Geschichte gelesen: ‚Ein Kleriker hatte eine so schöne süße Stimme, daß sie zu hören die größte Lust gewährte. Als ein Geistlicher diese Lieblichkeit eines Tages auch gehört hatte, sagte er: das ist nicht die Stimme eines Menschen, sondern des Teufels. In Gegenwart aller Bewunderer beschwor er den Dämon, der auch ausfuhr, worauf der Leichnam (denn hier war eben ein menschlicher Leib anstatt von der Seele vom Teufel belebt gewesen) zusam-

Der ästhetische Genuss, der an die Stelle der „gefährlichen Geschäfte" des Lebens treten soll, erfordert die Liquidierung eines wertenden, intentionalen Bewusstseins, um sich der zweckfreien Betrachtung hingeben zu können. Da die Auflösung des Selbstbewusstseins, verstanden als individuelle Werthaltung, nur in der Abgeschiedenheit möglich ist, um eine Affizierung des Körpers und damit ein Erwachen des Willens zu verhindern, führt der Wunsch nach einer ästhetischen Betrachtungsweise das Erkenntnissubjekt aus der Gemeinschaft heraus. Diese Isolation soll durch den medialen Stellvertreter kompensiert werden. Er ermöglicht Raban einerseits sich von der unmittelbaren Betroffenheit zu befreien und andererseits trotzdem – nämlich nur durch die mediale Vermittlung – aus der Distanz am Leben teilzunehmen. Ivan Soldo sieht in der Idee des „angekleideten Körpers" den Versuch des ängstlichen Ichs, „Tarnmethoden" zu ersinnen, um mit ihrer Hilfe „unversehrt in das *Gesetz* einzudringen, sich dort anzusiedeln und, ohne den Verdacht seiner Mitmenschen auf sich zu ziehen, dort unterzukommen"[151].

Das Käfer-Ich scheut eine unvermittelte Begegnung mit der Gemeinschaft, weil es fürchtet, sich im Angesicht anderer Menschen nicht behaupten zu können. Die Sorge, wegen seiner Kindlichkeit verlacht zu werden, motiviert Raban nicht, diese zu überwinden, sondern lediglich eine „Tarnmethode" zu ersinnen. Ob er im Schutze des Stellvertreters seine fehlende Reife nachholen will, ist mehr als fraglich, denn dies ist dank seines *Doubles* nicht nötig. Raban strebt keine Weiterbildung an. Stattdessen hofft er, befreit von der Notwendigkeit, sich dem Leben zu stellen, ungestört ruhen zu können.

Sein Wunsch kann als Rationalismuskritik gelesen werden, denn die Tatsache, dass Raban „Winterschlaf" (KKA 5, S. 18) halten möchte, nachdem er seinen Körper für das Leben instruiert hat, deutet auf seinen Wunsch nach Selbstvergessenheit hin: „In der Müdigkeit vollzieht der Körper den Akt des Verges-

---

mensank und stank.' Ähnlich, ganz ähnlich ist das Verhältnis zwischen mir und der Literatur, nur daß meine Literatur nicht so süß ist wie die Stimme jenes Mönches." (F, S. 444)

Kafka betrachtete den Körper als leere Hülle, die vom „Teufel" belebt ist, die also ohne dieses Innenleben also nur tote Materie darstellt. Wer auch immer in den Leerkörper hineinbläst, verleiht ihm eine Form, weil der äußere Belebungshauch von keiner Individualität gehemmt wird. Wenn die „Last der Jahrhunderte" den Epigonen derart beschweren, dass seine eigene Schöpfungskraft gelähmt ist, erscheint die Selbstvergessenheit als Ausweg. Wo sich keine Individualität der Tradition entgegenstellt, kann diese ungehindert durch den entkernten Menschen gleichsam hindurchfließen.

Das literarische Produkt der auf diese Weise wiedererlangten Revitalisierung ist keine Bekenntnisliteratur, sondern eine Reproduktion des Aufgenommenen. Der Schriftkörper ist der materialisierte Ausdruck des durch Selbstvergessenheit entstandenen Leerkörpers des Schriftstellers. Seine Aussagen sind kein Selbstbekenntnis, denn der Mensch, der nur Leib ist, trägt insofern keine Verantwortung, als aus ihm eine fremde Stimme spricht. Durch die Distanzierung wird die Aufgabe, die Aussage zu beurteilen, dem Gegenüber auferlegt. Doch das gleichzeitige Betonen der Fremdheit der Stimme und das Insistieren darauf, diese Stimme zu sein, verwirrt: Muss die Aussage als Artikulation eines Subjekts ernst genommen werden oder ist sie nur die Äußerung eines Geistes, also nichts, allenfalls eine Unterhaltung?

[151] SOLDO, Offene Lebensform, S. 78.

sens nach."¹⁵² Die Auflösung des Bewusstseins im Schlaf wird zusätzlich betont durch die Verwandlung in einen Käfer, also ein Tier:

> Der ‚Käfer' [...] bleibt ruhig, genußvoll, verantwortungslos liegen und bevölkert mit seinen Stellvertretern doch eine Welt, in der alles den Weisungen seiner Imagination folgt. Wie ein neues Paradies lockt in diesem Regressions- und Kreativitätstraum das vollkommene kontemplative Dasein, jenseits aller Selbstreflexion oder Praxis, ohne Verantwortung, schuldunfähig, schuldlos.¹⁵³

In Rabans Traum spiegelt sich Kafkas Vorstellung einer ästhetischen Existenz wider. Für ihn war „nicht Wachheit", sondern „Selbstvergessenheit" die „erste Voraussetzung des Schriftstellers". (Vgl. B, S. 379) Doch nicht nur für die Künstlerexistenz, auch für seinen Entwurf einer neuen Lebensform ist die Selbstvergessenheit elementar. Die Zerstörung des Bewusstseins sah Kafka als Voraussetzung für Authentizität, denn: „The cage in which Nietzsche and Kafka alike see man as imprisoned represents the *principium individuationis*, the barriers of individuality and subjectivity."¹⁵⁴

Die Stellvertreterschaft soll eine Befreiung des Menschen aus der „Enge des Bewußtseins" ermöglichen, denn diese ist für Kafka „eine sociale Forderung" (KKA 11, S. 183). Die Ersetzung des natürlichen Körpers durch den Schriftkörper als Agitator im zwischenmenschlichen Verkehr enthebt den Menschen der Notwendigkeit, sich den gesellschaftlichen Konventionen zu unterwerfen. Nur in der Distanz kann eine Einengung der Person verhindert werden.

In der Interaktion wird der Mensch durch den Blick seines Gegenübers zum Objekt degradiert, indem er dessen Erkenntniskategorien unterworfen wird: „Der Mensch sieht selbst wenn er unfehlbar wäre im andern nur jenen Teil, für den seine Blickkraft und Blickart reicht. Er hat, wie jeder, aber in äußerster Übertreibung die Sucht, sich so einzuschränken wie ihn der Blick des Mitmenschen zu sehen die Kraft hat." Diese „Fixierung durch den Mitmenschen" muss derjenige ablehnen, der eine solche Definition als unzulässige Begrenzung seiner Person ansieht. (Vgl. KKA 11, S. 182)

Eine solche Begrenzung ist die Folge eines den Kategorien von Raum, Zeit und Kausalität unterliegenden Erkenntnismodus. Mit dessen Veränderung verändert sich auch der Blick auf die Welt. Arthur Schopenhauer sieht in der Befreiung „vom Dienste des Willens" die Voraussetzung für eine kontemplative Weltsicht: Indem „das Subjekt aufhört, ein bloß individuelles zu sein, und jetzt reines, willenloses Subjekt der Erkenntnis ist, welches nicht mehr dem Satze vom Grunde gemäß den Relationen nachgeht; sondern in fester Kontemplation des dargebotenen Objekts, außer seinem Zusammenhange mit irgend andern, ruht und darin aufgeht"¹⁵⁵, deterritorialisiert sich das Erkenntnissubjekt. Ausdruck

---

[152] KREMER, Erotik des Schreibens, S. 33.
[153] BAUMGART, Selbstvergessenheit, S. 223.
[154] BRIDGWATER, Kafka and Nietzsche, S. 26.
[155] SCHOPENHAUER, Wille und Vorstellung I, S. 256.

dieser Deterritorialisierung ist die Auflösung des Bewusstseins, die Selbstvergessenheit.

Die Befreiung aus der beschränkten Perspektive des Bewusstseins bildet die Voraussetzung für das Verständnis von Kafkas Entwurf einer neuen Lebensform. Nur durch die Überwindung des *principium individuationis* kann ein neuer Zusammenhang zwischen den Menschen hergestellt werden. Solange das Bewusstsein und mit ihm die Intentionen die Interaktion bestimmen, ist nach Kafkas Ansicht keine wirkliche Beziehung möglich.[156] Für die Begründung eines neuen Zusammenhangs zwischen den Menschen fordert er daher eine Selbstzerstörung im Sinne einer Selbstvergessenheit:

> Erkenne dich selbst bedeutet nicht: Beobachte Dich. Beobachte Dich ist das Wort der Schlange. Es bedeutet: Mache Dich zum Herrn Deiner Handlungen. Nun bist Du es aber schon, bist Herr Deiner Handlungen. Das Wort bedeutet also: Verkenne Dich! Zerstöre Dich! also etwas Böses und nur wenn man sich sehr tief hinabbeugt, hört man auch sein Gutes, welches lautet: ‚um Dich zu dem zu machen, der Du bist.' (KKA 6, S. 170)

Selbsterkenntnis beschreibt den Prozess der Bewusstseinsbildung. Kafka spielt auf die Vertreibung des Menschen aus dem Paradies an, indem er die Schlange als Initiator der Bewusstseinsbildung bezeichnet. Durch die Erkenntnisfähigkeit zerfällt die paradiesische Einheit, an ihre Stelle treten vereinzelte Individuen. Der verlorene ursprüngliche Zusammenhang kann durch die Reflexionsfähigkeit nur noch synthetisch (re-)konstruiert werden.

Der selbstbewusste Mensch ist Herr seiner Handlungen, weil er nicht impulsiv, sondern reflektiert agiert. Die von Kafka geforderte Zerstörung des Menschen ist nicht im Sinne eines Suizids zu verstehen, sondern als symbolischer Tod des Subjekts, wie auch Ritchie Robertson betont: „Das Echo von Nietzsches Wort ‚Werde, der du bist' deutet an, daß Kafka mit dem Wort ‚Tod'

---

[156] Die bestimmende Urteilskraft als das Vermögen, die Anschauungen unter einen Begriff zu subsumieren, ist bereits in der zweiten Fassung der *Beschreibung eines Kampfes* abgelehnt worden, weil durch die Apperzeption die Anschauung in memorierbare „Augenblicksbeobachtungen" (KKA 9, S. 37) segmentiert wird. Den Wunsch nach einem zusammenhängenden Erkennen hat der Erzähler formuliert, als er gegen das verzögerte Eintreten des Erlebens ins Bewusstsein die Forderung stellt: „Ich will nichts mehr in Brocken hören. Erzählen Sie mir alles, von Anfang bis zu Ende. Weniger höre ich nicht an, das sage ich Ihnen. Aber auf das Ganze brenne ich." (KKA 5, S. 112) Das „Ganze" kann aber nicht aufgenommen werden, solange die Vorstellung durch die wertende Haltung des Willens geschwächt wird. Geschwächt, weil die Vorstellung einer subjektiven Beurteilung unterliegt und dies eine Einengung der Weltrezeption auf eine einseitige Perspektive bedeutet. Erst durch die Erweiterung dieses eingeschränkten Blickwinkels durch die Negation des *principium individuationis* kann die Anschauung gleichsam ungefiltert vom ‚Subjekt' aufgenommen werden.
Inwieweit sich diese Hoffnung erfüllt, also ob durch die Auflösung des transzendentalen Subjekts tatsächlich eine Erweiterung des Erkenntnisvermögens erreicht werden kann, wollte Kafka durch sein Experiment beantworten. Die Problemanalyse der *Beschreibung eines Kampfes* ebenso wie der Versuchsaufbau der *Hochzeitsvorbereitungen auf dem Lande* sind, so betrachtet, nur Arbeitshypothesen, die es experimentell zu überprüfen gilt.

keineswegs den physischen Tod, sondern einen Prozeß der inneren Verwandlung meint"[157]. Der symbolische Tod ist die Destruktion des Bewusstseins, die die notwendige Stufe zur Selbstwerdung darstellt.

Die Selbstzerstörung als Voraussetzung für die Selbstwerdung beschreibt Kafka als zentripetale Bewegung: „Zwei Aufgaben des Lebensanfangs: Deinen Kreis immer mehr einschränken und immer wieder nachprüfen, ob Du Dich nicht irgendwo außerhalb Deines Kreises versteckt hältst." (KKA 6, S. 244) Durch die Einschränkung soll die Entwicklung des Bewusstseins zurückgenommen werden, denn das Bewusstsein sperrt den Menschen in das *principium individuationis*. Diese Einschränkung lehnte Kafka ab:

> Nach Selbstbeherrschung strebe ich nicht. Selbstbeherrschung heißt: an einer zufälligen Stelle der unendlichen Ausstrahlungen meiner geistigen Existenz wirken wollen. Muß ich aber solche Kreise um mich ziehn, dann tue ich es besser untätig im bloßen Anstaunen des ungeheuerlichen Komplexes und nehme nur die Stärkung, die e contrario dieser Anblick gibt, mit nachhause. (KKA 6, S. 233)

Zur Beschreibung der Kontemplation wählt Kafka die Figur des Kreises, in dessen Zentrum der Beobachter steht. Die Distanzierung wird räumlich durch die Entfernung zwischen Zentrum und Kreisbahnen anschaulich.

Für die ästhetische Existenz der *vita contemplativa* wird in den *Hochzeitsvorbereitungen* ein ähnliches Bild entworfen. Während Raban seine Idee einer Verwandlung zum Käfer und einer gleichzeitigen Vertretung durch seinen „angekleideten Körper" entwickelt, distanziert er sich offenbar bereits vom Leben. Während seines Gedankengangs erreicht er

> ein freistehendes, sich rundwölbendes Thor, das auf der Höhe der steilen Gasse auf einen kleinen Platz führte, der von vielen, schon beleuchteten Geschäften umgeben war. In der Mitte des Platzes, durch das Licht am Rande etwas verdunkelt, stand das niedrige Denkmal eines sitzenden nachdenklichen Mannes. Die Leute bewegten sich wie schmale Blendscheiben vor den Lichtern und da die Pfützen allen Glanz weit und tief ausbreiteten, änderte sich der Anblick des Platzes unaufhörlich. (KKA 5, S. 19)

Das Denkmal des „nachdenklichen Mannes" im Zentrum erscheint wie die Verkörperung des im Bett liegenden Käfers.[158] Am Rand des Platzes beobachtet

---

[157] ROBERTSON, Religiöser Denker, S. 145.
[158] Eine solche Versteinerung des Körpers und die damit verbundene Einschränkung der Beweglichkeit bilden den Ausgangspunkt für die 1912 verfasste Erzählung *Die Verwandlung*. Nicht nur das Käfermotiv aus den *Hochzeitsvorbereitungen auf dem Lande* werden hier wieder aufgenommen, sondern auch die Erkenntnisthematik. Die Degeneration von Gregor Samsas sinnlicher Rezeptionsfähigkeit (so erkennt er beispielsweise „die auch nur ein wenig entfernten Dinge immer undeutlicher" (E, S. 127)) mündet schließlich im „Zustand leeren und friedlichen Nachdenkens" (E, S. 155). Da meine bisherige Untersuchung gezeigt hat, dass eine derartige selbstvergessene Verstandestätigkeit bei Kafka als Negation des *principium individuationis* und damit als symbolischer Tod des Erkenntnissubjekts angesehen werden kann, erscheint es nahe

Raban nicht mehr ein ununterbrochenes Zirkulieren, sondern er erblickt Lücken, insofern sich die Menschen wie „schmale Blendscheiben" an den Lichtern vorbeibewegen. Während die Gebäude allein einen geschlossenen Kreisbogen gebildet hätten, „verändert" sich durch die „Blendscheiben" und die Spiegelungen in den Pfützen das Aussehen „unaufhörlich".[159] Das um Raban stattfindende Leben verliert vom zentralen Standpunkt aus eine Definition, weil sich alle Umrisse in Bewegung auflösen.

4. Entstehung des Leerkörpers durch Selbstvergessenheit

Der Perspektivwechsel vom rationalen zum kontemplativen Erkenntnismodus wird durch die zentripetale Bewegung Rabans veranschaulicht. Vom geschäftigen

---

liegend, auch den Tod Gregor Samsas als Ausdruck des Wechsels vom intentionalen in einen kontemplativen Erkenntnismodus zu lesen.

[159] Die zentripetale Bewegung, die bereits in der Struktur der *Beschreibung eines Kampfes* als Hinwendung zur Innenwelt gedeutet wurde, bewirkt eine Veränderung der Perspektive aufs Leben. Diese Veränderung wird in den *Hochzeitsvorbereitungen auf dem Lande* in Rabans Blick auf die Dynamik des Geschäftslebens vom Zentrum des Platzes aus dargestellt. Die eine kontemplative Perspektive ermöglichende Distanzierung vom Lebenskreislauf veranschaulicht Kafka 1909 in einem Brief an Ernst Eisner. Kafka bezeichnet sich als einer der „Leute, die ein bischen langsamer aus der vorigen Generation herausgekommen sind". Den Vorsprung könnten sie nicht mehr einholen, aber gerade dadurch, dass sie zurückblieben, hätten sie einen anderen Blick aufs Leben. Kafka verdeutlicht diese besondere Perspektive durch ein Bild: „Denken Sie doch, der Blick vom rennenden Pferde in der Bahn, wenn man seine Augen behalten kann, der Blick von einem über die Hürde springenden Pferde zeigt einem sicher allein das äußerste, gegenwärtige, ganz wahrhaftige Wesen des Rennbetriebs. Die Einheit der Tribünen, die Einheit des lebenden Publikums, die Einheit der umliegenden Gegend in der bestimmten Jahreszeit usw., auch den letzten Walzer des Orchesters und wie man ihn heute zu spielen liebt. Wendet sich aber mein Pferd zurück und will es nicht springen und umgeht die Hürde oder bricht aus und begeistert sich im Innenraum oder wirft mich gar ab, natürlich hat der Gesamtblick scheinbar sehr gewonnen. Im Publikum sind Lücken, die einen fliegen, andere fallen, die Hände wehen hin und her wie bei jedem möglichen Wind, ein Regen flüchtiger Relationen fällt auch mich und sehr leicht möglich, daß einige Zuschauer ihn fühlen und mir zustimmen, während ich auf dem Grase liege wie ein Wurm." (KKABr, S. 116) Durch die Distanzierung vom Lebenskreislauf wird der Blick insofern klarer, als die Wahrnehmung fragmentiert wird, so dass das einzelne Bild, das ansonsten durch die Dynamik des Lebens verzerrt wird, sichtbar wird.

Nur aus der Distanz ist eine Abstraktion möglich, während in der Unmittelbarkeit keine ästhetische Apperzeption möglich ist. Bereits in der zweiten Fassung der *Beschreibung eines Kampfes* entwickelt Kafka das Bild des zentralen Beobachters. Während der Erzähler der ‚Heimatgeschichte' auf der Schaukel im elterlichen Garten sitzt, beobachtet er das Leben außerhalb durch das „Gartengitter" und „auch durch die schwach bewegten Lücken im Laub"; vom Haus aus betrachtet er die Außenwelt durch „die stark durchbrochenen Vorhänge" (KKA 5, S. 116f.).

Ein derartig distanzierter Blick auf das Leben ähnelt demjenigen, den Kafka im Kaiserpanorama in Friedland kennen lernte und über den er notierte: „Die Bilder lebendiger als im Kinematographen, weil sie dem Blick die Ruhe der Wirklichkeit lassen. Der Kinematograph gibt dem Angeschauten die Unruhe ihrer Bewegung, die Ruhe des Blickes scheint wichtiger." (KKA 12, S. 16)

Leben in den Läden am Rande des Platzes wendet er sich ab und bewegt sich auf eine im Zentrum stehende Statue zu. Indem er „wohl weit im Platz vor[dringt]" (KKA 5, S. 19), wird es ihm möglich, die Geschäftigkeit an der Peripherie distanziert zu beobachten. Aus dieser Perspektive betrachtet er die Menschen um sich herum: „Ringsum auf den Trottoirkanten aller drei hier zusammentreffenden Straßen standen viele Nichtsthuer, die mit kleinen Stöckchen auf das Pflaster klopften." (KKA 5, S. 20)[160]

Durch die Distanzierung von der Geschäftigkeit entzieht sich Raban der Gefahr einer Affizierbarkeit. Je weiter er sich vom (Geschäfts-)Leben entfernt, desto geringer die Gefahr, dass die Anschauung „in die Sphäre des Willens fällt" (KKA 5, S. 11) und das Erkenntnissubjekt eine wertende Haltung zum Erkenntnisgegenstand einnimmt. Wie ein Sinnbild der Negation einer individuellen Werthaltung wirkt das „Denkmal eines sitzenden nachdenklichen Mannes" im Zentrum des Platzes. Diesem Denkmal nähert sich Raban an, und zwar sowohl physisch als auch psychisch: Je weiter er in die Mitte des Platzes vordringt, desto unberührbarer wird sein Wille. Seine Begehrlichkeit versteinert gleichsam. Indem er sich einer Statue annähert, wird seine Entsubjektivierung anschaulich.[161]

Die Idee der Distanzierung, die in der ersten Fassung dadurch deutlich wird, dass Raban einen Standpunkt im Inneren des Platzes einnimmt, wird in der zweiten Fassung aufgegriffen, allerdings in modifizierter Form. Der Traum einer Ersetzung des natürlichen durch einen medialen Körper ist in dieser 1909 entstandenen Fassung B nicht mehr eine kindliche Phantasie Rabans, sondern offenbar schon in die Realität umgesetzt. Die zweite Fassung unterscheidet sich von der ersten insofern, als die Gedanken über die Möglichkeiten, einer unmittelbaren Betroffenheit zu entgehen, fehlen. Weder die Überlegungen zu einer sprachlichen Distanzierung noch die kindliche Phantasie einer Beauftragung des Körpers werden aufgegriffen. Stattdessen tritt Raban als entindividualisierte Figur auf, die ein Gespräch mit einem Passanten führt.

Da eine Seite des Konvoluts fehlt, bricht diese Unterhaltung unvermittelt ab, so dass ihr Inhalt nicht bekannt ist, sondern nur Rabans eingenommene Position. Nach der fehlenden Seite antwortet er, offenbar nach der Bedeutung seiner vorangegangenen Erzählung befragt, seinem Gegenüber: „Nichts meine ich damit. Ich meine gar nichts [...]. Alles ist nur aus dem vorerwähnten Buche, das ich eben wie andere auch am Abend in der letzten Zeit gelesen habe." (KKA 5, S. 40f.) Das Gespräch besteht offenbar nur aus Zitaten, nicht aus eigenen Gedanken. Raban versteckt sich hinter der Anonymität fremder Zeichen:

---

[160] Die weiteren Beobachtungen brechen ab, weil ein Blatt des Konvoluts fehlt.
[161] Das Bild des Versteinerns als Ausdruck einer fortschreitenden Entsubjektivierung – sogar *Entmenschlichung* – verwendet Kafka in einer Tagebuchnotiz von 1914: „Meine Unfähigkeit zu denken, zu beobachten, festzustellen, mich zu erinnern, zu reden, mitzuerleben wird immer größer, ich versteinere, ich muß das feststellen." (KKA 11, S. 27) Der Versuch, ein Leben ohne eigenen Standpunkt zu führen, also ohne eine individuelle Werthaltung, führt zum Verlust der Lebensfähigkeit.

> Die durch Druck- oder Schreibmaschinentypen genormte Schrift ermöglicht die Abspaltung des Subjekts vom Geschriebenen, nämlich die Gleichgültigkeit gegenüber dem Gelesenen und die Unabhängigkeit der Laune vom Geschriebenen. In der technisch produzierten und reproduzierten Schrift verwirklicht sich die Käferphantasie.[162]

In der Fassung B der *Hochzeitsvorbereitungen* wird der Gedanke des Abschreibens als Distanzierungsmöglichkeit aus der ersten Fassung der *Beschreibung eines Kampfes* aufgegriffen. Allerdings ist aus der „postalischen Utopie" ein poetologisches Konzept geworden, denn es geht nicht mehr um Briefe, sondern um gedruckte Bücher. Damit erfolgt jedoch keine Veränderung, sondern eine Erweiterung der neuen Lebensform. So betonen Gilles Deleuze und Félix Guattari den Zusammenhang zwischen dem Briefeschreiben und dem Werk Kafkas: Die Briefe seien als Motor „der literarischen Maschine, die er sich entwirft", zu verstehen.[163]

In der zweiten Fassung der *Hochzeitsvorbereitungen* wird die Idee des Leerkörpers als poetologisches Konzept vorgestellt. Für Andreas Kilcher und Detlef Kremer lässt Kafka in der zitierten Antwort Rabans „die Grundzüge seiner konjekturalen Lektüre ausführen, die aus beliebigen Büchern etwas ‚erschnappen' will, um es dem eigenen Schreiben einzumontieren".[164] Wolf Kittler hebt den entscheidenden Unterschied zwischen den beiden Fassungen der *Hochzeitsvorbereitungen auf dem Lande* hervor: „Die eine handelt von der bindenden Kraft handschriftlich signierter Dokumente, die andere träumt von der Befreiung des Subjekts durch die Maschine."[165]

Aus den „erschnappten" Zitaten entsteht nicht nur ein Werk, sondern offenbar auch eine Figur. Indem die Zitate an die Stelle eigener Gedanken treten, gleichen sie dem medialen Stellvertreter des Briefes. Auch sie stellen nur eine formale Verbindung zwischen den Gesprächsteilnehmern her. In der zweiten Fassung scheint Raban selbst zum medialen Stellvertreter geworden zu sein. Dieser besitzt keine Individualität mehr, sondern agiert als Schriftkörper; als Subjekt ist Raban nicht mehr anwesend:

> Nun glaubte Raban, seit einiger Zeit könne ihn nichts berühren, was andere über seine Fähigkeiten oder Meinungen sagten; vielmehr habe er förmlich jene Stelle verlassen, wo er ganz hingegeben auf alles gehorcht hatte, so daß Leute jetzt nur noch ins Leere redeten, ob sie nun gegen oder für ihn waren. (KKA 5, S. 41)

Raban hat sich von sich selbst distanziert. In der *Beschreibung eines Kampfes* und in der ersten Fassung der *Hochzeitsvorbereitungen* wurde die Distanzierung noch durch die Spaltung und Verdopplung der Figur veranschaulicht. Seit der zweiten Fassung verzichtet Kafka auf diese Anschaulichkeit, indem er nur noch den

---

[162] KITTLER, Schreibmaschinen, Sprechmaschinen, S. 89.
[163] DELEUZE / GUATTARI, Kafka, S. 41.
[164] KILCHER / KREMER, Genealogie der Schrift, S. 51f.
[165] KITTLER, Schreibmaschinen, Sprechmaschinen, S. 85.

Leerkörper auftreten lässt. Wolf Kittler sieht in dieser Fassung „eine neue und womöglich radikalisierte Käferphantasie. Selbst im Gespräch hält Raban sich für unangreifbar."[166]

Wenn Raban die Ansicht vertritt: „'[...] Ein gutes Buch ist der beste Freund'" (KKA 5, S. 41), dann bezeichnet er sich selbst als besten Freund, besteht er doch offenbar (nur) aus Literatur. Seine Charakterisierung eines guten Buches entspricht der Konzeption des Leerkörpers, der nur dann ein Freund sein kann, wenn er dem Gegenüber keinen Widerstand leistet: „Denn, wenn man eine Unternehmung vorhat, so sind gerade die Bücher, deren Inhalt mit der Unternehmung gar nichts Gemeinschaftliches hat, die nützlichsten." Das inhaltslose Buch soll nur Raum für die Gedanken des Rezipienten bieten: „Denn der Leser, der doch jene Unternehmung beabsichtigt, also irgendwie (und wenn förmlich auch nur die Wirkung des Buches bis zu jener Hitze dringen kann) erhitzt ist, wird durch das Buch zu lauter Gedanken gereizt, die seine Unternehmung betreffen." (KKA 5, S. 42)

Das Buch ist „der beste Freund", wenn es dem Leser keinen Widerstand entgegensetzt: „Da nun aber der Inhalt des Buches ein gerade ganz gleichgültiger ist, wird der Leser in jenen Gedanken gar nicht gehindert und er zieht mit ihnen mitten durch das Buch wie einmal die Juden durch das rote Meer." (KKA 5, S. 42) Ein guter Freund gleicht Rabans Ansicht nach einem Resonanzkörper, der nur das, was von außen in ihn hineingelegt wird, verstärkt und dadurch verdeutlicht – eine Funktion, die der Leerkörper erfüllt, indem er stellvertretend eine Verbindung zwischen den Menschen generiert.

---

[166] Ebd., S. 84.

IV. Versuchsdurchführung

1. Der Selbstversuch: Kafkas Briefe an Felice

Junggeselle bleiben oder Ehemann werden: Sogar tabellarisch hat Kafka das Für und Wider beider Lebensmöglichkeiten gegeneinander abgewogen. Junggeselle zu bleiben, bedeutete für ihn „reinbleiben", während er durch eine Heirat ein „Narr" zu werden fürchtete. (Vgl. KKA 6, S. 156) So sehr er das Narrentum der gesellschaftlichen Konventionen scheute, so sehr ängstigte ihn die Aussicht auf ein trostloses, vereinsamtes Leben als Junggeselle, die er Ende 1911 in der kurzen Erzählung *Das Unglück des Junggesellen* skizziert und mit den Worten schließt: „So wird es sein, nur daß man auch in Wirklichkeit heute und später selbst dastehen wird, mit einem Körper und einem wirklichen Kopf, also auch einer Stirn, um mit der Hand an sie zu schlagen." (E, S. 43)

Kurz vor seinem dreißigsten Geburtstag plagten Kafka Zukunftsängste. Wie sollte er der drohenden Vereinsamung entgehen, wenn er zwar einerseits in der Ehe eine Lösung seiner Probleme sah, diese Lösung aber zugleich für ihn unerreichbar war, weil er in seinem entfremdeten Körper ein Hindernis für das Zusammenleben sah? Ende 1911 hielt er in seinem Tagebuch fest: „meine traurige nächste Zukunft erschien mir nicht wert in sie einzutreten […]. Wie wollte ich sie mit diesem aus einer Rumpelkammer gezogenem Körper ertragen? Auch im Talmud heißt es: Ein Mann ohne Weib ist kein Mensch." (KKA 9, S. 207)

Der außerhalb der Gemeinschaft stehende Junggeselle benötigt eine Bestätigung seiner Existenz, die er nicht aus sich selbst heraus, sondern nur durch die Gesellschaft erhalten kann. Da er ihre auf Vernunft basierende Fortschrittsgläubigkeit als Narrheit ansieht, steht er vor dem Dilemma, die Gesellschaft einerseits abzulehnen und andererseits von ihr abhängig zu sein. Um aus diesem Dilemma einen Ausweg zu finden, bedarf er der Hilfe, denn: „Man kann nicht genug Mithelfer haben, wenn man abhängig ist." (F, S. 78) Die Frau stellt den idealen Mithelfer dar, denn sie ist für Kafka „Repräsentant" (KKA 6, S. 114) der Welt. Mehr noch: Eine Verbindung mit der Frau eröffnet dem Junggesellen die Möglichkeit, „historisch zu werden" (KKA 11, S. 175).

In den *Hochzeitsvorbereitungen auf dem Lande* hat Kafka eine Idee entworfen, die es ermöglichte, „historisch zu werden", ohne sich dem Risiko einer Vereinnahmung durch die Gesellschaft aussetzen zu müssen. Diesen Ausweg erprobte er im Selbstversuch.[167] Die Idee dafür ist zwar im Frühwerk vorgezeich-

---

[167] Die Frage nach der Möglichkeit eines medialen Lebens beschäftigte Kafka nicht nur in der *Beschreibung eines Kampfes* und in den *Hochzeitsvorbereitungen auf dem Lande*. In den Erzählungen *Der Heizer*, *Die Verwandlung* und *Das Urteil* spielen Briefe eine entscheidende Rolle. Wolf Kittler schlägt daher vor, diese drei Erzählungen als „Gegenproben auf das am 20. September 1912 begonnene Abenteuer von Kafkas Briefwechsel mit Felice Bauer" zu lesen. (Vgl. KITTLER, Schreibmaschinen, Sprechmaschinen, S. 101) Eine Analyse der Erzählungen würde die Absicht, den Versuchsverlauf aufzuzeigen, überstrapazieren, aber es sollte zumindest dar-

net, hatte jedoch möglicherweise einen biografischen Auslöser: Auf seiner Reise nach Weimar mit Max Brod lernte Kafka im Sommer 1912 Margarethe Kirchner kennen, die Tochter des Hausmeisters im Goethehaus. Nachdem sein Werben um das junge Mädchen nicht erfolgreich war, erkundigte er sich, ob er ihr schreiben dürfe, wenn er wieder in Prag sei. Ihre schriftliche Antwort, die Kafka in ganzer Länge in einem Brief an Max Brod zitiert, weist darauf hin, dass er mit dem Gedanke spielte, ob sein literarischer Entwurf einer medialen Beziehung möglicherweise auch realisierbar wäre.

Kafkas Anfrage, ob er ihr schreiben dürfe, beantwortet Margarethe Kirchner mit einer Höflichkeitsfloskel: „Sie fragen, ob es mir Vergnügen macht, Karten von Ihnen zu erhalten; darauf kann ich nur erwidern, daß es mir und meinen Eltern eine große Freude sein wird, von Ihnen zu hören." Ihr Schreiben ist keine intime Mitteilung an einen Menschen, dem man zugeneigt ist, sondern reine Konvention. Dieser Tatsache ist sich Kafka bewusst gewesen, denn er kommentiert ihren Brief Brod gegenüber mit den Worten: „Bedenke vor allem, daß diese Zeilen von Anfang bis Ende Litteratur sind.[168] Denn wenn ich ihr nicht unangenehm bin, wie es mir sehr vorkam, so bin ich ihr doch gleichgültig wie ein Topf. Aber warum schreibt sie dann so, wie ich es wünsche?" (B, S. 105)

Auch wenn er sich nicht darüber täuschte, dass Margarethe kein Interesse an ihm hatte, erhält er durch ihren Brief doch wenigstens die konventionelle Sympathiebekundung, die er in unmittelbarem Kontakt vermisste. Diese Beobachtung ließ in ihm die Hoffnung erwachen: „Wenn es wahr wäre, daß man Mädchen mit der Schrift binden kann!" (B, S. 105) Um zu prüfen, ob die Hoffnung berechtigt ist, eine rein formale Beziehung, also ohne innere Anteilnahme und körperliche Nähe, führen zu können, bedurfte es eines Versuchsobjekts.

Einen Monat nachdem er seine Hoffnung formuliert hatte, am 13. August 1912, begegnete Kafka im Hause der Familie Brod der jungen Frau, die er für sein Experiment auserkor: Felice Bauer. Die Besonderheit des Selbstversuches besteht darin, dass Kafka sich der Möglichkeiten technischer Medien intentional bediente, so dass das „prekäre Verhältnis zwischen Brief, Telegramm und wirklicher Begegnung", das er in den *Hochzeitsvorbereitungen auf dem Lande* entwickelte, „sehr genau der Konstellation von Kafkas Briefen an Felice [entspricht]. Hier wie dort werden Briefe geschrieben, um das eigene Kommen, die leibhaftige

---

auf hingewiesen werden, dass nicht nur die ausführlich untersuchten Erzählungen die Idee stützen, Kafka könne sein Leben einen Selbstversuch gewidmet haben.

[168] Für Kafka definiert nicht allein die Form einen Brief, sondern das Verhältnis zwischen Absender und Adressat. Da Margarethe ihm nicht innerlich verbunden ist, stellt ihr Schreiben keinen Brief dar, sondern ist für Kafka nur „Litteratur", die sich nicht an eine bestimmte Person richtet. Dasselbe gilt auch für seine Briefe an Felice Bauer, die zwar wie konventionelle Briefe erscheinen, jedoch aufgrund der fehlenden inneren Bindung Literatur darstellen. Aus diesem Grund treffen Aussagen über seine Briefe immer auch über seine literarischen Schriften zu und umgekehrt.

Begegnung zu verzögern, werden Telegramme abgeschickt, die die schon gesandten Briefe widerrufen sollen."[169]

Welchem Zweck sollten diese Briefe dienen? In den *Hochzeitsvorbereitungen* werden nur die intrasubjektiven Gründe, vor allem der Wunsch nach Selbstschutz gegen die gesellschaftliche Vereinnahmung, beschrieben, nicht aber die Funktion, die der Adressatin der Briefe zukommt. Ihre Aufgabe entspricht derjenigen, welche die Gesellschaft im *Bericht für eine Akademie* hat: Sie soll den Leerkörper mit Leben füllen und auf diese Weise dem Briefeschreiber eine medial vermittelte Teilnahme am Leben ermöglichen. Da sich Kafka nicht selbst den Anforderungen des Lebens stellen wollte oder konnte, sollte der mediale Stellvertreter die Adressatin Felice verführen, den außerhalb des (sozialen) Zusammenhangs stehenden Briefeschreiber mit Leben zu beliefern.

Damit Felice ihre Aufgabe erfüllen konnte, musste sie besonders qualifiziert sein: Sie musste in der Lage sein, Leben in Schrift zu transformieren, damit es versendbar und damit vermittelbar wird. Diese Qualifikation brachte Felice mit. Als Kafka an dem besagten Abend zu den Brods kam, um mit Max seine noch ungedruckten Manuskripte für eine Veröffentlichung zu ordnen, erregte das Fräulein aus Berlin durch eine Vorliebe seine Aufmerksamkeit: „Sie sagten nämlich", erinnert er sich später in einem Brief an sie, „Abschreiben von Manuskripten mache Ihnen Vergnügen" (F, S. 58). Durch ihre Freude am Reproduzieren von Texten, aber auch durch ihren Beruf qualifizierte sie sich, so ließe sich pointiert formulieren, als Teilnehmerin an Kafkas Experiment.

Durch ihren Beruf erschien sie ihm für sein Experiment vermutlich besonders geeignet, denn sie war ausgebildete Schreibmaschinistin mit Anstellung „in der damals wichtigsten europäischen Firma für Medien der Kommunikation, der Carl Lindström AG, die nicht nur Parlographen und Diktiergeräte herstellte, sondern auch am Film- und Grammophon-Geschäft beteiligt war"[170]. Felice war also vertraut mit den Möglichkeiten medientechnischer Zeichendistribution. Durch diese Kenntnisse und Schreibfähigkeit erfüllte sie die Voraussetzungen für eine Anstellung im Dienste der „Schreib- oder Ausdrucksmaschine" Kafka.[171] Gerhard Neumann weist darauf hin, „daß diese Funktion Felice Bauers, Verwalterin von technischen Apparaten der Kommunikation zu sein, die Bedingung und geradezu die Ermöglichung von Kafkas Liebe zu ihr darstellt. Nur diese *Funktion* erlaubt es ihm, Liebe als Bedingung des Schreibens, Schreiben aber als Mittel der Distanzierung der Körper zu begreifen."[172]

Die „Distanzierung der Körper" war die Bedingung für das Gelingen von Kafkas Experiment. Er wollte prüfen, ob es möglich sei, die Sicherheit einer gesellschaftlichen Existenzbestätigung zu erhalten, ohne sich den das Bewusstsein einengenden Regeln der Konventionen unterwerfen zu müssen. In der unmittelbaren Begegnung glaubte er sich der Notwendigkeit einer Konzentration, also

---

[169] KITTLER, Brief oder Blick, S. 54.
[170] NEUMANN, Nachrichten vom ‚Pontus', S. 172.
[171] DELEUZE / GUATTARI, Kafka, S. 40.
[172] NEUMANN, Nachrichten vom ‚Pontus', S. 172.

der Zuspitzung seines Seins zum Bewusstsein, nicht enthalten zu können, denn: „Verkehr mit Menschen verführt zur Selbstbeobachtung." (KKA 6, S. 241)

Die von Kafka ausgesandten Briefe hatten die Aufgabe, das Leben herbeizulocken, ohne dass er sich dem Risiko aussetzen musste, durch das Leben verführt zu werden. Kafka fürchtete, der Verführung erliegen zu können und so gezwungen zu werden, sich in das Korsett des *principium individuationis* zu begeben.

> Das Verführungsmittel dieser Welt sowie das Zeichen der Bürgschaft dafür, daß diese Welt nur ein Übergang ist, ist das gleiche. Mit Recht, denn nur so kann uns diese Welt verführen und es entspricht der Wahrheit. Das Schlimme ist aber, daß wir nach geglückter Verführung die Bürgschaft vergessen und so eigentlich das Gute uns ins Böse, der Blick der Frau in ihr Bett gelockt hat. (KKA 6, S. 247)

Die Verführungen der Welt sah Kafka als Bedrohung an, weil sie in eine Falle locken. Durch ihr Gelingen verliert die Verführung ihren schwebenden Charakter: Eine erfolgreiche Verführung verspricht nicht(s) mehr. Dadurch, dass sie ihr Versprechen einlöst, wird sie eindeutig: Sie definiert und begrenzt. Sie macht vergessen, dass Leben einen prozessualen „Übergang" darstellt, und ist daher gleichsam lebensfeindlich.

Wenn die Einlösung eines Versprechens eine Festlegung bedeutet, bleibt nur die Verweigerung gegen das „Verführungsmittel" als Ausweg: „Die Rettung liegt im Offenen, im nicht zu einem geschlossenen System erstarrten Leben, das dafür von jenem Licht der Wahrheit erhellt wird, das sich jedem Kreis, jeder festen Begriffsbestimmung entzieht und der Widerschein einer verborgenen und geheimen Quelle ist, indem es mit seinem Sinn das Dasein erhellt."[173]

Jede Art der Festlegung und damit auch Beschränkung lehnte Kafka ab. Schon durch den Gedanken an Eindeutigkeit fühlte er sich eingeengt, denn: „Für das, was in einem einzigen Menschen Platz hat, ist die Außenwelt zu klein, zu eindeutig, zu wahrhaftig." (F, S. 89) Die Ablehnung gegen Eindeutigkeit war es, die ihn vor der Ehe als gesellschaftliche Institution zurückschrecken ließ.

Dem „Verführungsmittel dieser Welt", das die Gefahr der Inkorporation in ein gesellschaftliches System birgt, wollte Kafka nicht erliegen, und zwar aus „Angst um die Persönlichkeit", die für ihn *nicht* gleichbedeutend mit der „Angst um sein Seelenheil" war. Kafkas Widerstreben gegen die Preisgabe seiner Persönlichkeit hatte keine metaphysischen Grundlagen, sondern war durch den Wunsch motiviert, sich den schädigenden Einflüssen der Welt nicht auszusetzen, denn „immer bleibt doch die Hoffnung, daß man einmal ‚seine Persönlichkeit' brauchen oder daß sie gebraucht werden wird, daß man sie also bereit halten muß" (B, S. 188).

Kafka wollte „reinbleiben" für einen Moment, von dem er hoffte, er würde eines Tages eintreten: für den Beginn seines wirklichen, offen gelebten Lebens, in dem er als Persönlichkeit in Erscheinung treten würde. Für diesen Moment

---

[173] MAGRIS, Aufbauende Zerstörung, S. 31.

wollte er sich aufsparen und einer Beeinflussung seiner Persönlichkeit entgehen, indem er die Welt mit ihren eigenen Waffen bekämpfte: Gegen das „Verführungsmittel" setzte er selbst die Strategie der Verführung. Er erprobe seine Verführungskünste an Felice Bauer, denn sie war für ihn „Repräsentant" der Welt.

Der Gefahr der Verführung und der Strategie, ihr nicht zu erliegen, hat Kafka eine Erzählung gewidmet: *Das Schweigen der Sirenen*. Detlef Kremer weist darauf hin, dass diese Erzählung in unmittelbarem Zusammenhang zur Korrespondenz mit Felice steht: Indem sie „einen Schlußstrich unter den monströsen Briefwechsel mit Felice Bauer zieht"[174], resümiert sie die der Beziehung zugrunde liegende Absicht als „Beweis dessen, daß auch unzulängliche, ja kindische Mittel zur Rettung dienen können" (E, S. 351). Die Klärung, welche „Mittel" Kafkas Odysseus anwendet, um sich vor der Verführungskraft der Sirene zu schützen, erleichtert das Verständnis der Korrespondenz mit Felice, denn: „Genau die Rolle des listenreichen Odysseus spielt Kafka in der Liebesbeziehung zu Felice, die im wesentlichen aus Briefen besteht und folglich den Tatbestand des ‚Scheinvorgangs' vollendet erfüllt."[175]

Der „Scheinvorgang" (E, S. 351) ist das Ergebnis der Strategie, die Kafkas Odysseus anwendet, um der Verführung der Sirenen zu entgehen. Anders als sein antikes Vorbild verlässt er sich nicht darauf, sich durch eine Fesselung an den Schiffsmast schützen zu können. Zusätzlich zu dieser Sicherheitsmaßnahme verschließt er sich noch seine Ohren mit Wachs. Auf diese Weise verhallt der Gesang der Sirenen ungehört. Ihre Vorführung wird für Odysseus zu einem Schauspiel, einem Stummfilm, allerdings nur scheinbar: In Kafkas Erzählung gibt es keine Verführung mehr, denn die Sirenen sind stumm. Wenn es jedoch keine Verführung gibt, sind die Schutzmaßnahmen überflüssig. Ob Odysseus diese Tatsache bewusst war, bleibt in der Erzählung offen und somit auch die Frage, wogegen sich seine Strategie richtet, denn in einem „Anhang" zur Sage heißt es:

> Odysseus, sagt man, war so listenreich, war ein solcher Fuchs, dass selbst die Schicksalsgöttin nicht in sein Innerstes dringen konnte, vielleicht hat er, obwohl das mit Menschenverstand nicht mehr zu begreifen ist, wirklich gemerkt, daß die Sirenen schwiegen und hat ihnen und den Göttern den obigen Scheinvorgang nur gewissermaßen als Schild entgegengehalten. (E, S. 352)

Wenn er sich bewusst war, dass die Sirenen ihr Schweigen als „eine noch schrecklichere Waffe" einsetzen, dann kehrt er durch sein widersinniges Verhalten die Verführung um: Er selbst verführt insofern die Sirenen, als er ihre Aufmerksamkeit erregt und sie „den Abglanz vom großen Augenpaar des Odysseus [...] solange als möglich erhaschen [wollten]" (E, S. 352). Odysseus inszeniert den „Scheinvorgang" also nicht (nur) als Schutz gegen die Verführung durch die Sirenen, denn „sie wollten nicht mehr verführen" (E, S. 352). Vielmehr versucht

---

[174] KREMER, Erotik des Schreibens, S. 8.
[175] Ebd., S. 14.

er durch sein Verhalten, diese fehlende Verzauberung der Welt sichtbar zu machen.

Die Ambivalenz einer List gegen die Verführung einerseits und der Kritik einer verlorenen Verführung andererseits, die im „Schweigen der Sirenen" beschrieben wird, prägt auch Kafkas Briefverkehr mit Felice: Einerseits wählte er mit ihr eine Frau, die auf ihn nicht verführerisch wirkt, andererseits wollte er sich durch die besondere Form ihrer Beziehung davor schützen, einer, möglicherweise doch drohenden, Verführung zu erliegen.

Seine Korrespondenz mit ihr trägt Züge der von Jean Baudrillard aufgezeigten Strategie gegen die Entzauberung der Welt, der Verführung. In der modernen Welt existiert kein Zauber, weil das Bestreben um Rationalisierung des Lebens alles noch Unbekannte mit Sinn zu erfüllen versucht. Je mehr die nicht kartographierten Bereiche des Lebens schwinden, desto weiter schwindet die Verführung. Voraussetzung für die Verführung als Form der Interaktion ist die Sinnfreiheit:

> Nur das Geheimnis verführt, es fungiert nicht als verborgener Sinn, sondern als grundlegende Spielregel und Initiationsform der Zirkulation, ohne daß es dabei etwas zu enthüllen gäbe; denn wir könnten das Geheimnis nicht lüften, selbst wenn wir es wollten: nicht einmal die Protagonisten des Geheimnisses könnten es verraten, da es nur ein Ritual ist, die eigentliche Teilung des (Sinn)Leeren, das Fehlen von Wahrheit.[176]

Die Verführung ist die dem auf Vernunft basierenden Gemeinsinn diametral entgegengesetzte Form des Miteinanders. Im Versuch, ihr Schwinden aufzuzeigen, zeichnet sich eine Rationalismuskritik ab. Die Verführung ist ein Spiel, das nicht den Gesetzen des Austausches unterliegt; sie stellt vielmehr nur eine „Herausforderung"[177] dar. Sie ist eine Selbstbehauptungsstrategie in der modernen, von der Vernunft beherrschten Welt:

> Die Verführung kann heute all die gegen Gott und die Moral mobilisierten, unheilvollen Kräfte, alle Stärken der List und des Teufels, der Dissimulation und der Abwesenheit, der Herausforderung und der metaphysischen Umkehrung des Scheinhaften wieder aufbieten gegen die terroristische Vereinnahmung der Wahrheit und der Verifizierung: gegen all die uns einengenden Erfassungs- und Programmierungsmethoden.[178]

Wer verführt, versucht der Gefahr zu entgehen, selbst verführt zu werden. Wer aber verführt wird, gerät in die Falle der Vereinnahmung durch ein System. Die Verführung eröffnet den Ausweg zu einem nicht in einem „geschlossenen System erstarrten Leben", in dem der Mensch nicht in eine festgelegte Richtung sozialisiert und dadurch geformt wird: „Um der totalen Formierung und Überwachung durch das System zu entgehen, sieht Baudrillard nur die Chance der Tarnung und Täuschung. Schließlich beherrscht das System zwar den Mechanismus

---

[176] BAUDRILLARD, Laßt euch nicht verführen, S. 43.
[177] Ebd., S. 141.
[178] Ebd., S. 52.

der Sinnproduktion, nicht aber den Mechanismus, der Schein und Verführung erzeugt."[179]

Kafka wollte die Dame in Berlin durch den Schriftkörper seiner Briefe verführen. Indem er sich durch die Briefe mediale Stellvertreter geschaffen hat, war es ihm möglich, „Mensch unter Menschen zu sein" (F, S. 329), ohne wirklich, als leibhaftige Person, auftreten zu müssen. Voraussetzung für das Gelingen dieser Selbstinszenierung war es allerdings, dass der Schriftkörper als Mensch anerkannt wurde, dass Felice also die Existenz des Briefeschreibers dadurch bestätigte, dass sie die Briefe als Liebesbekenntnisse ansah, die Stellvertreter mit dem Auftraggeber identifizierte.

> Dann erweist sich der lebendige Zusammenhang des Autors mit dem Geschriebenen, es kommt zur erwünschten ‚Verwechslung', indem er, mit dem betreffenden Werk ‚in eins' gesetzt, an seinem Einfluß in der Welt partizipieren kann: ‚noch die erträumteste Vereinigung' ist für Kafka insofern ‚das Wichtigste auf dieser Welt'. Dadurch verschafft sich der im literarischen Exil ‚Verschollene' *doch* Gehör ‚im Lärm der Welt'.[180]

Kafka, der immer wieder an seinem Menschsein zweifelte, hoffte, paradox genug, als Mensch erscheinen zu können, gerade *indem* er sich entmenschlichte, also nicht mehr als physischer, sondern als medialer Körper interagierte. Erst indem er seine Existenz prothetisierte, erhielt er einen sozialen Körper, der ihm einen Zugang zur Gemeinschaft eröffnet: „Dank solcher ‚geliehenen' weltlichen Ersatzidentität wie -heimat kann Kafka, der ‚absichtlich-unabsichtlich' Verbannte, infolgedessen am Leben sich Versündigende, ‚als besserer, tüchtigerer' – da nun doch auf Umwegen ‚lebender' – Mensch existieren."[181]

2. Betrügen ohne Betrug: Das Verführungsspiel

Die Verführung als Strategie gegen die Inkorporierung des Subjekts in ein gesellschaftliches System konstituiert eine Lebensform, die Sören Kierkegaard als eine Ausprägung der ästhetischen Existenz beschreibt. Er unterscheidet zwischen drei Lebensformen, die er, hierarchisch geordnet, als Durchgangsstadien des Menschen zu seiner Selbstwerdung ansieht. Kierkegaard unterscheidet zwischen dem Leben des Genussmenschen, den er als den Ästhetiker bezeichnet, und dem tätigen Leben in der Gemeinschaft, das der Ethiker führt, und drittens einem kontemplativen Dasein als höchste Lebensform. Im Gegensatz zur antiken Ordnung ist die letzte Lebensform bei Kierkegaard religiös gefärbt: Nicht die Ideenschau markiert ihr Ziel, sondern der Wunsch, in ein Verhältnis zu Gott zu treten.

Den Unterschied zwischen dem Leben des Ästhetikers und dem Leben des Ethikers legt Kierkegaard in seinem Hauptwerk *Entweder / Oder* dar. Mit die-

---

[179] WIEGERLING, Medienethik, S. 142.
[180] SCHWARZ, Verbannung als Lebensform, S. 145.
[181] Ebd., S. 131f.

sem war Kafka, neben anderen Werken des Philosophen, vertraut, nachdem er es, nach seinem ‚Experiment mit Felice', während seines Aufenthaltes in Zürau Anfang 1918 gelesen hatte. Offenbar erregte die Lektüre teilweise sein Missfallen, denn ein Jahr später schrieb er an Max Brod: „Das erste Buch von ‚Entw. – Oder' kann ich aber noch immer nicht ohne Widerwillen lesen." (B, S. 240) Dieser Widerwille entspringt möglicherweise einer unliebsamen Selbsterkenntnis, denn in diesem ersten Buch werden die unterschiedlichen Facetten einer ästhetischen Existenz beschrieben, die zahlreiche Parallelen zu Kafkas Lebensform aufweist, insbesondere die Strategie der Verführung.

Die Verführung ist bei Kierkegaard eine Ausprägung der ästhetischen Lebensform. Im Gegensatz zum Genussmenschen, der Befriedigung in der Sinnlichkeit findet, genießt der Verführer sich selbst, seine Kunst der Verführung. Die Besonderheit des Verführers wird deutlich durch die Abgrenzung zum sinnlichen Genussmenschen, als dessen Sinnbild Kierkegaard Don Juan ansieht, der, entgegen der geläufigen Auffassung, für den Philosophen *kein* Verführer ist:

> Von *Don Juan* muß man den Ausdruck Verführer mit großer Vorsicht gebrauchen, sofern Einem wenigstens mehr daran liegt, etwas Richtiges zu sagen, als auf gut Glück drauf los zu reden. Nicht, weil *Don Juan* zu gut ist, sondern weil er überhaupt nicht unter ethische Bestimmungen fällt. Ich möchte ihn darum lieber einen Betrüger nennen, weil darin doch stets etwas mehr Zweideutiges liegt. Um Verführer zu sein, bedarf es stets einer gewissen Reflexion und Bewußtheit, und, sobald diese vorhanden ist, mag es angebracht sein, von Falschheit und Ränken und listigen Anläufen zu sprechen. An dieser Bewußtheit fehlt es *Don Juan*. Er verführt daher nicht. Er begehrt, dieses Begehren wirkt verführend; insofern verführt er.[182]

Im Gegensatz zu Don Juan steht der Verführer nicht außerhalb des Ethischen; er unterliegt den Konventionen. Durch sein Kalkül versteht er es, Spielräume innerhalb des Systems zu ermessen und diese zu seinen Zwecken auszunutzen. Er verhält sich regelkonform, allerdings löst er gegebene Versprechen nicht ein. Er verführt, indem er die Aufmerksamkeit seines Gegenübers manipuliert, aber kann dafür nicht belangt werden, denn es bleibt der Interpretation des Verführten überlassen, inwiefern er den Versprechen Glauben schenkt.

Um verführen zu können, darf das Begehren nicht über das Kalkül siegen. Ein Verführer muss eine gewisse Distanz zum Gegenstand seines Interesses wahren, damit sein Spiel gelingen kann. Eine solche Distanz kennzeichnete Kafkas Verhältnis zu Felice, wie bereits seine Tagebuchnotiz über den ersten Eindruck, den er von dem fremden Fräulein aus Berlin hatte, offenbart.

Bei seiner Ankunft bei den Brods „saß sie bei Tisch und kam mir doch wie ein Dienstmädchen vor. Ich war auch gar nicht neugierig darauf, wer sie war, sondern fand mich sofort mit ihr ab. Knochiges leeres Gesicht, das seine Leere offen trug. Freier Hals. Überworfene Bluse. [...] Fast zerbrochene Nase. Blon-

---

[182] KIERKEGAARD, Entweder / Oder, 1. Teil, S. 105.

des, etwas steifes reizloses Haar, starkes Kinn." (KKA 10, S. 79) Nichts in dieser wenig schmeichelhaften Beschreibung deutet darauf hin, dass Kafka in Felice seine zukünftige Braut gefunden zu haben glaubte – außer vielleicht die Tatsache, dass er sie *gerade nicht* anziehend fand.

Da er durch Felice offenbar nicht sinnlich affiziert war, konnte er sich ihr wie ein Forscher nähern: „Ich entfremde ihr ein wenig dadurch, daß ich ihr so nahe auf den Leib gehe." Gerade die distanzlose Nähe erzeugt die Entfremdung, die die Voraussetzung für die Erprobung einer Bindung des Mädchens durch die Schrift war. Mit dem nüchternen Blick eines Forschers erkannte Kafka in Felice die, natürlich nicht eingeweihte, Helferin für seinen Selbstversuch: „Während ich mich setzte, sah ich sie zum erstenmal genauer an, als ich saß, hatte ich schon ein unerschütterliches Urteil. Wie sich –" (KKA 10, S. 79)

Kafka führt nicht aus, worauf sich sein „unerschütterliches Urteil" bezieht, aber es ist wahrscheinlich, dass er Felice für so nichtssagend hielt, dass er sich innerhalb kürzester Zeit ein Bild – und eben ein Urteil – machen konnte. Die fehlende Verführungskraft, die von ihr ausging, qualifizierte sie für die Teilnahme an seinem Experiment: Einerseits war er dadurch gefeit, ihr zu erliegen, und andererseits konnte er versuchen, seine Verführungskunst gegen die fehlende Bezauberung zu setzen.

Am 20. September 1912 begann der Versuch: Bereits in seinem ersten Brief an Felice zeichnet sich das Ziel von Kafkas Vorhaben ab, nämlich die Transformation von Leben in Schrift. Für den Fall, dass sie sich nicht an ihn erinnern kann, stellt sich Kafka noch einmal vor:

> Ich heiße Franz Kafka und bin der Mensch, der Sie zum erstenmal am Abend beim Herrn Direktor Brod in Prag begrüßte, Ihnen dann über den Tisch hinweg Photographien von einer Thaliareise, eine nach der andern, reichte und der schließlich in dieser Hand, mit der er jetzt die Tasten schlägt, Ihre Hand hielt, mit der Sie das Versprechen bekräftigten, im nächsten Jahr eine Palästinareise mit ihm machen zu wollen. (F, S. 43)

Kafka stellt die Verbindung zwischen ihrer ersten Begegnung und seiner brieflichen Kontaktaufnahme her, indem er ihr ‚buchstäblich' seine Hand reicht. Nur ist aus der wirklichen Hand, die der Adressatin Fotos gereicht hat, eine schreibende geworden. Diese Hand, „die jetzt die Tasten schlägt", will zwar Nähe herstellen, aber keine körperliche, sondern eine mediale.

Von dem Menschen, den Felice bei Brods kennen lernte, ist nur eine schreibende Hand übrig geblieben; und bei dieser Reduktion sollte es auch weitestgehend bleiben. Fünf Jahre, bis Ende 1917, dauerte ihre Beziehung, in der sich Kafka und Felice zweimal verlobten und wieder entlobten, aber nur selten und meist nur für kurze Zeit sahen. Ihre Verbindung wurde größtenteils durch Briefe aufrechterhalten. Diese Tatsache beruhte weniger auf dem Umstand, dass die Entfernung zwischen Prag und Berlin eine Zusammenkunft erschwerte, als in Kafkas Abneigung gegen eine persönliche Begegnung.

Wiederholt versucht er Felice die „Unmöglichkeit eines menschlichen Verkehrs" mit ihm zu erläutern. (F, S. 329) Der Frau, die er mit Briefen umwirbt, schreibt er als Begründung für die Aufrechterhaltung einer Fernbeziehung: „Ich wäre Ihnen unleidlich, käme ich selbst." (F, S. 79) Aber er will nicht nur ihr seine Anwesenheit ersparen, er fürchtet auch, wie er ihr unverblümt schreibt, „daß ich Deinen Anblick, sei es auf der Gasse oder im Bureau oder in Deiner Wohnung, so nicht ertragen werde, dass mir Menschen oder auch nur Du allein zusehn könnten" (F, S. 135).

Der Grund für seine Abneigung eines persönlichen Kontakts liegt nicht etwa, wie man ob der merkwürdigen Formulierung leicht glauben könnte, in ihrer Person, gar in ihrem Aussehen begründet, sondern in Kafkas Unfähigkeit, auch in Anwesenheit anderer er selbst zu sein; und das heißt offenbar: *selbstvergessen* zu sein, denn er fährt fort: „daß ein Ertragen Deines Anblicks mir nur möglich sein wird, wenn ich so zerfahren und in Nebeln bin, daß ich gar nicht verdienen werde, vor Dir zu stehn" (F, S. 135). Eine Begegnung ist also unmöglich, denn in jedem Fall wäre einer dem anderen unerträglich.

Kafka fühlte sich aufgrund dieser doppelten Unmöglichkeit „für den menschlichen Verkehr verloren" (F, S. 401). So vielfältig die Gründe für seine Abneigung gegen eine unmittelbare Begegnung gewesen sein mögen, entscheidend war wohl eine Tatsache, nämlich: „Die Gegenwart ist unwiderleglich." (F, S. 343) Mit seiner physischen Präsenz würde er als Subjekt der Aussage zur Verantwortung gezogen werden können, und genau davor fürchtete er sich und wollte lieber in die Undefinierbarkeit der Anonymität flüchten. Er gesteht Felice:

> Verantwortungen weiche ich aus wie eine Schlange, ich habe vielerlei zu unterschreiben, aber jede vermiedene Unterschrift scheint mir ein Gewinn, ich unterschreibe auch alles (trotzdem es eigentlich nicht sein darf) nur mit FK, als könne mich das entlasten, deshalb fühle ich mich auch in allen Bureausachen so zur Schreibmaschine hingezogen, weil ihre Arbeit, gar durch die Hand des Schreibmaschinisten ausgeführt, so anonym ist. (F, S. 196)

Um sich keiner Verantwortung stellen zu müssen, versuchte Kafka ein Festlegen seiner zwischenmenschlichen Beziehungen zu verhindern und auf das Festschreiben eines Sinnes in seinen literarischen Schriften zu verzichten.[183] Die Unentschiedenheit, dieser entscheidende Wesenszug Kafkas, charakterisierte sowohl sein Leben als auch sein Schreiben. Nicht nur das Konzept der medialen Lebensform ist Kennzeichen von Kafkas Unwillen, zwischen dem Junggesellentum und der Einbindung in die Gemeinschaft zu wählen, sondern die medialen Stellvertreter selbst verkörpern seine Unentschiedenheit.

---

[183] In Kafkas literarischen Texten wird der Widerwille gegen das Festschreiben eines Sinns sogar anschaulich, indem sich die Figuren einer Festlegung widersetzen: „Zu den Bekundungen spielerischer Verantwortungslosigkeit in Kafkas Werk gehören als Pendants die großartigen Szenen, in denen die Beweglichkeit als Daseinsform beschrieben und gefeiert wird." (ELLRICH, Diesseits der Scham, S. 253)

Unentschiedenheit aber nimmt literarisch stets die Form der Vieldeutigkeit an. Wenn Entscheidungen nicht gefällt werden, kommen immer mehrere, wenn auch mehrere fragliche, Bedeutungen zugleich in Frage. Das heißt: Die ‚Oberfläche' des literarischen Textes präsentiert dann nicht offen ihre Bedeutung, weil der Text mehrere hat, also der ‚Deutung' Spielraum läßt.[184]

Gerade wegen ihrer Unentschiedenheit vermögen seine Schriften ihre Aufgabe erfüllen, denn durch ihre fehlende Eindeutigkeit wirken sie verführerisch. Die Faszination, die Kafkas, literarische wie biografische, Schriftkörper ausüben, liegt in ihrer Leerheit begründet. Für Hans H. Hiebel ist diese Leerheit für Kafkas „Verfahren der Sinn-Enttäuschung (d. h. der Sinnstimulierung bei gleichzeitiger Sinn-Verweigerung)" konstitutiv: „Jedes der Werke Kafkas zeichnet eine alles dominierende ‚Leerstelle' aus; der Versuch, diese Leerstelle aufzufüllen, ist offensichtlich unabdingbare *conditio* jeder Lektüre"[185]. Die Verantwortung liegt beim Interpreten: Er legt die Kausalität, die Notwendigkeit in die Offenheit des Werkes. Die Schriftkörper selbst sind unentschieden und wirken dadurch fesselnd, ohne dass dieses Interesse den Schriftsteller bedrängen könnte.

Um sich vor den schädigenden Einflüssen der Welt zu schützen, soll der Schriftkörper stellvertretend für den Junggesellen interagieren. Doch ein um Liebe werbender Schriftkörper wirkt grotesk, denn: „Zur Liebe gehört Gewicht, es geht um Körper. Sie müssen da sein, es ist lächerlich, wenn ein Nicht-Körper um Liebe wirbt. Große Gelenkigkeit, Mut Stoßkraft können für Gewicht einspringen. Aber sie müssen aktiv sein, sich darstellen, sozusagen immerzu verheißen." Den Mangel an physischer Vitalität muss der Brief als Schriftkörper insofern kompensieren, als er einen Kontakt zur Welt herstellt und, indem er Lebensberichte anfordert, zur Konstituierung dessen diente, was nach Ansicht Elias Canettis Kafkas „Eigentliches", „*sein Leib*" war: „die Fülle des Gesehenen, an der Erscheinung des umworbenen Menschen Gesehenen"[186].

Stimmt man Canetti zu, bedeutet das, dass Kafka als ein Nichts mit Felice in Verbindung trat, dass er lediglich wie ein Spiegel war, auf dessen Oberfläche sich eine Figur abbildete, die sich aus dem am Gegenüber Wahrgenommenen konstituierte: Statt eines realen Körpers warb nicht ein „Nicht-Körper" um Felice, sondern ein Leerkörper. Dieser künstliche Körper ist das Verführerische an Kafka. Durch die Erschaffung eines Ersatzkörpers entspricht er Kierkegaards Charakterisierung des Verführers, denn dieser wirkt nicht wie Don Juan durch seine Sinnlichkeit verführerisch, sondern durch sein Vermögen, sinnlich zu erscheinen. „Er lebte allzu sehr geistig, um ein Verführer im gewöhnlichen Sinne zu sein. Unterweilen nahm er jedoch einen parastatischen Leib an, und war alsdann pure Sinnlichkeit."[187] Der künstliche Leib dient der Maskierung der wirklichen Existenz, die nicht in Erscheinung treten darf, wenn die Verführung gelin-

---

[184] ANDERS, Kafka pro und contra, S. 72.
[185] HIEBEL, Form und Bedeutung, S. 11.
[186] CANETTI, Der andere Prozeß, S. 93f.
[187] KIERKEGAARD, Entweder / Oder, 1. Teil, S. 330.

gen soll. „Um den anderen zu verführen, darf man nicht existieren. Die starke Position der Verführerin bzw. des Verführers rührt daher, daß sie keine Wahrheit, keinen Ort und keinen Sinn hat."[188]

Für die Beschreibung seines Verhältnisses zu Felice verwendet Kafka ein ähnliches Bild wie für die Beschreibung der medialen Lebensform in den *Hochzeitsvorbereitungen*. Er unterscheidet zwischen der Statik des Beobachters und der Dynamik des medialen Stellvertreters, wenn er schreibt: „Ich umlaufe und umbelle sie, wie ein nervöser Hund eine Statue oder um das ebenso wahre Gegenbild zu zeigen: ich sehe sie an wie ein ausgestopftes Tier den ruhig in seinem Zimmer lebenden Menschen ansieht." (B, S. 162)

Indem er sich als „ein ausgestopftes Tier" bezeichnet, gleicht er dem zum Käfer verwandelten Eduard Raban, während er als „nervöser Hund" der mediale Stellvertreter ist, der eine Scheinbewegung ausführt, denn tatsächlich kam es selten zu einer wirklichen Begegnung mit Felice. Das Lebenskonzept der medialen Stellvertreterschaft gleicht einem Narrenspiel, wie Kafka gegenüber Felice bekennt:

> Ich bin ein lügnerischer Mensch, ich kann das Gleichgewicht nicht anders halten, mein Kahn ist sehr brüchig. Wenn ich mich auf mein Endziel hin prüfe, so ergibt sich, daß ich nicht eigentlich danach strebe, ein guter Mensch zu werden und einem höchsten Gericht zu entsprechen, sondern, sehr gegensätzlich, die ganze Menschen- und Tiergemeinschaft zu überblicken, ihre grundlegenden Vorlieben, Wünsche, sittlichen Ideale zu erkennen, sie auf einfache Vorschriften zurückzuführen, und mich in dieser Richtung möglichst bald dahin zu entwickeln, daß ich durchaus allen wohlgefällig würde, und zwar (hier kommt der Sprung) so wohlgefällig, daß ich, ohne die allgemeine Liebe zu verlieren, schließlich, als der einzige Sünder, der nicht gebraten wird, die mir innewohnenden Gemeinheiten offen, vor aller Augen, ausführen dürfte. Zusammengefaßt kommt es mir also nur auf das Menschengericht an und dieses will ich überdies betrügen, allerdings ohne Betrug. (F, S. 755f.)

Kafka gibt als sein „Endziel" nicht eine moralische Entwicklung, sondern die Erkenntnis von sittlichen Idealen an. Statt das Menschwerden im Sinne eines Reifeprozesses am eigenen Leib zu erfahren, möchte er einen Überblick über die „ganze Menschen- und Tiergemeinschaft" erhalten. Indem er seine Beobachtungen des Menschseins nachahmt, erscheint er äußerlich als Teil der Gemeinschaft, während er innerlich die Distanz zu ihr wahrt. Sein Vorhaben ist ein „Betrügen ohne Betrug" und damit kein justiziabler Tatbestand, weil das Subjekt der Handlung als ein Konstrukt der Nachahmung nur eine Scheinbewegung vollzieht: „Der literarische Mensch [...] erweckt ganz einfach die Vorstellung, er sei ein moralischer Mensch; dabei gibt er vor, sich an das Gesetz eines universalen Gerichts halten zu wollen."[189]

---

[188] BAUDRILLARD, Laßt euch nicht verführen, S. 130.
[189] BAIONI, Literatur und Judentum, S. 180.

Der mediale Stellvertreter ist gleichsam eine Verkörperung des literarischen Menschen. Dieser Stellvertreter entwickelt sich zu einem moralischen Ersatzmenschen, während die reale Person die ihre „innewohnenden Gemeinheiten" ungestört ausleben darf. Nicht Kafka, sondern die Briefe des „Briefeschreibers" werben um Felice; die wirkliche Person bleibt aus dem Spiel.

Die Distanzierung erfolgte durch eine Subjektspaltung. Kafka unterschied zwischen dem „Briefschreiber" und dem „Photographierten" als „Zweigestalt". (Vgl. F, S. 159) Nicht der „Briefschreiber" ist eine reale Gestalt, sondern der mediale Stellvertreter, der als „Gespenst" (F, S. 84) und „berufsmäßige[r] Schlafstörer" (F, S. 56) in Felices Leben eindringt. Die Teilhabe an ihrem Leben, derer er so existentiell bedurfte, erforderte die Aufrechterhaltung der „Zweigestalt". Die größte Gefahr sah Kafka daher in der Unterbrechung der Korrespondenz durch das Einbrechen des Körpers: „Der Briefverkehr wäre ganz hübsch, hätte man nur nicht am Ende eines Briefes, ebenso wie am Ende einer Unterredung, das natürliche Bedürfnis, dem andern ordentlich in die Augen zu sehn." (F, S. 269) Dieses „natürliche Bedürfnis" musste unterdrückt werden, weil es einen Unsicherheitsfaktor in zwischenmenschlichen Beziehungen darstellt. Die Gefahr der Ermüdung, des Desinteresses im unmittelbaren Gespräch fürchtete Kafka, hätten sie doch eine Unterbrechung, wenn nicht gar das Ende der Beziehung bedeutet.

Diese Sorge offenbart den Grund für die Notwendigkeit des Verführungsspiels. Es war für Kafka kein Selbstzweck, sondern ein existentielles Bedürfnis. Kierkegaard unterscheidet zwischen zweierlei Motivation für das Vorgehen des Verführers: Einerseits genießt er seine eigene Kunstfertigkeit, andererseits aber kommt dieser eine existentielle Bedeutung zu, denn der Verführer ist abhängig von seiner Umwelt. Er führt eine parasitäre Existenz, denn er lebt nur „vom Raub": „Du [d. i. der Verführer] schleichst unbemerkt die Leute an, stiehlst ihnen ihren glücklichen Augenblick, ihren schönsten Augenblick, steckst dies Schattenbild in Deine Tasche, so wie der lange Mann in Chamisso's Peter Schlemihl es tut, und holst es hervor, wann Du magst."[190]

Die Mitmenschen besitzen das Leben und die Erfahrungen, die der Verführer sich wünscht und die er, statt sie tätig zu erwerben, durch seine Kunstfertigkeit erschleicht. Aus diesem Grund wollte Kafka eine Unterbrechung der Korrespondenz verhindern. Er sendete unablässig Briefe zu Felice, weil ihn diese medialen Stellvertreter mit der Nahrung versorgten, die er sich selbst nicht verschaffen konnte oder wollte, nämlich Leben.

Kafka wollte durch die Briefe, so ließe sich heute formulieren, unablässig ‚online' sein. Daher forderte er: „Wir müssen es so einrichten, daß im gleichen Augenblick, wo einer vom andern etwas verlangt, der Briefträger eilends eintritt, sei es zu welcher Tages- oder Nachtzeit immer." (F, S. 175) Wiederholt bat er Felice um detaillierte Beschreibung ihres Tagesablaufs, denn ihre Erfahrungen sollten seinen Mangel an Leben kompensieren: „Liebste, wie ich aus Deinen

---

[190] KIERKEGAARD, Entweder / Oder, 2. Teil, S. 11.

Briefen mein Leben sauge, das kannst Du Dir nicht vorstellen." (F, S. 406) Ihre Briefe nähren ihn: „Was Du mir an Liebe zuwendest, geht mir als Blut durch das Herz, ich habe kein anderes." (F, S. 384) Immer wieder betont er die vampiristischen Züge, die seiner Gier nach Briefen innewohnen. Indem er zum Gegenstand des Gespräches gemacht wird, fühlt er sich, so gesteht er Felice, „in den Blutkreis einbezogen, aus dem Du stammst" (F, S. 232).

Der Schriftkörper als medialer Stellvertreter hat eine zweifache Funktion: Einerseits dient er dem Schutz, andererseits der Bestätigung der Existenz. Für Sandra Schwarz „er-schreibt Kafka seine Identität. Dieser Akt scheint für denjenigen unverzichtbar, der sich mit seinen ‚Eigentümlichkeiten' das aus diesen erwachsende Selbstvertrauen abgesprochen sieht: er bedarf gleich jedem Exulanten der Identitätsstützung"[191]. Ohne aus sich selbst heraus Selbstbewusstsein erfahren zu können, bedürfe Kafka nicht nur einer „Identitätsstützung", sondern einer geborgten Identität, um von dieser eine Revitalisierung seiner Existenz zu erfahren. In einem Brief an Felice Bauer formuliert er die existentielle Bedeutung des ‚Identitätsvampirismus', wenn er schreibt: „Ist noch irgendein fremder Mensch da, der mir ins Blut geht, desto besser, da kann ich scheinbar von geborgter Kraft ganz lebendig werden." (F, S. 402)

Um sich – oder die biografische Leerstelle – mit dem fremden Leben füllen zu können, schickt er mit seinen Briefen mediale Stellvertreter, deren Charakteristikum ihre Leere ist: Briefe, „die von nichts anderem handeln als vom Schreiben, leere, zeitverschwenderische Briefe" (F, S. 479). Besonders deutlich wird er in einem Schreiben an Grete Bloch, wenn er gesteht: „Liebes Fräulein Grete, die Häufigkeit soll für die Leere meiner Briefe entschädigen […]." (F, S. 607)

Seine Briefe sollten Felice dazu verführen, ihm Leben zuzuführen, damit seine Schöpferkraft auf diese Weise animiert würde. Klaus Theweleit bezeichnet den Kreislauf des Briefverkehrs, den Kafka initiierte, als ein „pausenloses Bebriefen von Felices ‚Leere', die sie ihm als Schrift zurückgibt, aus der er neue Schrift macht: die der weitergehenden Briefe als auch die des ‚Prozeß'-Romans"[192].

Felice war das Gefäß, in dem Kafkas Schöpferkraft Gestalt annehmen konnte, und sie ist zugleich der Samen, der in ihm befruchtend wirkte. Sie bildete den fehlenden Gegenpart für eine Schöpfung. Durch sie ist „das Schreiben […] befruchtet: es ist Schreiben *mit* Bauer (ganz gleich, in welches Genre-Bett es sich ergießt). Daß das eine ‚Literatur' heißt und das andere ‚privater Ausdruck' oder ‚Liebesbrief' ist eine Unterscheidung, die anderswo getroffen wird"[193].

Da er sich durch die Briefe Felices nährte, hatten sie für ihn eine existentielle Bedeutung. Kafka hatte ein „Verlangen nach einer möglichst ununterbrochenen brieflichen Verbindung" (F, S. 361). Immer wieder beklagt er, dass er „durch Nichtbekommen von Antworten leide" (F, S. 54), fordert von Felice, an-

---

[191] SCHWARZ, Verbannung als Lebensform, S. 73.
[192] THEWELEIT, Buch der Könige, S. 1011.
[193] Ebd., S. 1019.

gekündigte Briefe auch wirklich zu schicken, versucht sogar, den Briefverkehr zu kontrollieren. (Vgl. F, S. 105) Die Antworten, die er forderte, sollten sich nicht auf den Inhalt seiner Briefe beziehen. An Felice schreibt er: „ich will keine Antworten auf meine Briefe haben, ich will von Dir hören" (F, S. 361).

Er versuchte, Felice dazu zu bewegen, den Schreibstrom nicht abreißen zu lassen: Entscheidend war die Aufrechterhaltung einer Verbindung. Um zu verhindern, dass Felice des Schreibens überdrüssig wurde, indem sie erkannte, dass die Korrespondenz keiner wirklichen Eheanbahnung, sondern gleichsam der Ernährung Kafkas dienen sollte, bedurfte es der Verführungskünste des Briefeschreibers. Der promovierte Jurist, dem „alle advokatorischen Kniffe" (M, S. 85) bekannt waren, wusste: „Man muß bezaubern, wenn man etwas Wesentliches bekommen will." (Br, S. 165)

Auch wenn er immer wieder die Leere seiner Briefe betont, bezauberte Kafka Felice tatsächlich und verhinderte so ein Abbrechen des nährenden Lebensstroms, indem er seinen Briefen doch immer wieder den Anschein einer wirklichen Korrespondenz verlieh:

> Um den Scheinvorgang der blutspendenden Korrespondenz in Gang zu halten, ist es unabdingbar, der lebenden Geliebten Handfestes in Aussicht zu stellen, ein Treffen, einen gemeinsamen Urlaub, eine Ehegemeinschaft. Dieses Handfeste muß der schreibende Blutsauger Kafka allerdings so wohldosiert verabreichen, daß keine allzu weitgehenden Verpflichtungen daraus entstehen können. Er bietet gerade soviel an wirklichem Leben, daß die Liebesbeziehung zwischen Realität und Simulation in der Schwebe bleibt.[194]

Die Briefe Kafkas stellen einen Scheinvorgang dar, denn es soll keine Entwicklung geben, sondern im Gegenteil ein Zustand der Entwicklungslosigkeit aufrechterhalten werden. Durch die Verführung wollte Kafka von der Tatsache ablenken, dass er sich einer Sozialisation widersetzen, dass er kein Narr werden wollte. Als Narren sah er nämlich diejenigen an, die sich den Konventionen unterwerfen in dem Glauben, es könne Entwicklung und Fortschritt geben. Durch den Scheinvorgang des Briefverkehrs wollte er die (Um-)Welt blenden und darüber hinwegtäuschen, dass für ihn „Verlobtsein [...] ja jetzt nichts [ist], als ohne Ehe eine Komödie der Ehe zum Spaß der andern aufzuführen" (F, S. 549).

3. Kafkas Vision einer vernetzten Welt

Die Funktion des medialen Stellvertreters besteht darin, den unbeweglich zu Hause ruhenden Körper mit Leben zu beliefern. Dies war notwendig, weil die *res cogitans*, ohne den Körper als Lieferant von Anschauungen zur Verfügung zu haben, auf eine alternative Datenquelle angewiesen ist, um ihren „Appetit" (KKA 5, S. 108), wie es in der *Beschreibung eines Kampfes* heißt, zu stillen. Die Gier nach Anschauungen, die als Material für seine Vorstellungen dienen sollten,

---

[194] KREMER, Erotik des Schreibens, S. 15f.

ließ Kafka sein Experiment ersinnen. Die medialen Stellvertreter sollten seinen Welthunger stillen. „Kafkas Informationsbedürfnis ist grenzenlos, aber es bleibt auf den Schriftverkehr beschränkt."[195]

Die Aufgabe von Kafkas geistiger Ernährung oblag in ihrer Korrespondenz Felice. Dass sie allein mit diesem existentiellen Amt betraut war, bildete den Unsicherheitsfaktor in Kafkas Lebenskonzept. Zu viel Kraft kostete es ihn, ihr die lebensnotwendigen Briefe zu entlocken: „Felice ist nicht allein Opfer des Vorgangs: er selber findet sich verdorrt wieder und leergesogen vom Vorgang des Ausschöpfens des anderen Leibs."[196]

Um auf den kräftezehrenden Modus der Verführung verzichten zu können, musste Kafka eine Alternative finden, mit deren Hilfe er Zugang zum Leben haben könnte, ohne selbst in Erscheinung zu treten. Im Brief an Felice vom 22. zum 23. Januar 1913 entwickelte er diese Alternative, indem er unterschiedliche Visionen einer medialen Vernetzung der Welt entwirft. Er unterbreitete Felice Vorschläge, auf welche Weise die Firma, bei der sie angestellt war, ihre Produkte derart rationell einsetzen könnte, dass technische Speicher- und Reproduktionsmaschinen flächendeckend für jedermann allzeit zur Verfügung stehen.

Die Mittel einerseits einer Transformation von Worten in Schrift und andererseits einer Reproduktion der Gedanken, also die Fähigkeiten, die Felice für die Teilnahme an Kafkas Experiment qualifiziert hatten, sollten nicht mehr einer privilegierten Minderheit vorbehalten sein, die mit dem Umgang technischer Medien vertraut war, sondern Gemeingut werden. Wenn nicht nur Felice (und wenige andere), sondern prinzipiell jeder in der Lage war, Leben dadurch vermittel- und versendbar zu machen, wäre Kafka nicht mehr von Felice abhängig gewesen. Eine freie Zugänglichkeit von Reproduziermaschinen könnte, so die Idee hinter Kafkas Vision, Felice als ‚Weltzustellerin' überflüssig machen.

> Zu seinem Plan, der aus der Lindström A.G. die Weltaufzeichnungsagentur Nr. 1 zu machen im Auge hat, läßt sich sagen: er löst auf ziemlich perfekte Weise sein Problem, über alles, was an irgendwelchen Telephonen, in Eisenbahnen, in Flugzeugen, auf Schiffen, in Hotels und Straßenbahnen gesprochen wird, informiert sein zu wollen, ohne deswegen unter die Leute gehen zu müssen, die so schrecklich stören bei der Aufzeichnung ihrer Absonderungen; der Witz dieser tollen Apparatur: ihr Output ist *Schrift*.[197]

Kafka ging es nicht allein darum, durch die Modifikation der Lindström AG zur „Weltaufzeichnungsagentur" seine Selbstschutzstrategie auch unabhängig von Felices regelmäßiger Datenlieferung fortsetzen zu können, sondern auch, diese Strategie populär zu machen. Die Popularisierung erforderte eine flächendeckende Maschinerie, durch die eine Transformation von Leben in (Schrift-)Zeichen ermöglicht würde. Mit seiner Vision greift Kafka der Entwicklung voraus.

---

[195] ALT, Der ewige Sohn, S. 270.
[196] THEWELEIT, Buch der Könige, S. 1012.
[197] Ebd., S. 1008.

Seine Utopie einer vernetzten Welt erinnert an Jean Baudrillards spätere Diagnose, dass an die Stelle einer konkreten Realität Zeichenwelten getreten seien.[198] Diese Zeichenwelt wird durch Simulationen konstituiert, die auf keinen äußeren Bezugspunkt mehr referieren. An die Stelle von unmittelbarer Interaktion tritt die Interaktion zwischen Simulationen, zwischen medialen Stellvertretern. Durch diese Substitution verliert der Körper als Bezugspunkt seine Bedeutung „als Mittel der Orientierung in der Welt". Der antiquierte Körper „mit seinen einfachen Ordnungen: rechts/links; hinten/vorne; oben/unten; innen/außen wird zur Unmaßgeblichkeit verurteilt" und durch „abstrakte Muster" ersetzt:

> Die Menschen sollen nicht weiterhin spüren, wie sie körperlich in der Welt sind, sondern sie sollen hören und sprechen, sie sollen sehen, sie sollen lesen und schreiben, sie sollen rechnen. Sie sollen computieren. Dieser Zwang zur Abstraktion vom Körper ist die Folge einer historischen Erweiterung der menschlichen Macht über Dinge, einer durchaus künstlichen Installation, die in ihrem Umfang, in ihrer Struktur und in ihren Weiterungen gerade erst deutlich zu werden beginnt.[199]

Den Weg der Transsubstantiation als Zukunft des Menschen unterbreitete Kafka Felice als Abfolge verschiedener Visionen einer Ver-Zeichnung der Welt. Damit an die Stelle von Welt Zeichen treten können, die eine künstliche Welt konstituieren, sollte zunächst eine Datensammlung erfolgen. Diese erhoffte Kafka mit Hilfe von Parlographen, den damaligen Aufnahme- und Wiedergabegeräten, erstellen zu können. Um eine Verbreitung der Parlographen zu ermöglichen, erwog er, auf Marktgesetze besonders zu achten. So schlug er Felice etwa vor, den Konkurrenzdruck von Hotels zu nutzen, um seine Idee schnellstmöglich und wirtschaftlich umzusetzen: „Es wäre auch vielleicht gar nicht schlecht spekuliert, einzelnen Hotels den Parlographen umsonst zur Verfügung zu stellen und dadurch die andern zur Anschaffung zu zwingen. Die Hotels sind ja im allgemeinen so konkurrenzwüthig." (F, S. 265) Durch die Verbreitung der Parlographen sollten diese allgemein zugänglich gemacht werden.

> Außerdem werden solche Apparate überall dort aufgestellt, wo man zwar Zeit und Bedürfnis zum Schreiben, aber nicht die nötige Ruhe und Bequemlichkeit hat, also in Eisenbahnwaggons, auf Schiffen, im Zeppelin, in der Elektrischen [...]. Hast Du bei Deiner Hotelrundfrage besonders an die Sommerfrischenhotels gedacht, wo die vor Geschäftsunruhe zappelnden Kaufleute die Parlographen umlagern würden? (F, S. 266)

Kafka wollte die kommunikationstechnische Möglichkeit der Datenspeicherung mit den verkehrstechnischen Medien kurzschalten. Indem die Memotechnologie grundsätzlich jedem überall und zu jeder Zeit zur Verfügung steht, konnte in der immer schnelllebigeren Zeit, die durch ihre „Geschäftsunruhe" gekennzeichnet ist, ein Datenverlust verhindert werden. Durch die Verbreitung der Parlographen hätte das gesteigerte Bedürfnis nach unverzüglicher Datenerfassung befriedigt

---

[198] Vgl. BAUDRILLARD, Symbolischer Tausch, S. 8f.
[199] KAMPER, Abwesenheit, S. 7.

werden können und dadurch zugleich dafür gesorgt, dass die betriebsamen Geschäftsleute unmittelbar nach dem Diktieren den Kopf wieder frei haben.

Letzteres stellt den entscheidenden Vorteil von Kafkas Erfindung dar: Technische Speichergeräte können den Einzelnen vor einer Überlastung des Gedächtnisses bewahren und zugleich einen Datenverlust verhindern, indem sie eine Art künstliches Kollektivgedächtnis darstellen. Da die Parlographen jederzeit zur Datenerfassung bereitstehen sollten, sind die Gedanken weder dem Vergessen noch der Gefahr einer Verfälschung ausgesetzt, wie dies der Fall bei der Niederschrift wäre. Außerdem ist das Aufnehmen von Worten unmittelbarer möglich als das Niederschreiben, weil das Problem des mühsamen Formulierens entfällt.[200]

Die Möglichkeit einer Entlastung des Gedächtnisses wurde für den modernen Menschen zunehmend von Bedeutung, denn mit der Entwicklung technischer Speichergeräte wurde immer offenbarer, dass er dem Vergleich mit der Maschine nicht standhalten konnte, sondern sich insofern als „faulty construction" erwies, als „daß, was Kraft, Tempo, Präzision betrifft, der Mensch seinen Apparaten unterlegen ist; daß auch seine Denkleistungen, verglichen mit denen seiner ‚computing machines' schlecht abschneiden"[201]. Die Unterlegenheit des Menschen gegenüber Maschinen zeigt sich nicht erst seit der Entwicklung von Computern, sondern zeichnet sich in Ansätzen bereits beim Parlographen ab.

Nachdem durch die Bereitstellung von frei zugänglichen Parlographen eine Installierung eines Speichermediums erfolgt war, mussten die gespeicherten Daten auch wieder abrufbar werden: Ein technisches Kollektivgedächtnis ist nur dann sinnvoll, wenn eine Verfügbarkeit der Daten gewährleistet ist. Neben der Popularisierung von Speichermedien schlug Kafka Felice daher vor, auch die Transformation der gespeicherten Worte in Druckschrift der Allgemeinheit zugänglich zu machen:

> Es wird ein Schreibmaschinenbureau eingerichtet, in welchem alles, was in Lindströms Parlographen diktiert ist, zum Selbstkostenpreis, oder anfangs zur Einführung vielleicht etwas unter dem Selbstkostenpreis, in Schreibmaschinenschrift übertragen wird. Das Ganze kann dadurch vielleicht noch billiger gemacht werden, daß man sich mit einer Schreibmaschinenfabrik zu diesem Zweck in Verbindung setzt, welche gewiß aus Reklame- und Konkurrenzgründen günstige Bedingungen stellen wird. (F, S. 265)

---

[200] In seinem zweiten Brief an Felice erläuterte Kafka ihr seine Schwierigkeiten, Gedanken in geschriebene Worte zu fassen: „Mein Gedächtnis ist ja sehr schlecht, aber selbst das beste Gedächtnis könnte mir nicht zum genauen Niederschreiben eines auch nur kleinen vorher ausgedachten und bloß gemerkten Abschnittes helfen, denn innerhalb jedes Satzes gibt es Übergänge, die vor der Niederschrift in Schwebe bleiben müssen." (F, S. 45) Der Versuch, Gedanken schriftlich niederzulegen, verfälscht den Einfall durch die Notwendigkeit, Formulierungen zu finden. Durch den Parlographen könnte der Gedanke unmittelbar ausgesprochen werden, ohne dass eine Reflexion über die Art und Weise der stilistischen Mitteilung den Gedankenfluss unterbrechen würde.
[201] ANDERS, Antiquiertheit des Menschen, S. 32.

Kafka schlug Felice eine Popularisierung technischer Reproduktionsmöglichkeiten vor. Indem die Übertragung der aufgenommenen Gedanken in Schrift in allgemein zugänglichen Schreibbüros erfolgt, wäre der Einsatz von Parlographen nicht mehr nur Büros vorenthalten, die durch angestellte Sekretärinnen eine Verschriftlichung gewährleisten konnten, sondern auch Privatleute könnten von den technischen Medien profitieren.

Den Gedanken der Popularisierung technischer Medien verband Kafka mit ökonomischen Überlegungen. Sein Vorschlag einer Zusammenarbeit der Lindström AG mit Schreibmaschinenfabriken deutet einerseits darauf hin, dass er Felice mehr als eine Vision unterbreitete, indem er Vorschläge zu einer konkreten Finanzierbarkeit und damit Realisierbarkeit machte, und andererseits, dass die Verfügbarkeit der technischen Medien nicht durch einen hohen Preis eingeschränkt wird.

Eine größere Effizienz der Datenverarbeitung hätte der dritte Vorschlag Kafkas bedeutet. Er schlug vor, Parlograph und Schreibbüro in einer Maschine zu vereinen. Damit hätte Leben in Schrift transformiert werden können, ohne dass der Verwandlungsprozess durch die Subjektivität des Schriftstellers beeinträchtigt würde. An die Stelle des menschlichen Schriftstellers tritt die Verbindung aus Parlograph und Schreibmaschine:

> Es wird ein Parlograph erfunden (kommandier, Liebste, die Werkmeister!), der das Diktat erst nach Einwurf einer Geldmünze aufnimmt. Solche Parlographen werden nun überall aufgestellt, wo gegenwärtig Automaten, Mutoscope und dgl. stehn. Auf jedem solchen Parlographen wird wie auf den Postkästen die Stunde verzeichnet sein, zu welcher das Diktierte, in Schreibmaschinenschrift übertragen, der Post übergeben werden wird. Ich sehe schon die kleinen Automobile der Lindström A.-G., mit welchen die benutzen Walzen dieser Parlographen eingesammelt und frische Walzen gebracht werden. (F, S. 265)

Indem der Austausch der Walzen und damit der Datentransport durch die Lindström AG besorgt werden sollte, betraute Kafka sie theoretisch mit der Aufgabe der Post. Kafka intendierte eine Reform des traditionellen Briefwesens, denn nicht allein die Datenspeicherung, sondern auch der Transport der Informationen war ihm ein Anliegen. Er erwog eine Zusammenarbeit mit dem „Reichspostamt" mit der Absicht, „auf allen größern Postämtern" Parlographen aufzustellen. (Vgl. F, S. 265)

Kafkas Vision einer kommunikationstechnischen Vernetzung der Welt hätte mit der Briefkultur eine Veränderung des Kommunikationsmodus bewirkt: Aus dem Austausch von Briefen zwischen Einzelpersonen wäre ein „Tagebuchführen einer Nation" (KKA 9, S. 243) geworden. Die unmittelbar durch den Parlographen erfassten Gedanken hätten, da die Notwendigkeit eines mühsamen Formulierens und die Absicht, sich mitzuteilen, entfallen, den Charakter einer intimen Aufzeichnung wie in einem Tagebuch. Durch die Reproduzierbarkeit der Gedanken wären sie allgemein zugänglich und könnten Teil eines Kollektivgedächtnisses einer Nation sein.

Durch die Publizität von intimen Gedanken würde ein unmittelbarer Kontakt überflüssig. Die Reform der konventionellen Kommunikationsmodi bildet das Ziel von Kafkas Entwurf einer vernetzten Welt. Dass eine direkte Kommunikation durch die Vernetzung von Maschinen obsolet werden sollte, zeigt seine letzte Vision:

> Es wird eine Verbindung zwischen dem Telephon und dem Parlographen erfunden, was doch wirklich nicht so schwer sein kann. Gewiß meldest Du mir schon übermorgen, daß es gelungen ist. Das hätte natürlich ungeheure Bedeutung für Redaktionen, Korrespondenzbureaus u.s.w.. Schwerer, aber wohl auch möglich, wäre eine Verbindung zwischen Grammophon und Telephon. Schwerer deshalb, weil man ja das Grammophon überhaupt nicht versteht, und ein Parlograph nicht um deutliche Aussprache bitten kann. Eine Verbindung zwischen Grammoph. und Telephon hätte ja auch keine so große allgemeine Bedeutung, nur für Leute, die, wie ich, vor dem Telephon Angst haben, wäre es eine Erleichterung. Allerdings haben Leute wie ich auch vor dem Grammophon Angst, und es ist ihnen überhaupt nicht zu helfen. Übrigens ist die Vorstellung ganz hübsch, daß in Berlin ein Parlograph zum Telephon geht und in Prag ein Grammophon, und diese zwei eine kleine Unterhaltung miteinander führen. Aber Liebste, die Verbindung zwischen Parlograph und Telephon muß unbedingt erfunden werden. (F, S. 266)

In dieser letzten Vision werden die Menschen von Maschinen ersetzt: deren „Unterhaltung" wäre kein Dialog mehr, sondern ein unablässiges Monologisieren. Ein Grammophon mit einem Parlographen über das Telefon zu verbinden, bedeutet, ein Wiedergabegerät mit einem Aufnahmegerät zu vernetzen. Wenn Kafka Felice als Parlographen erträumt, gibt er die Funktion preis, die sie für ihn in ihrer Korrespondenz innehatte: Sie sollte Daten speichern, während Kafka, sich selbst zum Grammophon stilisierend, wiederum nur etwas Gespeichertes abspielt. Es kann nur gemutmaßt werden, ob das Prager Grammophon das wiedergegeben hat, was vom Berliner Parlographen aufgenommen wurde, aber es ist sehr wahrscheinlich, da die Zuweisung der Geräte den vampiristischen Charakter der Korrespondenz widerspiegelt.

Die intendierte zunehmende Entmenschlichung und die angestrebte Transformation des Menschen zur Maschine, die sich in Kafkas letzter Vision andeutet, verweisen auf das Ziel seines Experiments: die Ersetzung des natürlichen Körpers durch einen Schriftkörper, an dem keine subjektiven Spuren die Persönlichkeit des Schriftstellers verraten dürfen. Um einen tarnenden Schriftkörper erschaffen zu können, muss der Schriftsteller zur Schreibmaschine werden.

> Anders gesprochen: um im historischen Moment der Erfindung von Bild- und Tonaufzeichnungsgeräten als *Realienspeicher* noch konkurrieren zu können, muß der Schriftsteller Kafka seinen Körper vollkommen entsinnlichen und alle Fähigkeiten auf Sinnes*wahr*nehmungen konzentrieren, auf Bewegungen wie Geräusche außerhalb seiner [...], um nicht womöglich Zeug zu produzieren, das vielleicht ‚menschlich' aussähe und anrührend,

aber hinter technischen Realitätsaufzeichnungen lächerlich zurückbliebe […].²⁰²

Alles Menschliche ist in der modernen Welt der Gefahr der Vereinnahmung und damit der Zerstörung ausgesetzt. Um sich zu schützen, bedurfte es Kafkas Ansicht nach einer perfekten Tarnung, wie sie nur durch die Ersetzung des Körpers durch ein künstliches Interaktionsmedium möglich war. Durch seine Vorschläge zur medialen Vernetzung der Welt wollte Kafka seine Selbstbehauptungsstrategie allgemein zugänglich machen.

4. Medialität als Schutzraum

Der Geschäftssinn, den Kafka entwickelt, um Felice von seiner Vision zu überzeugen, ist erstaunlich, da gerade die technischen Medien zur Kommerzialisierung und Popularisierung der Gesellschaft geführt hatten. Unter den Folgen des Zerfalls einer bürgerlichen Öffentlichkeit und der zunehmenden Beschleunigung des Lebens litt Kafka. Aus welchem Grund also setzte er sich derart vehement dafür ein, eine Medialisierung des Lebens voranzutreiben? Eine mögliche Antwort gibt eine Aufzeichnung, in der Kafka den seiner Ansicht nach einzig gangbaren Weg aus dem Dilemma der menschlichen Existenz aufzeigt:

> Zerstören dieser Welt, wäre nur dann die Aufgabe, wenn sie erstens böse wäre d. h. widersprechend unserem Sinn und zweitens, wenn wir imstande wären sie zu zerstören. Zerstören können wir diese Welt nicht, denn wir haben sie nicht als etwas Selbstständiges aufgebaut, sondern haben uns in sie verirrt, noch mehr: diese Welt ist unsere Verirrung, als solche ist sie aber selbst ein Unzerstörbares, oder vielmehr etwas das nur durch seine Zu-ende-führung, nicht durch Verzicht zerstört werden kann. (KKA 6, S. 203f.)

Was Kafka mit „dieser Welt" genau meint, bleibt offen. Es wäre denkbar, dass er mit der „Verirrung" der Welt die moderne Lebenswirklichkeit im Sinn hatte, die nicht durch einen revolutionären Akt zu verändern ist, sondern nur durch eine konsequente Fortsetzung der Verirrung. Die durch das Aufkommen von Massenmedien entstandene Krise des modernen Subjekts kann nicht durch ein Aufbegehren überwunden werden, sondern nur durch eine Anpassung des Menschen an die veränderten Lebensbedingungen. Statt unter der Selbstentfremdung zu leiden, die aus der Transformation der bürgerlichen Öffentlichkeit in den modernen Verwaltungsstaat resultierte, sollte sich der Einzelne der Ursache der Selbstentfremdung bedienen und sie zum Selbstschutz umfunktionieren: die bedrückende Anonymität des Verwaltungsstaates in einen Schutzraum umbauen.²⁰³

---

[202] THEWELEIT, Buch der Könige, S. 1002f.
[203] Die bisherigen Ausführungen lassen das Abschlusskapitel vom *Verschollenen* möglicherweise in einem neuen Licht erscheinen. Karl Roßmanns Aufnahme ins „große Teater in Oklahoma" (KKA 2, S. 295) markiert zwar das Scheitern einer Identitätssuche, wie sie der moderne Bildungsroman in der Folge von Goethes *Wilhelm Meister* beschreibt, aber trotzdem kann Roßmanns Aufnahme als Neubeginn gelesen werden. Dieser Neubeginn steht nicht mehr im

Dass Kafka nicht (nur) unter der Anonymität litt, die aus der Technisierung und Beschleunigung der Lebenswelt resultierte, belegt eine Aufzeichnung über die Pariser Metro aus seinem Reisetagebuch von 1912. Ihn faszinierte die Tatsache, dass er sich nicht bedrängt fühlte, auch wenn er sich unter der Erde befand. Er genoss es vielmehr, „nicht weit von den Menschen sondern eine städtische Einrichtung, wie z. B. das Wasser in den Leitungen" zu sein: In der Nähe der Menschen, aber nicht den Anstrengungen des Lebens oberhalb der Metro ausgesetzt, schätzte es Kafka, dass er wie Ware transportiert wurde, ohne selbst aktiv werden zu müssen. Für den reibungslosen Verkehr war keine Kommunikation notwendig, denn „Telephon und Läutewerk dirigieren den Betrieb" (KKA 12, S. 72), und auch der Fahrgast ist nicht zum Reden gezwungen. In dieser Anonymität des Verkehrs sah Kafka den größten Vorteil der Metro:

> Ausschaltung der Sprache aus dem Verkehr, da man weder beim Zahlen, noch beim Ein- u. Aussteigen zu reden hat. Die Metro ist wegen ihrer leichten Verständlichkeit für einen erwartungsvollen und schwächlichen Fremden, die beste Gelegenheit, sich den Glauben zu verschaffen, richtig und rasch im ersten Anlauf in das Wesen von Paris eingedrungen zu sein. (KKA 12, S. 73)

Die Anonymität, die aus der Rationalisierung des Verkehrs resultierte, vermag für Kafka denjenigen das Leben zu erleichtern, die Schwierigkeiten haben, sich durch Fragen und Wegsuche zu behaupten. Die unbestechliche Logik der Maschinen, die an die Stelle der schwer durchschaubaren gesellschaftlichen Konventionen getreten sind, bietet einerseits den Schutzraum der Anonymität und andererseits erleichtert sie eine ‚soziale' Interaktion.

Warum aber glaubte Kafka, dass der Mensch, wenn er leben wollte, künftig nur noch durch mediale Stellvertreter agieren werde? Sicherlich war es keine unreflektierte Technikbegeisterung, die ihn eine neue, eine mediale Lebensform entwerfen ließ, sondern vielmehr seine Erkenntnis, dass sich durch eine medial generierte Gemeinschaft gleichsam ein virtueller Spielraum eröffnete, der es erlaubt, am Leben teilzunehmen, ohne die Last der Verantwortung tragen zu müs-

---

Zeichen moderner Identitätsbildung, sondern im Zeichen des postmodernen „fraktalen Subjekts". „Aufgenommen wird Karl als ‚Negro, ein europäischer Mittelschüler mit technischen Kenntnissen', und genau diese Rolle soll er auch im Theater einnehmen. Das bedeutet, die Darsteller des Theaters stellen dort genau das dar, was sie im ‚richtigen Leben' auch gewesen sind, nur daß sie es jetzt unter dem Attribut des Simulakrums tun." (SCHÄRF, Kafka, S. 77) Auch wenn Christian Schärf der Ansicht ist, dass Kafka die „Auflösung des Subjekts, durch die das 20. Jahrhundert im Übergang von der Moderne zur Nachmoderne charakterisiert" ist, als Schreckensvision beschrieben hat (Vgl. SCHÄRF, Kafka, S. 78), ermöglichen die Überarbeitung der *Beschreibung eines Kampfes* und die Umformulierung der „Seekrankheit auf festem Lande" eine dem widersprechende Lesart. Aus der in der ersten Fassung der *Beschreibung* beklagten Liquidierung des Subjekts wird in der zweiten Fassung eine Bejahung. Für das Frühwerk Kafkas kann demnach angenommen werden, dass nicht die Klage über einen Identitätsverlust, sondern der Wunsch nach einer Überwindung der als Einengung angesehenen Identität des modernen Subjekts thematisiert wird.

sen. Kafka erkannte, dass die Kommunikationsmedien einen Schutzraum der Anonymität begründeten, in dem eine distanzierte Teilnahme am Leben möglich war.

> Wenn zuletzt [die] Fähigkeit des Sichentziehens abhanden gekommen ist, greift Kafka zurück auf eine mimetische Identifizierung mit genau dem Räderwerk, das ihn bedroht: indem er einfach, um der Macht zu entgehen, sich selber verdinglicht. [...] Die bürokratische Unpersönlichkeit, das große Vermächtnis der Habsburger Kultur, liefert Kafka den Stil und die Substanz für diesen Widerstand. Wie der arme Spielmann oder der treue Diener seines Herrn bei Franz Grillparzer, so verschanzt sich auch Kafka in der Anonymität, um seine Individualität zu verteidigen und zu verstecken; er wählt das Dienen, um sich zu tarnen und um zu überleben.[204]

Für das Gelingen der Tarnung war die Erschaffung eines Ersatzkörpers, der stellvertretend interagieren sollte, notwendig, denn nur auf diese Weise konnte die Aufrechterhaltung der schützenden Distanz gewährleistet werden. Durch die medial vermittelte Weltrezeption verliert sich das Gefühl der unmittelbaren Betroffenheit, so dass aus dem Leben ein Schauspiel wird. Aus dem virtuellen Spielraum sollte die Natürlichkeit der physischen Existenz gebannt sein, um den Genuss der teilnahmslosen Betrachtung nicht zu stören.

Für den Entwurf einer medialen Lebensform erschienen Kafka daher nicht alle Kommunikationsmedien gleichermaßen geeignet. Seine Abneigung gegen das Telefon resultierte aus der Unmittelbarkeit des Gesprächs. Die Abstraktion vom Leben ist durch das Telefon nur bedingt möglich, weil durch die Stimme des anderen seine physische Realität nicht ignoriert werden kann. Außerdem erfordert ein Telefonat eine ähnliche Konzentration wie ein direktes Gespräch. Es erlaubt keine Selbstvergessenheit. Daher hegte Kafka, wie gegen das direkte mündliche Gespräch, auch gegen das Telefon lange Zeit eine große Abneigung. Als Grund hierfür gibt er an, dass er „vor dem Apparat immer geradezu alles vergesse". (Vgl. Br, S. 113) In einem Telefonat musste er auf eine Anrede schnell reagieren. Die unmittelbare Betroffenheit ließ ihn verstummen. Er bekennt, dass er „schon beim gewöhnlichen Telephonieren mangels jeglicher Schlagfertigkeit nichts sagen und vor lauter Nachdenken über diese Unfähigkeit auch kaum etwas verstehen kann, (es ist bei mündlicher Unterhaltung nicht viel anders)" (F, S. 541).

Nicht nur die Geschwindigkeit, auch die fehlende Möglichkeit, sich zu verbergen, empfand Kafka als störend. Wie das direkte mündliche Gespräch ist das Telefonat zeit- und raumgebunden und ermöglicht daher kein mediales Distanzieren. Die Enthebung des Gegenstandes aus seiner Geschichte, und damit seiner Individualität, aber war von entscheidender Bedeutung für Kafkas Lebenskonzept. Anschaulich wird die Denaturierung des Gegenstandes im Medium des Fotos. Die fotografische Abbildung reduziert den Körper zur Zweidimensionalität und destruiert auf diese Weise Wirklichkeitsbezüge, indem der Gegenstand

---

[204] MAGRIS, Aufbauende Zerstörung, S. 29.

aus seiner zeitlichen Progression herausgelöst und im Augenblick gebannt wird. Der abgebildete Körper verliert die Bedrohlichkeit, die er in der physischen Präsenz ausüben kann. Der in der Bewegung erstarrte Körper überfordert den Betrachter nicht damit, dass er ihm immer wieder anders und damit neu vorkommt, „denn da alle Gegenstände in immer wechselnder Zeit und Beleuchtung stehn und wir Zuschauer nicht anders, so müssen wir ihnen immer an einem andern Orte begegnen." (KKA 5, S. 11) Diese unablässige Veränderung der Perspektive stand für Kafka im Widerspruch zur Möglichkeit, Anschauungen unter einen Begriff zu subsumieren. Das schon in der *Beschreibung eines Kampfes* reflektierte Problem einer unüberwindlichen Trennung zwischen Anschauung und Begriff, also des Scheiterns einer ästhetischen Apperzeption, empfand Kafka als Hindernis in der Interaktion. Die Hoffnungslosigkeit des Unternehmens, Empirie in Vorstellungen zu transformieren, beschreibt er als Ermüdung. Das Ermüden aber bedeutet ein Abbrechen der Beziehung.

Um dieser Gefahr zu entgehen, erprobte Kafka mit Felice eine Fernbeziehung, in der an die Stelle der persönlichen Begegnung der Austausch von Briefen, aber auch Bildern tritt. Das Foto ist ähnlich wie der Begriff eine Abstraktion; die Subsumtion, die Kafka in der unmittelbaren Begegnung mit Felice nicht zu leisten imstande war, wurde ihm durch die Abbildung abgenommen. Erst die solchermaßen zur Vorstellung abstrahierte Felice konnte ihm als Material für seine Einbildungskraft dienen. Kafka präferierte den Austausch von Fotos gegenüber einer persönlichen Begegnung, weil er sich eine „Bannung des Körpers" durch zwischengeschaltete Medien"[205] erhoffte.

Erst nach der Destruktion eines Wirklichkeitsbezugs konnte Kafka das Leben genießen. Wie aus einem Brief an Felice hervorgeht, in dem er ihr über seinen Lektüreeindruck eines „alten Jahrgangs der Gartenlaube aus dem Jahre 1863" berichtet, war Kafka von der Übersichtlichkeit fasziniert, in dem sich das Leben durch Fotos präsentiert. Insbesondere die „wegen der kostspieligen Reproduktion seltenen […] Bilder" hat er sich mit Interesse angesehen „und nur hie und da etwas besonders Interessantes gelesen" (F, S. 253). Im Bild wird die Zeit zum Anschauungsmaterial. Auf diese Weise eröffnen Bilder die Möglichkeit der Interpretation durch den Betrachter in besonders großem Maße: „Je größer der Abstand zur bildgewordenen Wirklichkeit, desto kleiner die Widerstände, sie mit den Phantasmen eigener Wünsche zu umgeben."[206]

Kafka genoss, „menschliche Verhältnisse und Denkweise in fertiger, aber noch ganz und gar verständlicher […] Fassung zu erfahren, trotzdem aber nicht mehr imstande zu sein, sie von unten her gefühlsmäßig im Einzelnen zu erleben, also vor die Notwendigkeit gestellt sein, mit ihnen nach Belieben und Laune zu spielen". Das den Wirklichkeitsbezügen enthobene Foto erlaubt es, mit dem abgebildeten Leben „nach Belieben und Laune zu spielen". Die zweidimensionale Reproduktion der Welt wird nicht mehr als Bedrängnis empfunden, sondern er-

---

[205] WOLFRADT, Der Roman bin ich, S. 98.
[206] NEUMANN, Phänomenologie des Photographischen, S. 675.

laubt den Genuss des assoziativen Spiels. Kafka gesteht: „Dieser widerspruchsvolle Genuß ist für mich ungeheuer." (F, S. 253)

Da Kafka das Bild dem Abgebildeten vorzog, sollten in der Beziehung mit Felice nicht reale Personen, sondern Stellvertreter in Beziehung miteinander treten. Der Austausch von Fotos diente nicht dazu, die Trennung erträglicher zu machen, sie waren kein minderwertiger Ersatz für eine persönliche Begegnung: Fotos sollten an die Stelle der wirklichen Person treten. Kafka versuchte Felice von der Ersetzung des Körpers durch das Bild zu überzeugen: „Und bedenke, das Bild ist schließlich noch erträglich, aber bis dann der Mensch selbst vortritt. – Am Ende laufst Du dann vor ihm davon." (F, S. 159) Ein anderes Mal schreibt er von einem Traum, in dem Felice blind gewesen ist. Diese Tatsache erschreckte ihn nicht, sondern ihn beruhigte der Gedanke, dass sein „Aussehn und äußerliches Benehmen" ihren Eindruck von ihm nicht beeinflussen können. (Vgl. F, S. 167)

Die Blindheit des Gegenübers, ob wie im Traum als physische Behinderung oder ob künstlich durch die Unterbindung eines Treffens, ist notwendig, damit die Wirklichkeit nicht in das Spiel der Phantasie einbricht. Kafka zog den Austausch von Bildern einem persönlichen Treffen vor, weil sich in der Distanz seine Unsicherheit in ein Überlegenheitsgefühl umkehrte. Dieses Überlegenheitsgefühl bedurfte der Destruktion von Wirklichkeitsbezügen, denn „wie mächtig ist man gegenüber Bildern und wie ohnmächtig in Wirklichkeit!" (F, S. 164)

Der auf ein Abbild reduzierte Körper ist ein denaturiertes Zeichen und kann dem Betrachter daher nicht gefährlich werden. Der Unterschied zwischen einer unmittelbaren Begegnung und dem Betrachten von Fotos bestand für Kafka in seiner Ohnmacht, die eintrat, sobald er der Vitalität der realen Felice unmittelbar ausgesetzt war. Nach einer der seltenen Begegnungen schrieb er ihr:

> Ich habe Dich zu lange in Wirklichkeit gesehn [...], als daß mir Photographien jetzt etwas nützen könnten. Ich will sie nicht ansehn. Auf den Photographien bist du glatt und ins Allgemeine gerückt, ich aber habe Dir in das wirkliche, menschliche, notwendig fehlerhafte Gesicht gesehn und mich darin verloren. Wie könnte ich wieder herauskommen und mich in bloßen Photographien zurechtfinden! (F, S. 348)

In der zweidimensionalen Abbildung verliert Felice ihre individuelle Ausstrahlung, weil diese entscheidend durch Mimik, Gestik und Stimme bestimmt wird. Die „ins Allgemeine gerückte" Felice kann nicht gefährlich werden, denn der Blick muss keinen lebendigen Details folgen, sondern bleibt an der Oberfläche. Die lebendige Felice hingegen kann dadurch bedrohlich wirken, dass sie die Aufmerksamkeit Kafkas derart auf sich zieht, dass er sich in ihrem Anblick verliert. Unabhängig davon, ob sie ihn erotisch fesselte oder nur sein Interesse weckte, konnte er sich der Wirkung einer sinnlichen Affizierung nicht erwehren und war ihr hilflos ausgeliefert.

Seine Selbstherrschung konnte er nur Felices Foto gegenüber aufrechterhalten, und zwar deshalb, weil durch das mediale Distanzieren die Machtverhältnisse umgekehrt werden können. Das Gefühl der Bedrängnis des direkten Kontakts wird durch die Vermittlung in ein Überlegenheitsgefühl verwandelt. Während er sich vor der wirklichen Begegnung scheute, genoss Kafka den Anblick von Fotografien Felices, „denn dieses kleine Mädchen existiert nicht mehr und die Photographie ist diesmal alles" (F, S. 141).

Die Reanimation erfolgt durch den Blick des Betrachters. Er füllt das Bild spielerisch wieder mit Leben. Durch seine Interpretation erschafft er sich eine neue Figur: die virtuelle Felice, von der er sich nicht bedrängt fühlen musste, sondern die sich nach seinem Willen immer wieder neu gestalten ließ, zwar aus dem Material der wirklichen Frau, aber von ihm neu zusammengesetzt:

> Die Photographien werden gleichsam als Fenster gebraucht, sie generieren im konjunktivisch markierten Raum der Imagination eine unangreifbare Situation [...]. Es wird eine Wirklichkeit entworfen, die vom Bild ausgeht, aber hinter dessen Materialität ausgreift; der imaginierende Blick überwindet das Bild, die mediale Vorgabe figuriert als poetologischer Grund.[207]

Kafka erläuterte Grete Bloch, einer Freundin Felices, die Faszination der Neuschöpfung aus dem Material des ursprünglichen Gegenstandes, nachdem sie ihm ein Foto zugesandt hat: „Ich merkte, ich hatte Ihr [d. i. Grete Blochs] Gesicht ganz vergessen; seit jener Zeit hat es sich in meiner Erinnerung ganz aufgelöst und was sich allmählich im Laufe der Zeit zu einem neuen Menschenbild zusammensetzte, war ein Mensch, an dem mir so viel lag, daß ich glaubte, an seinem Gesicht könne mir gar nichts liegen." (F, S. 569f.)

Das Verfahren der Neugestaltung und Reanimation des Gegenübers durch den Blick des Interpreten wand Kafka auch bei Felice an, mit der Folge, dass er, statt mit der realen Frau, lieber mit der virtuellen sein Leben teilte. Nicht Felice, sondern die von ihm Geschaffene „weiß alles" (F, S. 211). Eine wirkliche Begegnung lehnte er ab. Er benötigte sie auch gar nicht. Felices zweidimensionales Abbild genügt ihm vollends, denn er schreibt ihr: „Und mit Deinem Bild im Bett, was war das für ein guter Aufenthalt." (F, S. 182) Das Bild als realer Grund seiner Imagination war ausreichend, um einen Halt zu gewährleisten, denn es bildete nur eine formale Beziehung zu Felice als „Repräsentant" der Welt, und zwar ohne ihn der Gefahr des Selbstverlustes auszusetzen.

5. Exkurs: Entwurf einer medialen Gemeinschaft

Kafkas Korrespondenz mit Felice sollte den Entwurf der medialen Lebensform auf seine Alltagstauglichkeit hin prüfen. Dies war nötig, weil er von einem größeren Projekt träumte: einer durch Medien gestifteten Gemeinschaft. Kafka erlebte schmerzlich den Zerfall traditioneller Gemeinschaften: Er besaß weder eine religiöse noch eine familiäre, noch eine nationale Heimat. Aufgewachsen als assimilierter Westjude, beklagte er das „Nichts von Judentum" (KKA 7, S. 42), welches ihm sein Vater vermittelt hatte.

---

[207] Ebd.

Dass sich Kafka in seiner Familie nicht heimisch fühlte und dass er, außer zu seiner Schwester Ottla, zu keinem Mitglied eine emotionale Verbundenheit fühlte, hat er in seinen Briefen und Tagebüchern mehrmals artikuliert: „Ich lebe in meiner Familie, unter den besten, liebevollsten Menschen, fremder als ein Fremder." (F, S. 457) Unter anderem notierte er eine Auseinandersetzung mit seiner Mutter, die sein Fremdheitsgefühl innerhalb der Familie verdeutlicht: „'Also keiner versteht Dich', sagte die Mutter ‚ich bin Dir wahrscheinlich auch fremd, und der Vater auch. Wir alle wollen also nur Dein Schlechtes.'" Woraufhin er geantwortet habe: „‚Gewiß Ihr seid mir alle fremd, nur die Blutnähe besteht, aber sie äußert sich nicht. Mein Schlechtes wollt Ihr gewiß nicht.'" (KKA 10, S. 190) Inwieweit das beschriebene Fremdheitsgefühl der Realität entsprach, muss offen bleiben. Allein die Tatsache, dass er sich verbal von seiner Verwandtschaft distanzierte, ist festzuhalten.

Als deutschsprachiger Jude in Prag nahm Kafka eine besondere Stellung ein: Er gehörte weder zur deutschen Minderheit noch zur tschechischen Bevölkerung, sondern er trug „tausendjähriges Erbe und Schicksal eines Volkes, das zwischen den Völkern zu leben gewohnt war"[208]. Kafka erlebte die Krisenhaftigkeit der vorletzten Jahrhundertwende hautnah:

> Als europäischer, aber auch als österreichischer Dichter stand Kafka inmitten einer kulturellen Umgebung, die sich in bedrängender Weise mit dem großen Thema des Ich-Zerfalls und der Auflösung des traditionellen Zeitbegriffs konfrontiert sah. […] Als ein auf die Erinnerung angewiesener und ausgerichteter Jude, der sich Tag für Tag die Vergangenheit einer nicht mehr einholbaren und entschlüsselbaren Geschichte zurückerobern muß, wird er […] später seine schmerzliche Erfahrung, Jude ohne Geschichte zu sein, transformieren in die Angst des modernen Menschen ohne Geschichte und ohne Tradition schlechthin.[209]

Die Heimatlosigkeit führte zu einer existentiellen Verunsicherung, die Kafka als Lähmung erlebte. Um ihr zu entgehen, musste er einen Ausweg, eine Orientierung finden. Er suchte jedoch nicht nur eine Lösung für sich selbst. Sein Selbstversuch diente möglicherweise einem größeren Projekt: Kafka entwickelte vor dem Hintergrund seines Entwurfs einer medialen Lebensform eine Gesellschaftsutopie.

Ende 1911 entwarf Kafka das Konzept einer Gemeinschaft, die nicht durch Blutsbande, nicht durch Religion und nicht durch Territorialität gestiftet ist, sondern durch Literatur. Kafkas *Schema zur Charakteristik kleiner Literaturen* (KKA 9, S. 253) ist mehr als poetologisches denn als politisches Programm gedacht, nämlich als Entwurf eines „Literaturstaates"[210]. Durch eine Literatur, die wie das „Tagebuchführen einer Nation" konzipiert ist, soll eine Gemeinschaft gestiftet werden, in der die Trennung zwischen privater und öffentlicher Sphäre

---

[208] BERGMANN, Schulzeit, S. 13.
[209] BAIONI, Literatur und Judentum, S. 40.
[210] ROTHER, Literarische Erfindungen, S. 113.

aufgehoben ist, denn „ihr enger Raum bewirkt, daß sich jede individuelle Angelegenheit unmittelbar mit der Politik verknüpft"[211].

Literatur entfaltet ihre identitätsstiftende Wirkung dadurch, „daß sie sich an den politischen Schlagworten festhält" (KKA 9, S. 250). Eine identitätsstiftende Wirkung geht von der Literatur aus, wenn sie „weniger eine Angelegenheit der Litteraturgeschichte als Angelegenheit des Volkes" ist. Da die Literatur nicht als Kulturgut archiviert werden, sondern im lebendigen Gedächtnis des Volkes bewahrt werden soll, „ist sie wenn auch nicht so rein so doch sicher aufgehoben" (KKA 9, S. 245).

Ob Kafka mit dem *Schema zur Charakteristik kleiner Litteraturen* ein „Programm im Gegenzug gegen die Anonymisierung der literarischen Öffentlichkeit, die sich, ausgehend vom Frankreich des frühen 19. Jahrhunderts, mit dem Auftreten eines Massenlesepublikums und eines ihm angepaßten profitabhängigen Publikationswesens über ganz Europa ausgebreitet hat"[212], entworfen hat, ist überaus fraglich, nicht nur angesichts von Kafkas Vision einer vernetzten Welt, in der ökonomische Gesichtspunkte bedacht werden. Sein *Schema zur Charakteristik kleiner Litteraturen* ist nicht reaktionär: Gerade in den neuen Publikationsformen sah er eine Chance, eine neue Gesellschaftsform zu finden.

Sebastian Neumeisters Lesart sieht in Kafkas Entwurf eines „Literaturstaats" den Versuch einer Reanimation der „bürgerlichen Öffentlichkeit". Dem widerspricht, dass Kafka kein exklusives Publikum und auch keinen hohen Standard der Literatur intendierte. Stattdessen sollte das gesamte Volk in das literarische Gespräch eingebunden werden, und zwar dadurch, dass die Literatur eben niemand durch ihre Genialität ausschließt. Auf diese Weise sollte „das Entstehen eines lebhaften und deshalb selbstbewußten Buchhandels" befördert und die „Gier nach Büchern" befriedigt werden. (Vgl. KKA 9, S. 243) Die Diskussion über Literatur soll nicht einer kleinen Gruppe vorbehalten sein, sondern das Gespräch zwischen den verstreuten Mitgliedern der Nation initiieren.

> Was der einzelne Schriftsteller schreibt, konstituiert bereits ein gemeinsames Handeln, und was er sagt oder tut, ist bereits politisch, auch wenn die anderen ihm nicht zustimmen. Das Politische hat jede Aussage angesteckt. Vor allem jedoch ist es die Literatur als ganze […], der die Rolle und Aufgabe einer kollektiven, ja revolutionären Aussage zufällt: Die Literatur produziert aktive Solidarität, trotz ihres Skeptizismus […].[213]

Erst die Vereinigung des sich „im äußern Leben oft untätigen und immer sich zersplitternden nationalen Bewußtseins" ermöglicht, dass sich die Gemeinschaft „für sich und gegenüber der feindlichen Umwelt erhält". Ziel dieses Entwurfs einer durch Literatur generierten Gemeinschaft ist „die Einschränkung der Aufmerksamkeit der Nation auf ihren eigenen Kreis", in den die „Aufnahme des Fremden nur in der Spiegelung" (KKA 9, S. 243) erfolgt. Auch wenn Kafka nur

---

[211] DELEUZE / GUATTARI, Kafka, S. 25.
[212] NEUMEISTER, Dandy, S. 73f.
[213] DELEUZE / GUATTARI, Kafka, S. 26.

von einer „kleinen Nation" spricht, ist zu vermuten, dass er mit dieser Nation die Juden ohne eigenes Territorium meinte und mit seinem Entwurf eines „Literaturstaates" auch eine Möglichkeit suchte, ein jüdisches Identitätsbewusstsein zu konstituieren, denn:

> Die größte Gefahr für die Juden in der Diaspora war, daß sie, als zerstreute Gruppen und Minderheiten in anderen Ländern lebend, ihre nationale Identität verlieren konnten. Kafka hielt nun die Literatur für die einzige Kohäsionskraft, die das ‚immer sich zersplitternde Nationalbewußtsein' zusammenhält, da sie genügend nationale Merkmale besitzt, um die Nation ‚gegenüber der feindlichen Umwelt' zu erhalten.[214]

Die wesentliche Funktion der Literatur soll darin bestehen, dass sie eine „Lebhaftigkeit" der Kommunikation im „Literaturstaat" bewirkt: „Denn die Anforderungen, die das Nationalbewußtsein innerhalb eines kleinen Volkes an den Einzelnen stellt, bringt es mit sich, daß jeder immer bereit sein muß den auf ihn entfallenden Teil der Literatur zu kennen, zu tragen, zu verfechten und jedenfalls zu verfechten, wenn er ihn auch nicht kennt und trägt." (KKA 9, S. 245)

Indem der „literarische Streit" die Verbindung zwischen den Menschen herstellt, tritt die Rede über Literatur an die Stelle einer unmittelbaren Kommunikation. Es kann vermutet werden, dass das Ziel nicht ein Streit *über*, sondern *in* Literatur, also eine schriftliche Auseinandersetzung ist. Die Literatur soll gleichsam selbst zur Begegnungsstätte werden: Sie ist nicht in eine private Sphäre jenseits der sozialen Interaktion verbannt, denn sie dient nicht in erster Linie der intimen Lektüre, sondern der Initiierung und Aufrechterhaltung eines „literarische[n] Streit[s]" und damit der Intersubjektivität.

Kafkas Literaturvorstellung, die seinem Gesellschaftskonzept zugrunde liegt, zeichnet sich durch ein besonderes Verhältnis zwischen Realität und Fiktion aus: Literatur ist kein Scheiben über die Wirklichkeit, sie ist keine Fiktion, sondern Schreiben schafft, indem es auf seine Lebendigkeit ankommt, selbst Wirklichkeit. „Das Medium ist *kein neutraler Vermittler*, keine Brille, kein Mikroskop oder Fernrohr, sondern etwas, das selbst Wirklichkeit schafft."[215]

Die Literatur selbst sollte zur neuen öffentlichen Sphäre werden, denn: „Das Medium löst einerseits Örtlichkeit und Zeitlichkeit eines unmittelbar Gegebenen auf, stellt andererseits aber gerade Ort und Zeit für eine Öffentlichkeit her, die sich an einem anderen, medial orientierten Ort versammelt."[216] Der Vorteil der Rede über Literatur besteht darin, dass die persönliche Betroffenheit aus dem Gespräch ausgeschlossen ist und auf diese Weise ein Raum für „die Veredlung und Besprechungsmöglichkeit des Gegensatzes zwischen Vätern und Söhnen" (KKA 9, S. 243) eröffnet wird.

> In den Blick kommt die Dimension einer Sozietät, die das vereinzelte Subjekt bindet und von seiner Existenz als ‚Familientier' erlöst. Mit diesem

---

[214] GLIŠOVIĆ, Politik im Werk Kafkas, S. 51.
[215] WIEGERLING, Medienethik, S. 40.
[216] Ebd., S. 9.

utopischen Entwurf einer Pluralisierung der ‚Eigentümlichkeit' werden die Literaturen in das Leben transformiert, so daß sich das Subjekt als autonomen Ursprung seiner Handlungen begreifen kann. Eingefordert wird die Möglichkeit selbstbestimmter Geschichte, die jenseits der Genealogie ihren Anfang finden muß [...].[217]

Durch die Entschärfung des genealogischen Kampfes soll „die vorübergehende aber nachhaltige Erweckung höheren Strebens unter den Heranwachsenden" erzielt werden. Durch die Austragung des Generationenkonflikts über das Medium der Literatur wird diese „das Bindeglied zwischen Vätern und Söhnen und gewährleistet die Kontinuität des Nationalbewußtseins"[218].

Damit die Literatur ihre Funktion eines Gesprächsinitiators erfüllen kann, darf sie durch ihre Qualität den Leser nicht erdrücken und so zum Verstummen bringen. Die durch die Literatur begründete Gemeinschaft ist nicht hierarchisch gedacht. Zwar wird das „Entstehen der Achtung vor litterarisch tätigen Personen" (KKA 9, S. 243) intendiert, aber die Schriftsteller sollen nicht durch die Genialität ihrer Werke aus dem Kollektiv herausragen. Dadurch soll verhindert werden, dass durch das Werk hervorragender Dichter das Gespräch unterbrochen wird.

Die Ablehnung von herausragenden Dichtern dient einer Absicht: Literarische Werke sollen massentauglich sein und sich nicht an eine exklusive, gebildete Gesellschaft wenden, sondern an das ganze Volk. Den Zusammenhalt eines Volkes kann keine elitäre Literatur konstituieren, sondern nur eine „von keiner Begabung durchbrochene Litteratur zeigt [...] keine Lücken, durch die sich Gleichgültige drücken könnten. Der Anspruch der Litteratur auf Aufmerksamkeit wird dadurch zwingender." (KKA 9, S. 244)

Nicht zufällig steht zwischen Kafkas Überlegungen über das *Schema zur Charakteristik kleiner Litteraturen* die Aufzeichnung: „Goethe hält durch die Macht seiner Werke die Entwicklung der deutschen Sprache wahrscheinlich zurück." (KKA 9, S. 247) Offenbar fürchtete Kafka, dass der literarische Diskurs durch eine ‚klassische Literatur' verstummen könnte. Das Verhältnis zwischen der bisher existierenden Literatur und ihren Rezipienten charakterisiert er als problematisch: „Die alten Schriften bekommen viele Deutungen, die gegenüber dem schwachen Material mit einer Energie vorgehn, die nur gedämpft ist durch die Befürchtung, daß man zu leicht bis zum Ende vordringen könnte sowie durch die Ehrfurcht, über die man sich geeinigt hat." (KKA 9, S. 249) Der literarische Diskurs ist einerseits durch die Gefahr einer ‚Ausdeutbarkeit' und andererseits durch eine Kanonisierung gehemmt. Beides führt dazu, dass das literarische Gespräch latent durch ein Verstummen bedroht ist. Da Kafka gerade dieses Gespräch als Verbindung seines Literaturstaates ansah, sollte die Gefahr eines Abbrechens der Kommunikation durch die Entwicklung des revolutionären Konzepts „kleiner Litteraturen" verhindert werden.

---

[217] PESCH, Genealogie und Geschichte, S. 4.
[218] GLIŠOVIĆ, Politik im Werk Kafkas, S. 53.

Das Revolutionäre seiner Idee liegt insbesondere darin, dass er sich gegen eine ‚geniale Literatur' ausspricht. Im Gegenteil sollte gerade aufgrund „des Mangels bedeutender Talente" die Erfüllung der sozialen Aufgabe der Literatur gewährleistet werden: die Stiftung einer Gemeinschaft durch die Aufrechterhaltung des möglichst viele involvierenden, literarischen Gesprächs: „Die Lebhaftigkeit einer solchen Litteratur ist sogar größer als die einer talentreichen, denn da es hier keine Schriftsteller giebt, vor dessen Begabung wenigstens die Mehrzahl der Zweifler zu schweigen hätte, bekommt der litterarische Streit in größtem Ausmaß eine wirkliche Berechtigung." (KKA 9, S. 244)

Unter talentlosen Schriftstellern versteht Kafka nicht solche, die zum Schreiben nicht fähig sind, denn „völlig Unfähige" sollen von der Literaturproduktion abgehalten werden. (Vgl. KKA 9, S. 244) Talentlosigkeit ist für Kafka offenbar die Fähigkeit, sich selbst als Schriftsteller so weit zurückzunehmen, dass das Werk als Gesprächsinitiator wirkt und nicht mit festgeschriebenem Sinn erdrückt. Um die Forderung nach „Lebhaftigkeit" des Gesprächs erfüllen zu können, sieht Kafka eine „Entlastung" der Literatur vor, die durch „Principienlosigkeit", „kleine Themen" und „leichte Symbolbildung" erfolgen soll. (Vgl. KKA 9, S. 253)

Durch diese Reduktion soll die Literatur die Popularität erlangen, die nötig ist, damit Literatur identitätsstiftend wirkt. Die breite Wirkung eines Werkes resultiert nicht aus der Komplexität seines Inhalts, sondern im Gegenteil kann es nur dann in großem Ausmaß sinnstiftend wirken, wenn es möglichst leer ist, also so „kleine Themen" behandelt, dass der Leser noch ausreichend Raum für seine eigenen Gedanken hat.

Durch das Fehlen eines festgeschriebenen Sinns wird einerseits das Gespräch in Gang gehalten, andererseits der Schriftsteller vor dem Vergessen bewahrt. Durch die Wirkung seines Werkes erfolgt eine Transformation des Autors in Literatur, so dass kein Unterschied mehr zwischen ihm als Person und seinen literarischen Schriften gemacht wird. Diese Ineinssetzung von Mensch und Schrift zeige sich, „wenn damit begonnen wird, verstorbene Schriftsteller litteraturgeschichtlich zu registrieren" (KKA 9, S. 244), und erkannt werde, dass sich das Interesse nicht auf das literarische Werk an sich richtet, sondern auf die Wirkung, die der Autor mit ihm erzielt.

Literatur ist nur Mittel zum Zweck und seine Qualität bemisst sich danach, wie stark ihre Wirkung war, und das heißt: wie viel Wirklichkeit sie zu schaffen vermocht hat. In der Nachwirkung zeigt sich die „schöpferische und beglückende Kraft einer im einzelnen schlechten Litteratur", denn: „Ihre [d. s. die verstorbenen Schriftsteller] unleugbaren damaligen und gegenwärtigen Wirkungen werden etwas so tatsächliches, daß es mit ihren Dichtungen vertauscht werden kann. Man spricht von der letzteren und meint die ersteren, ja man liest sogar die letzteren und sieht bloß die erstern." (KKA 9, S. 244)

Es gibt keine Trennung von Autor und Werk. Nicht literarische Werke, sondern Menschen werden in der Literaturgeschichte registriert. Auf diese Weise wird aus der Literaturgeschichte eine eigentümliche Form der Genealogie eines immerwährenden Augenblicks, denn: „Da sich jene Wirkungen aber nicht vergessen lassen und die Dichtungen selbständig die Erinnerung nicht beeinflussen, gibt es auch kein Vergessen und kein Wiedererinnern. Die Litteraturgeschichte bietet einen unveränderlichen vertrauenswürdigen Block dar, dem der Tagesgeschmack nur wenig schaden kann." (KKA 9, S. 244f.) Die Transformation in Literatur ermöglicht ein Weiterleben in der Diskursivität des literarischen Streites. Das Fehlen eines festgeschriebenen Sinns der Werke verhindert, dass das generierte Gespräch endet.[219]

---

[219] Kafkas literarische Schriften erfüllen, wenigstens teilweise, die Forderungen des *Schemas zur Charakteristik kleiner Litteraturen*. Seine Erzählungen haben zwar nicht für eine kleine Nation einen „Literaturstaat", aber in besonderer Weise eine Rezeptionsgemeinschaft begründet. Christoph Brecht kommt zu dem Schluss: „Kafka [...] hat der Nachwelt mehr als ein literarisches Œuvre hinterlassen, er hat zudem und vor allem *eine Diskursivität begründet.*" (BRECHT, Befremdliche Modernität, S. 38) Durch den beweglichen Sinn seiner literarischen Schriften generierte Kafka eine Tradition, die zugleich keine ist, denn: „*Kafka* ist kein literarischer Klassiker, der Schule machen und Epigonen zeugen konnte. An der Diskursivität, die er begründet hat, kann die Literatur paradoxerweise nur dann teilhaben, wenn sie sich phänotypisch von Kafkas Texten unterscheidet." (BRECHT, Befremdliche Modernität, S. 43) Das Fehlen eines festgeschriebenen Sinns im Werk Kafkas macht seine Erzählungen zu „'Rorschachtests' der Literatur und ihre Deutung sagt mehr über den Charakter ihrer Deuter als über das Wesen ihres Schöpfers" (POLITZER, Der Künstler, S. 43).

V. Versuchsprotokoll: *Ein Bericht für eine Akademie*

1. Die mediale Lebensform als Ausweg?

Der 1917 entstandene *Bericht für eine Akademie* fasst die Konzeption und Umsetzung von Kafkas Lebensentwurf als „Mittel zur Selbsterhaltung" zusammen. Der Bildungsweg des Affen Rotpeter zeichnet alle Stationen der neuen Lebensform nach, die Kafka in seinem Frühwerk entworfen hat: angefangen bei der Erkenntnis der Bedrängnis, über die Suche nach einem Ausweg, zur Entscheidung des Sich-in-die-Luft-Werfens der Selbstvergessenheit, zur Distanzierung des Wesens vom Körper, zum sich durch Nachahmung generierenden Leerkörper, der ein Betrügen ohne Betrug ermöglicht.[220] Während die *Hochzeitsvorbereitun-*

---

[220] *Ein Bericht für eine Akademie* bildet den Abschluss des 1919 erschienenen Erzählbandes *Ein Landarzt*. Nicht nur diese letzte Erzählung problematisiert das Experiment einer Ersetzung des biografischen Körpers durch den Schriftkörper. Durch das häufig verwendete Pferdemotiv können zahlreiche *Landarzt*-Geschichten als Reflexionen über die Kehrseite einer von jeder Zweckhaftigkeit befreiten Lebenshaltung gelesen werden – die Sinnlosigkeit der Freiheit. Dass Kafka das Motiv des Reitens und der Pferde zur Veranschaulichung eines selbstvergessenen dichterischen Produktionsprozesses verwandt hat, wurde bereits gesagt. (Vgl. Fußnote 32 und 118) Die Euphorie, mit der eine solche Befreiung des Denkens im Frühwerk proklamiert wurde, ist nach dem Selbstversuch einer Skepsis gewichen. Mögliche Verbindungen zum Experiment sollen im Folgenden punktuell angedeutet werden.

Den Anfang bildet die Erzählung *Der neue Advokat*, in der die Umkehr von einer teleologischen zu einer zweckfreien Verstandestätigkeit als Folge der Unmöglichkeit einer Orientierung durch das Subsumtionsvermögen beschrieben wird. Dr. Bucephalus, das ehemalige „Streitroß Alexanders von Macedonien", durchstreift nicht mehr unter der Führung eines Eroberers die Welt, denn: „Heute sind die Tore ganz anderswohin und weiter und höher vertragen; niemand zeigt die Richtung; viele halten Schwerter, aber nur, um mit ihnen zu fuchteln; und der Blick, der ihnen folgen will, ist verwirrt." (E, S. 285) Die Verstandestätigkeit, die hier insofern ‚rein' ist, als sie nicht durch einen ‚vernünftigen Reiter' intentional gelenkt wird, ist sinnlos. Ein tätiges Leben ist ohne eine teleologische Führung nicht möglich. Statt Erfahrungen zu machen, muss sich Bucephalus ohne Alexander damit begnügen, die ausbleibenden Abenteuer durch Lektüre zu kompensieren. Er ist zwar frei, aber auch einsam, wenn er keine Geschichte mehr erlebt, sondern erlebte Geschichte liest: „Frei, unbedrückt die Seiten von den Lenden des Reiters, bei stiller Lampe, fern dem Getöse der Alexanderschlacht, liest und wendet er die Blätter unserer alten Bücher." (E, S. 286)

In der folgenden Titelgeschichte des Erzählbandes wird die Hingabe des Menschen an das ‚freie Spiel der Verstandeskräfte' als Ursache für eine soziale Schuld geschildert. Der *Landarzt* kann in enger Verbindung zum biografischen Experiment Kafkas mit Felice Bauer gelesen werden. Sie, die ihm bei der ersten Begegnung „wie ein Dienstmädchen [vorkam]" (KKA 10, S. 79), sollte seine literarische Produktivität beflügeln. Erstaunliche Parallelen zeigen sich zwischen Leben und Literatur: Der Landarzt, ist, um seiner Berufung zu folgen, auf die Hilfe des Dienstmädchens angewiesen, weil er selbst „immer unbeweglicher werdend, [...] zwecklos [dastand]" (E, S. 253). Mit „unirdischen Pferden" (E, S. 259) folgte er seiner Berufung, aber er muss dafür sein Dienstmädchen opfern. Ihre Opferung war nicht nur schändlich, sondern fa-

gen auf dem Lande die Konzeption einer mittelbaren Belieferung der *res cogitans* mit Welt aufzeigt, beschreibt der *Bericht für eine Akademie* die Weltrezeption der zum Leerkörper verwandelten *res cogitans*. Im ästhetischen Zustand verwandelt sich das Erkenntnissubjekt bei Kafka in eine Reproduziermaschine, die das Angeschaute ohne subjektive Verfremdung wiedergibt, hier als „Bericht für eine Akademie".

Mit diesem Bericht legt der Affe Rotpeter eine Beschreibung weder seiner Herkunft noch seiner Entwicklung vor, sondern streng genommen der Entstehung der Kunstfigur des Varietékünstlers Rotpeter. Was sich auf den ersten Blick als Bildungsgeschichte präsentiert, ist in Wahrheit ein Bericht über die Strategie, *keine* Entwicklung durchlaufen zu müssen. Vor einer Entwicklung hat sich Rotpeter buchstäblich gedrückt, denn zur Charakterisierung seines Lebensweges bezieht er sich auf „eine ausgezeichnete deutsche Redensart: sich in die Büsche schlagen" (E, S. 332). Gerhard Neumann sieht durch diese Charakterisierung des Lebensweges eine Verbindung zu Kafkas Odysseus-Text. Rotpeter bediene sich „jener listigen ‚Mittelchen' der Wirklichkeitsbewältigung"[221], die auch Odysseus anwendet, um nicht der Verführung der Welt zu erliegen.

Rotpeter legt keinen Bericht über einen klassischen Bildungsweg vor, wie Andreas Disselnkötter und Claudia Albert mutmaßen. Sie vertreten die Ansicht, dass im *Bericht für eine Akademie* Rotpeters „Selberlebensbeschreibung' als Bildungsroman mit deutlichen Anklängen an den schillerschen Begriffsapparat des Naiven und Sentimentalischen und den Zustand des Erhabenen inszeniert"[222] wird. Durch die Gefangennahme und die daraus resultierende Notwendigkeit, seinen weiteren Lebensweg mitzubestimmen, sei Rotpeters Existenz autonom:

> In der Doppelfunktion des Affen als Varietékünstler und selbstreflexives Subjekt realisiert sich, was Schiller den beiden *Genien* anvertraute, *die uns die Natur zu Begleitern durchs Leben gab*, dem des Schönen und dem des Erhabenen. Ist das Schöne *Ausdruck der Freyheit [...], welche wir innerhalb der Natur als Mensch genießen*, so vermittelt das Erhabene die Erfahrung, dass *der Geist hier handelt, als ob er unter keinen andern als seinen eigenen Gesetzen stünde*.[223]

Zwar hat Rotpeter, wie er selbst anmerkt, die „Durchschnittsbildung eines Europäers erreicht" (E, S. 332), sein Wissensstand ist aber nicht das Ergebnis eines langjährigen Bildungsweges. Er hat sein Wissen buchstäblich im Vorbeilaufen aufgeschnappt: Seine „unerhörte Leistung" besteht darin, in nur wenigen Jahren „die ganze Menschheitsentwicklung durchzugalloppieren" (E, S. 335). Das Wissen, das er als Varietékünstler auf der Bühne oder in Form eines Berichtes vorlegt, ist nicht auf einem klassischen Bildungsweg erlangt worden: Einem solchen

---

taler Weise auch noch überflüssig, denn der Landarzt muss erkennen: „Betrogen! Betrogen! Einmal dem Fehlläuten der Nachtglocke gefolgt – es ist niemals gutzumachen." (E, S. 260)
[221] NEUMANN, ‚Mimesis'-Charakter, S. 167.
[222] DISSELNKÖTTER / ALBERT, Grotesk und erhaben, S. 129.
[223] Ebd., S. 136.

hat sich Rotpeter ausdrücklich entzogen. Hätte er ihn durchlaufen, würde er möglicherweise die „Doppelfunktion" in sich vereinen, die Disselnkötter und Albert in ihm vermuten. Tatsächlich aber wird am Ende seines Berichts offenbar, dass Rotpeter keine Identität entwickelt hat.

Rotpeter entscheidet sich gegen einen klassischen Entwicklungsweg, der sich ihm in Form einer im Tierpark endenden Domestizierung darstellt, weil er den Glauben an die Kultivierung der Natur als Illusion ansieht. Die Grundlage des idealistischen Bildungsbegriffs wird von ihm als Wunschtraum des Menschen verlacht: Der Glaube an den freien Willen, mit dessen Hilfe der Mensch sich aus der Naturnotwendigkeit erheben könne, der er als ‚Bewohner zweier Welten' unterliegt, ist in den Augen Rotpeters eine Selbsttäuschung. Wenn er aber der Ansicht ist, „mit Freiheit betrügt man sich unter Menschen allzuoft" (E, S. 326), muss er den Menschen gänzlich verhaftet sehen in der Determination der Natur. Die Folge dieser Ansicht ist, dass eine Synthetisierung von *res cogitans* und *res extensa* unmöglich erscheinen muss.

Seine Natur erfährt Rotpeter als die verletzliche Seite seiner Existenz. In dieser Existenzerfahrung zeigt sich seine Distanz zum modernen Glauben an eine Vereinbarkeit von Natur und Kultur, denn: „Zur Spätmoderne gehört [...] die Erfahrung des Subjekts, daß das Objekt ihm tückisch entgleitet und die Natur sich verselbständigt."[224] Das Fremdwerden der Natur erfährt er in Form des Erwachens der Sexualität: Die sinnliche Affizierung trifft den Körper und führt zu einer schmerzhaften Betroffenheit. Rotpeters Gefangennahme erfolgt „nach einem frevelhaften Schuß" (E, S. 324). Aus dem paradiesischen Zustand der vorbewussten Existenz als Affe an der Goldküste, „inmitten eines Rudels" (E, S. 323) lebend, wird er durch Schüsse herausgerissen, die zwar unspezifisch auf das ganze Rudel gerichtet waren, aber er „war der einzige, der getroffen wurde". (Vgl. E, S. 323) Von den Schüssen hat er zwei Narben behalten: eine „große ausrasierte Narbe" an der Wange und eine „unterhalb der Hüfte" (E, S. 323f.). Seine Verwundung des Unterleibs kann als Hinweis auf eine sexuelle Affizierung gelesen werden: „Nimmt man von der einen die körperliche Lage und von der anderen das Aussehen, dann ergibt sich eine Anspielung auf das weibliche Genital"[225].

Eine sinnliche Affizierung ist auch in der *Beschreibung eines Kampfes* als Störung empfunden worden, weil sie das Gefühl der Beengung auslöste. Dieses Gefühl wird im *Bericht* durch den Käfig beschrieben, in dem sich Rotpeter befindet, nachdem er wieder zu Bewusstsein kommt und feststellt: „Ich war zum erstenmal in meinem Leben ohne Ausweg; zumindest geradeaus ging es nicht; geradeaus war die Kiste, Brett fest an Brett gefügt." (E, S. 325) Seine physische Bedrängnis entspricht seinem Gefühl einer existentiellen Bedrohung, der er entgehen muss: „Ich hatte keinen Ausweg, mußte ihn mir aber verschaffen, denn ohne ihn konnte ich nicht leben." (E, S. 326) Weder Flucht noch Suizid scheinen

---

[224] ZIMA, Das literarische Subjekt, S. 136.
[225] KILCHER / KREMER, Genealogie der Schrift, S. 56.

ihm eine Lösung zu sein, denn es wären nur „Verzweiflungstaten". (Vgl. E, S. 328)

Den einzig möglichen Weg aus seiner Zwangslage weist ihm seine Intuition, „denn Affen denken mit dem Bauch" (E, S. 326). Als Affe bildet er sich nicht ein, dass er Freiheit erlangen könnte: „Nein, Freiheit wollte ich nicht. Nur einen Ausweg [...]." (E, S. 326) Rotpeter berichtet von seinem Experiment der Transformation seiner Existenz, denn er ahnt, dass ein „Ausweg [...] nicht durch Flucht zu erreichen sei" (E, S. 328). Der „Ausweg", den er für sich findet, besteht im Bruch mit seiner Vergangenheit, in der Selbstnegation: „nun, so hörte ich auf, Affe zu sein." (E, S. 326)

Der *Bericht* zeichnet den Versuch nach, sich der Einengung des Bewusstseins zu entziehen, indem man sich in einen Leerkörper ohne Individualität verwandelt und auf diese Weise von den Anschauungen nicht mehr betroffen ist. Um dem Gefühl der Bedrängnis und der Einengung der Existenz zu entkommen, entschließt sich Rotpeter, wie schon der Erzähler in der *Beschreibung eines Kampfes*, „zugrundezugehn" (KKA 5, S. 112).

Rotpeter berichtet also von der Umsetzung der Rettungsmöglichkeit, die in der *Beschreibung eines Kampfes* ersonnen und in den *Hochzeitsvorbereitungen auf dem Lande* konkretisiert wurde: dem Versuch, der Entfremdung des modernen Subjekts dadurch zu entgehen, dass das biografische Subjekt negiert wird, um als künstliches, und das bedeutet: als entindividualisiertes, Wesen fortzubestehen. Der Weg zu dieser Entindividualisierung führt über die Auflösung des Gedächtnisses. Bereits in der ersten Fassung der *Beschreibung eines Kampfes* wird die mediale Lebensform mit dem Diktum des Vergessens verbunden. Als der Erzähler seine Vorstellungswelt errichtet und sich sein Leben in diesem fiktiven Raum ausmalt, heißt es: „So spielte ich mit meinem künftigen Leben und versuchte hartnäckig zu vergessen." (KKA 5, S. 64f.)

Das Vergessen hat für Rotpeter insofern eine entscheidende Bedeutung, als es die Voraussetzung für seinen Werdegang bildet. Er kann über sein „äffisches Vorleben" keine Auskunft geben (Vgl. E, S. 322), was weniger darin begründet zu sein scheint, dass er sich nicht erinnern kann, als vielmehr darin, dass er sich nicht erinnern *darf*, um seine aktuelle Existenz nicht zu gefährden. So sieht Peter Höfle im Bekenntnis Rotpeters, keine Angaben über seine Herkunft machen zu können, den Versuch der „Verdunklung der eigenen Geschichtlichkeit"[226]. Auch Andreas Kilcher liest Rotpeters Gedächtnisinsuffizienz als Hinweis auf „das strategische Vergessen" als Überlebensstrategie: „Es ist möglich, Kafkas Bericht für eine Akademie, der Bericht eines Affen über seine Menschwerdung, als eine Parabel auf die Vergessensstrategien der Assimilation zu lesen."[227]

Der Bruch mit der eigenen Geschichte erscheint als Voraussetzung fürs Überleben. Rotpeter rettet sich, indem er sich vergisst. Nur so konnte er „die Durchschnittsbildung eines Europäers" (E, S. 332) erwerben: „Diese Leistung

---

[226] HÖFLE, Von der Unfähigkeit, S. 229.
[227] KILCHER, Dispositive des Vergessens, S. 237.

wäre unmöglich gewesen, wenn ich eigensinnig hätte an meinem Ursprung, an den Erinnerungen der Jugend festhalten wollen." Die Voraussetzung für Rotpeters Lebensweg ist die Selbstvergessenheit, der „Verzicht auf jeden Eigensinn" (E, S. 322). Rotpeters Prozess des Selbstvergessens wird eingeleitet durch den Entschluss, sich von der eigenen Natur, die als Gefährdung erlebt wurde, zu distanzieren, indem er aufhört, „Affe zu sein." (E, S. 326) Mit der Absage an seine Natur entsinnlicht er sich. Dabei dient diese Entsinnlichung der Aufrechterhaltung einer zweckfreien Weltrezeption, indem er sich gegen eine Affizierbarkeit immunisiert.

Rotpeter betrachtet seine Umwelt, ohne seine Anschauungen unter einen individuellen Werthorizont zu subsumieren. Ausdrücklich weist er darauf hin, dass er nicht „rechnete", sondern nur „beobachtete". Seine Anschauungen vermag er nicht zu abstrahieren. Eine ästhetische Apperzeption gelingt ihm offenbar nicht, denn er kann die ihn umgebenden Menschen nicht unterscheiden, so dass er den Eindruck hat, „als wäre es nur einer". (Vgl. E, S. 328) Ohne das ordnende Vermögen der Urteilskraft kann er das Angeschaute zwar nachahmen, aber nicht einschätzen. Sein fehlendes Urteilsvermögen hat zur Folge, dass er das Verhalten der Menschen wahllos nachahmt.

Der erste Schritt zu seiner vermeintlichen Menschwerdung besteht darin, spucken zu lernen: „Wir spuckten einander dann gegenseitig ins Gesicht [...]." (E, S. 329) Den nächsten Schritt glaubt er im Pfeiferauchen zu vollziehen. Zwar raucht er anscheinend „bald wie einer Alter", aber er weiß nicht, was er nachahmt, denn „den Unterschied zwischen der leeren und der gestopften Pfeife verstand ich lange nicht" (E, S. 329).

Sowenig Rotpeter die Menschen im Ganzen erkennen kann, so wenig versteht er die Details. Seine Konzentration auf Nebensächlichkeiten lassen ihn das Nächste verkennen: dass ihm die Menschen nicht wohl gesonnen sind. Selbst in der Erinnerung vermag er die Geschehnisse nicht richtig zu beurteilen: Sein Lehrer war „nicht böse; wohl hielt er mir manchmal die brennende Pfeife ans Fell, bis es irgendwo, wo ich nur schwer hinreiche, zu glimmen anfing, aber dann löschte er es selbst wieder mit seiner riesigen guten Hand" (E, S. 330). Rotpeter versteht nicht, was Menschsein bedeutet, weil er einzelne Beobachtungen nicht in einen Zusammenhang stellen kann. Sein Wissen über die Menschen konstituiert sich aus Einzelansichten. Seine Nachahmung des menschlichen Verhaltens beruht auf gänzlicher Unkenntnis des inneren Beweggrundes.

Dieselbe Ambivalenz, die er im Verhalten der Menschen sieht, prägen auch Rotpeters erworbene Natur. Bereitwillig nimmt er alle sich ihm zeigenden menschlichen Verhaltensweisen an, um sich auf diese Weise zu bilden. Sein Lernen beschränkt sich zunächst hauptsächlich auf das Beobachten seiner Umwelt, denn die Umsetzung des erworbenen Wissens bereitet ihm Schwierigkeiten. Er ist durch den „theoretischen Unterricht" derart entkräftet, dass er sich fragt, auf welche Weise er „die praktische Übung" bewältigen soll: „Bin ich nicht schon allzu erschöpft durch das Theoretische?" (E, S. 330) Die Bewältigung der Praxis stellt sich Rotpeter als zentrales Problem dar.

Neben Spucken und Rauchen ist das Schnapstrinken ein wesentlicher Unterrichtsgegenstand, den seine Lehrer ihm aufgeben. Das Schnapstrinken steht für eine Veränderung des Bewusstseinszustandes. Die Schwierigkeiten, die Rotpeter mit der Bewältigung dieser Aufgabe hat, rühren möglicherweise daher, dass sein Vorsatz zur Entindividualisierung nur teilweise umgesetzt wurde. Seinen schnapstrinkenden Lehrer betrachtet er nicht unbeteiligt, sondern die Anschauung fällt „in die Sphäre des Willens" (KKA 5, S. 11). Seine fehlende Selbstvergessenheit erschwert ihm die Assimilation: „Der Geruch peinigte mich; ich zwang mich mit allen Kräften [...]." (E, S. 329) Der Nachahmung steht Rotpeters Persönlichkeit im Wege. Dieses Hindernis kann er nicht mit Willenskraft überwinden; auch wenn er „ungeduldig und verzweifelt" versucht, seinem Lehrer „nachzueifern" (E, S. 330), misslingt ihm die Aufgabe, solange sie mit seinem Willen kollidiert. Er vermag sie erst zu bewältigen, nachdem er in ihr keine existentielle Notwendigkeit mehr sieht, sondern ein Spiel, und er „nicht mehr als Verzweifelter, sondern als Künstler" (E, S. 331) die Menschwerdung erprobt.

Der Wechsel der Perspektive ermöglicht ihm zugleich den Sprung aus der Passivität des Beobachters. Zum Künstler kann er nur werden, wenn seine Darbietung ein Publikum hat, denn nur für dieses spielt er den Menschen. Seine Vorführung beginnt damit, dass er „eines Abends vor großem Zuschauerkreis – vielleicht war ein Fest, ein Grammophon spielte, ein Offizier erging sich zwischen den Leuten" (E, S. 330) – das Interesse auf sich zu ziehen vermag, bis es ihm schließlich „unter steigender Aufmerksamkeit der Gesellschaft" gelingt, eine Schnapsflasche „schulgerecht" zu öffnen und „ohne Zögern, ohne Mundverziehen, als Trinker vom Fach" (E, S. 331) ihren Inhalt zu leeren.

Eintritt in die menschliche Gemeinschaft erhält er nicht nur als Künstler, sondern, zugespitzt formuliert, als künstliches Wesen, denn nur ein solches ist nicht affizierbar und kann daher selbstvergessen scheinen (wenn auch nicht sein). Rotpeter wird durch sein schauspielerisches Talent nicht zum Menschen, sondern zum künstlichen Wesen, das durch perfekte Nachahmung wie ein Mensch erscheint.

> Menschen trinken Schnaps nicht ‚aus Kunst', sondern gerade darum, weil sie sich in einen ‚tierischeren' Bewußtseinszustand zurückversetzen wollen. Das Künstlertum des Affen steht nicht am Ende eines Zivilisationsprozesses, sondern es besteht gerade darin, daß es diesen durch eine perfekte Nachahmung, die sich unter Ausblendung zeitlicher Tiefe nur auf das Gegebene bezieht, überspringt.[228]

Rotpeter kehrt nicht zurück in einen „tierischen Bewußtseinszustand", sondern distanziert sich von sich selbst. Indem er sich nicht mehr „als Verzweifelter, sondern als Künstler" einer Herausforderung stellt, ist er der Handlung gegenüber frei. Sie erfolgt nicht aus Notwendigkeit und wird somit zweckfrei. Nicht die einfache Nachahmung, sondern die ästhetische Perspektive lässt ihn, zwar

---

[228] HÖFLE, Von der Unfähigkeit, S. 230.

nicht zum Menschen, aber zum sich als Menschen stilisierenden Künstler werden.

Indem Rotpeter die beobachtete Gewohnheit des Trinkens zelebriert, erhebt er sie zur Kunst. Als Künstler gelingt es ihm, die Illusion einer Menschwerdung zu wecken und aus seiner tierischen Stummheit in Sprache auszubrechen. Er spricht nicht, weil er sich mitteilen möchte, sondern „weil es mich drängte, weil mir die Sinne rauschten, kurz und gut ‚Hallo!' ausrief, in Menschenlaut ausbrach, mit diesem Ruf in die Menschengemeinschaft sprang und ihr Echo: ‚Hört nur, er spricht!' wie einen Kuß auf meinem ganzen schweißtriefenden Körper fühlte." (E, S. 331)

Friedrich A. Kittler hebt das Illusorische von Rotpeters vermeintlicher, eigentlich nur auf einer Täuschung durch einen akustischen Effekt beruhender Menschwerdung hervor: „Wenn der Affe Rotpeter seinen ‚Sprung in die Menschengemeinschaft' beim Spiel ‚eines Grammophons' und mit dem Ausruf ‚Hallo!' tätigt, zitiert er ja nur den Neologismus, den Edison im Sommer 1877 dem Prototypen seines Phonographen vorgeschrieen hat."[229]

Aus seinen Anschauungen hat Rotpeter keine Begriffe bilden können; seine fehlende Urteilskraft scheint gleichsam durch die Abstraktionsleistung eines technischen Mediums kompensiert worden zu sein. Über den Umweg einer externen Urteilskraft, denn als solche kann man die Abstraktionsleistung technischer Medien bezeichnen, gelingt Rotpeter der Spracherwerb. Nicht unmittelbar, sondern nur mittelbar wird aus ihm anscheinend ein Mensch. Sein Spracherwerb geht auf Kosten seiner Lehrer: Den ersten hat er buchstäblich so ausgesaugt, dass er „in eine Heilanstalt gebracht werden mußte", und auch sonst „verbrauchte [er] viele Lehrer, ja sogar einige Lehrer gleichzeitig" (E, S. 332).[230]

Rotpeters Beschluss, nicht mehr „Affe zu sein", hat einen Prozess der Selbstnegation initiiert, der in der Selbstvergessenheit mündet, die es ihm ermöglicht, das Leben zweckfrei zu betrachten. Mit der Vollendung der Entindividualisierung wird aus dem gewesenen Affen ein Leerkörper. Rotpeters Aufnahme in die Menschengemeinschaft ist begleitet von der Transformation von einem natürlichen in ein künstliches Wesen. In dem Augenblick, in dem er die Perspektive wechselt, erfolgen seine Entindividualisierung und seine Denaturierung: „Die Affennatur raste, sich überkugelnd, aus mir hinaus und weg [...]." (E, S. 331) Indem er Künstler wird, fällt er sinnbildlich in sich zusammen, denn

---

[229] KITTLER, Aufschreibesysteme, S. 409.
[230] Der Menschwerdungsprozess von Rotpeter trägt ähnlich vampiristische Züge wie Kafkas Briefverkehr mit Felice. Derjenige, der den gierigen Verstand mit Anschauungen füttert, wird das Opfer eines unstillbaren Appetits. Diesen Appetit sollte Felice vermittels Briefen stillen, denn in ihnen waren Anschauungen bereits zu Begriffen transformiert. Ohne zu einer ästhetischen Apperzeption befähigt zu sein, erhoffte Kafka, auf dem medialen Umweg eine Vorstellung vom Leben zu erhalten. 1913 malt er in einem Brief an Felice aus, was sie erwartet, wenn sie sich auf ihn einlässt: „Statt daß Du Dich für wirkliche Kinder opfern würdest, [...] müßtest Du Dich für diesen Menschen opfern, der kindlich, aber im schlimmsten Sinne kindlich ist und der vielleicht im günstigsten Fall buchstabenweise die menschliche Sprache von Dir lernen würde." (F, S. 403)

wenn die Affennatur als dreidimensionaler Körper bisher sein Wesen bestimmt hat, verliert er seine eigentümliche Form, seine Individualität, und kann nun jede beliebige Form annehmen. Die auf diese Weise entstandene potentielle Form ist ein künstlicher Körper, denn ihm fehlt die „Affen*natur*".

Der Verlust der Individualität sowie der sinnlichen Affizierbarkeit bildet die Voraussetzung für die vollkommene Nachahmung. Erst jetzt erwirbt Rotpeter die „Durchschnittsbildung eines Europäers", allerdings nicht systematisch. Für seine Bildung sind viele Lehrer nötig; von allen schnappt er Wissensfragmente auf, aus denen sein fehlendes Wesen ersetzt wird. Die Affennatur selbst bleibt unverändert. Nur der als Varietékünstler in der Welt agierende Körper erweckt den Eindruck, ein durchschnittlich gebildeter Mensch zu sein. Der Erwerb seiner Bildung wird zur öffentlichen Inszenierung:

> Als ich meiner Fähigkeiten schon sicherer geworden war, die Öffentlichkeit meinen Fortschritten folgte, meine Zukunft zu leuchten begann, nahm ich selbst Lehrer auf, ließ sie in fünf aufeinanderfolgenden Zimmern niedersetzen und lernte bei allen zugleich, indem ich ununterbrochen aus einem Zimmer ins andere sprang. (E, S. 332)

Nachdem Rotpeter zum Leerkörper geworden ist, wird er zur Reproduziermaschine von Wissensstücken, die er wahllos in sich aufnimmt und deren Heterogenität sein Bericht wiedergibt. Die Tatsache, dass er dafür bewundert wird, dass er „so staunenswert richtige Urteile über unsere Welt" (E, S. 334) fällen kann, sagt weniger über Rotpeters vermeintliche Menschwerdung als über die Menschen aus, die in Rotpeters Urteil die Welt richtig beurteilt sehen. Tatsächlich fällt Rotpeter nämlich keine Urteile, sondern gibt nur die Details wieder, die in seiner beschränkten Perspektive das Menschsein ausmachen. Rotpeter ist nicht urteilsfähig, denn: „Dort, wo Inhalte ausgehöhlt und durch rituelle Formalität verdrängt werden, ersetzt die Oberfläche des Menschseins dessen Substanz. Es wird in seiner Scheinmenschlichkeit, also seiner Vorspiegelung falscher Tatsachen, lächerlich."[231]

Der buchstäblich sprunghafte Bildungsweg Rotpeters ist eine Scheinbewegung, ausgeführt vor den Augen der Öffentlichkeit, die das Spiel nicht erkennt. In einem Fragment zum „Rotpeter"-Thema wird die persönliche Begegnung eines Menschen mit dem Varietékünstler geschildert. Der Gast äußert sich verblüfft darüber, dass Rotpeter auch jenseits der Bühne nichts von seiner Kunstfertigkeit einbüßt:

> Wenn ich Ihnen, Rotpeter, hier so gegenübersitze, Sie reden höre, Ihnen zuhöre, Ihnen zutrinke, wahrhaftig – ob Sie es nun als Kompliment auffassen oder nicht, es ist aber nur die Wahrheit – ich vergesse dann ganz, daß Sie ein Schimpanse sind. Erst nach und nach, wenn ich mich aus den Gedanken zur Wirklichkeit zurückzwinge, zeigen mir wieder die Augen wessen Gast ich bin. (E, S. 334)

---

[231] PETR, Kafkas Spiele, S. 101.

Rotpeters Kunst stellt eine perfekte Nachahmung der Wirklichkeit dar, für den Zuschauer ist keine Diskrepanz zwischen Rolle und Akteur erkennbar. Die Wirkung, die Rotpeter ausübt, ist allerdings das Ergebnis äußerster Konzentration. Der Varietékünstler hat keinen Feierabend, solange er nicht allein ist. Die Anstrengung, die es ihn kostet, unablässig die Illusion des Menschseins aufrechtzuerhalten, hat zur Folge, dass ihn manchmal „Widerwille vor Menschen" (E, S. 335) befällt.

Seinem Gast, der eigentlich der Zuschauer eines Kunststückes ist, erläutert Rotpeter seine temporäre Abneigung als natürliche Folge von Überanstrengung: „Es ist auch nichts merkwürdiges, sollten Sie z.B. mit Affen ständig zusammenleben, hätten Sie bei aller Selbstbeherrschung gewiß ähnliche Anfälle." (E, S. 335) Seine Menschennachahmung erfordert permanente Konzentration, um die Distanz zwischen Rolle und Affennatur aufrechtzuhalten und damit die Grenzen des Spiels innerlich zu wahren. Der gefundene Ausweg ist ein Spiel: „Die Verwandlung des Affen Rotpeter in einen ‚Menschen' orientiert sich eindeutig am Spielprinzip des simulacre. Rotpeter stellt das Rollenspiel (die Nachahmung der *anderen* Körper) in den Dienst des Überlebens [...]."[232]

Der Versuch, ein Leben als Spiel zu führen, ist an eine Bedingung gebunden. Peter Höfle betont: „Die akrobatische Gedächtnisleistung des Affen, die das Äffende seiner Nachahmungskunst vergessen läßt, beruht auf der totalen Amnesie seines ‚Affentums'."[233] Das vollständige Vergessen misslingt jedoch. Immer wieder bricht die Realität seiner Natur in Rotpeters Spiel. Zuhause erwartet ihn „eine kleine halbdressierte Schimpansin", die er jedoch nur nachts aufsucht, um es sich „nach Affenart bei ihr wohlgehen" (E, S. 333) zu lassen.

Nachts, den Blicken der Menschen entzogen, bricht seine Natur hervor, die er so sorgsam zu vergessen versucht. Daher will er seine tierische Gefährtin tagsüber nicht sehen. „Der Bereich des Sexuellen [...] enthüllt, daß Rotpeter keinen vollgültigen Eingang in die Welt der Menschen gefunden hat", konstatiert Karl-Heinz Fingerhut. „Es fehlt ihm wirkliche Gemeinschaft mit ihr, für welche der Bereich der Liebesbeziehungen ein Zeichen ist." Rotpeter bildet sich nicht zum Menschen, sondern er agiert nur als ‚Kuriosum', als ‚Ersatzmensch'[234].

Der Entwurf der medialen Lebensform hat sich als fragwürdige Lösung für die Krise des modernen Subjekts erwiesen. Die Aufrechterhaltung der ästhetischen Perspektive erfordert die unablässige Negation individueller Bedürfnisse, die aber, so vehement unterdrückt, immer wieder hervorbrechen. Hatte Rotpeter geglaubt, eine Synthetisierung von Natur und Kultur sei nicht möglich, weil die Freiheit des Willens eine Illusion ist, steht am Ende seines protokollierten Werdegangs die Einsicht, dass auch die Negation des Willens keine wirkliche Alternative darstellt. Es ist also höchst fraglich, ob die Ansicht Walter H. Sokels, dass

---

[232] NEUMANN, Nachrichten vom ‚Pontus', S. 178.
[233] HÖFLE, Von der Unfähigkeit, S. 231.
[234] FINGERHUT, Tierfiguren, S. 104.

Rotpeter „einer der wenigen Helden Kafkas [ist], denen es gelingt, sich zu retten"[235], haltbar ist angesichts der Fragilität seines Zustandes.

2. Die Erzählung als Leerkörper

„Hohe Herren von der Akademie! Sie erweisen mir die Ehre, mich aufzufordern, der Akademie einen Bericht über mein äffisches Vorleben einzureichen." (E, S. 322) Mit diesen Worten beginnt die Erzählung Rotpeters, die dem Leser, wie Andreas Kilcher und Detlef Kremer betonen, zwei mögliche Lesarten eröffnen. „Mit der Einrichtung des Textes als Akademiebericht – ob in schriftlicher oder mündlicher Form bleibt letztlich unentschieden – ist einerseits der Weg der Gelehrtenparodie geebnet. Andererseits gerät damit das autobiographische Genre in den Kreis der Parodie."[236] Entweder kann sich der Leser angesprochen fühlen und sich als Gebildeter, hoher Herr der Akademie fühlen, oder er nimmt die pathetischen Worte als Hinweis auf eine Parodie auf. Im ersten Fall wird der Bericht als Bildungsgeschichte ernst genommen, im zweiten dient er der Unterhaltung. Die zweite Lesart erscheint plausibler, denn der Gestus der Wissenschaftlichkeit und Objektivität ist eine Stilisierung.

Sein Wesen, seine Affennatur, hat Rotpeter im Prozess der Nachahmung verloren, so dass er eigentlich gar kein eigenes Wesen mehr besitzt, sondern nur aus Nachahmung besteht. Er kann keinen Bericht über sich vorlegen, denn streng genommen existiert er gar nicht oder nur temporär, und zwar immer dann, wenn es ihm nicht gelingt, selbstvergessen zu sein. Der Bericht kann also keine wirkliche Biografie sein, weil ihm dafür das Wesentliche fehlt: das Subjekt der Lebensgeschichte. Sein Bericht ist weniger eine Nacherzählung von Erlebnissen als vielmehr eine bloße Wiedergabe von Gehörtem, denn seine eigene Geschichte beginnt nicht nur mit den fremden Berichten, sondern setzt sich auch aus diesen fort als Nachahmung dessen, was er in sich aufnimmt.

Wenn Rotpeter behauptet: „Durch eine Anstrengung, die sich bisher auf der Erde nicht wiederholt hat, habe ich die Durchschnittsbildung eines Europäers erreicht" (E, S. 332), dann lässt sich mit Norbert Kassel zu Recht fragen: „Wie muß es um den Europäer und seine ‚Durchschnittsbildung' eigentlich bestellt sein, wenn ein solch grotesk-komisches Wesen wie dieser Affe sich auf die Durchschnittsbildung eines Mitteleuropäers berufen kann?"[237]

Nein, Rotpeters Geschichte knüpft nicht an die Tradition der Bildungsgeschichte an, sondern vielmehr an die Idee einer Selbstschöpfung. Im *Bericht für eine Akademie* greift Kafka nach Gerhard Neumanns Ansicht sein bereits 1910 formuliertes Entwicklungskonzept wieder auf. Kafka hat „das Evasions-Modell, das die Geschichte vom ‚kleinen Ruinenbewohner' auch enthält", experimentell an der ‚Menschwerdung' des Affen Rotpeters vorgeführt: „Es ist der Versuch

---

[235] SOKEL, Tragik und Ironie, S. 159.
[236] KILCHER / KREMER, Genealogie der Schrift, S. 57.
[237] KASSEL, Das Groteske, S. 148.

Kafkas, die Selbsterschaffung des Menschen, die Sozialisation des Kindes, ohne prägende Familie zu phantasieren [...]."[238]

Das Mittel zur Selbsterschaffung ist die Nachahmung. Durch sie erhält der gewesene Affe das Material „möglichst kleiner Bestandteile" des Menschseins, aus denen er sich „dann aufbauen" (Vgl. KKA 8, S. 10) kann. Das bedeutet, dass dem Bericht das Subjekt des Erlebens fehlt. An die Stelle eines individuellen Erlebnisses tritt die Wiedergabe von fremden Erfahrungen.[239] Um nicht mit dem Berichteten identifiziert zu werden, verwehrt er sich gegen Mutmaßungen, eine entindividualisierte Lebensgeschichte könne es nicht geben.

Gefahr droht ihm durch die berufsmäßigen Berichterstatter: durch die Journalisten. In seinem Bericht empört er sich über diese „Windhunde", die ihm unterstellen, seine „Affennatur sei noch nicht ganz unterdrückt" (E, S. 324). Dass er selbst kein Berichterstatter ist, zeigt sich nicht zuletzt darin, dass er nicht den geforderten Vortrag über sein „äffisches Vorleben" einreicht, sondern die „Richtlinie zeigt, auf welcher ein gewesener Affe in die Menschenwelt eingedrungen ist und sich dort festgesetzt hat" (E, S. 323). Rotpeter legt weniger eine Lebensgeschichte ab als vielmehr eine Art technischer Beschreibung eines Le-

---

[238] NEUMANN, Der Name, die Sprache, S. 24.
[239] Kafka hat sich selbst zur Reproduziermaschine stilisiert, wie aus seinen Überlegungen zur Nachahmung hervorgeht. Ende 1911 reflektiert er in seinem Tagebuch über das Wesen des Schauspielers. Zwar konstatiert er an sich einen Hang zur Nachahmung, spricht aber seinem „Nachahmungstrieb" jede schauspielerische Qualität ab, denn: „Das Grobe, auffallend Charakteristische in seinem ganzen Umfange kann ich gar nicht nachahmen [...]. Zur Nachahmung von Details des Groben habe ich dagegen einen entschiedenen Trieb [...]." (KKA 9, S. 255) Aus der Kombination von Details, die durch die Fokussierung in den Vordergrund treten, entsteht der verzerrte Eindruck einer kubistischen Darstellung. Trotz der Entstellung der Wirklichkeit durch eine Mimesis, die aus Details eine neue Figur konzipiert, wird das Spiel als solches nicht erkannt, wenn der Schauspieler mit seiner Rolle verschmilzt.
Zwei Aspekte unterscheiden Kafkas Nachahmungstrieb von dem eines guten Schauspielers: zum einen die Übernahme von falschen Rollen, zum anderen die Identifikation mit diesen Rollen. „Das Wesen des schlechten Schauspielers besteht nicht darin, daß er schwach nachahmt, eher schon darin daß er infolge von Mängeln seiner Bildung, Erfahrung und Anlage falsche Muster nachahmt. Aber sein wesentlichster Fehler bleibt daß er die Grenzen des Spiels nicht wahrt und zu stark nachahmt." (KKA 9, S. 256) Durch diese Überschreitung des Spiels tritt die Nachahmung an die Stelle der Wirklichkeit, so dass ein Simulakrum entsteht, weil kein Bezugspunkt außerhalb der Darstellung mehr erkennbar ist.
Wenn die Grenzen des Spiels nicht gewahrt werden, kann die Vorführung nicht nur nicht genossen werden, sondern provoziert eine Reaktion vom Zuschauer. Die überscharfe Zeichnung der Realität in einem Spiel, das keines mehr ist, muss für ihn wie die „Axt sein für das gefrorene Meer" und ihn aus seiner bloßen Beobachterperspektive herausreißen: „Wenn ein Schauspieler, der nach Vorschrift einen andern zu prügeln hat, in der Erregung, im übergroßen Anlauf der Sinne, wirklich prügelt und der andere vor Schmerzen schreit, dann muß der Zuschauer Mensch werden und sich ins Mittel legen." (KKA 9, S. 256)
Die von einem Leerkörper reproduzierte Wirklichkeit soll also offenbar provozieren, indem die Wahrnehmung des Zuschauers verunsichert wird. Der Leerkörper hat die Funktion eines Resonanzkörpers, der die Wirklichkeitsrezeption zwar nicht durch eine individuelle Perspektive verändert, aber das Bild komprimiert, wodurch die Wirkung verstärkt wird.

benslaufes. Es geht ihm um „Richtlinien", nicht um subjektive Erlebnisse. Doch der nüchtern distanzierte Anspruch seines Berichts täuscht.

Um die Wissenschaftlichkeit seiner Rede zu unterstreichen, gibt er an, auf „Bilder" zur Darstellung der „Richtlinien" zu verzichten und stattdessen „offen" zu sprechen. Ehrlich bekennt er, dass ihm sein „Affentum" ebenso fern ist wie den Herren der Akademie, falls sie überhaupt „etwas Derartiges hinter sich haben" (E, S. 323). Um aber diese Distanz zu seiner Vergangenheit zu veranschaulichen, verwendet Rotpeter ein Bild; er erfüllt seinen Anspruch für eine wissenschaftliche Darstellung nicht, denn unmittelbar nachdem er sich gegen die Verwendung von Bildern ausgesprochen hat, erläutert er die Distanz, die zwischen seiner Affenvergangenheit und seiner jetzigen Existenz besteht, mit den Worten: „An der Ferse kitzelt es jeden, der hier auf Erden geht: den kleinen Schimpansen wie den großen Achilles." (E, S. 323)

Indem er trotz vorher bekundeter Ablehnung ein Bild verwendet, ist Rotpeter hinsichtlich seines Entwicklungsberichts „offen": Er stellt ihn gleich zu Beginn als Ansammlung von Bildungszitaten vor. Diese durchziehen seinen gesamten Bericht. Um in seine äffische Vergangenheit zurückkehren zu können, müsste er „durch das ganze Tor, das der Himmel über der Erde bildet" (E, S. 322), hindurch. Und um die „Richtlinien" für seinen Werdegang zu charakterisieren, bezieht er sich auf „eine ausgezeichnete deutsche Redensart". Mit der „Richtlinie", die Rotpeter als Akademiebericht vorlegt, zeigt er kein Bildungsprogramm auf, sondern eine Bildungs*verweigerung*, denn statt einen Bildungsweg zu durchlaufen, bricht er aus, um sich stattdessen „in die Büsche [zu] schlagen" (E, S. 332). Sein Ausscheren ist keine einmalige Flucht, sondern vielmehr das Charakteristikum seines Auswegs. „Die ‚Richtung' der Menschwerdung des Affen entspricht exakt der ‚Richtlinie' des literarischen Diskurses in Kafkas Prosa: einen Ausweg haben oder – was das Gleiche bedeutet – in Bewegung bleiben [...]."[240]

Durch diese Beweglichkeit kann für eine vermeintliche Bildungsgeschichte kein Subjekt und für einen literarischen Text kein Sinn ermittelt werden. Der gesamte Bericht Rotpeters ist heterogen, er verbindet Redensarten mit Reflexionen über die Freiheit, mit Achilles wird die antike Mythologie assoziiert und mit Begriffen aus dem Varieté verbunden: Der Bericht selbst spiegelt durch diese Heterogenität die Durchschnittsbildung eines Europäers wider. Die Betonung liegt dabei auf „Durchschnitt" und nicht auf „Bildung", denn die Bildung ist nicht einheitlich, sondern nur ein Konglomerat von Bildungszitaten.

Rotpeters Bekenntnis, auf fremde Quellen angewiesen zu sein, ist vielleicht die einzige ‚wahre' Aussage des Textes: Seine ganze Existenz, wie sie sich in seinem Bericht darstellt, konstituiert sich aus dem aufgeschnappten Wissen seiner Zeit:

> Der ‚Bericht für eine Akademie' [...] steht im Spannungsfeld zwischen Medientechnik und darwinistischer Evolutionstheorie. Der Eintritt des

---

[240] KILCHER / KREMER, Genealogie der Schrift, S. 60.

Affen Rotpeter in die menschliche Sprache geschieht in dem Augenblick, in dem er – wie der Affe in einer Zeichnung des ehemaligen Karikaturisten Caruso, die den Hund Nipper auf dem bekannten Markenzeichen von ‚His master's voice' parodiert – einer Sprechmaschine gegenübersteht. Und das erste Wort, das er spricht, ist wohl ebensowenig zufällig das legendäre ‚Hallo!', das Edison in seinen eben erst erfundenen Phonographen sprach [...].[241]

Wolf Kittler kommt zu dem Schluss: „Die Rede des Affen Rotpeter ist [...] die Reproduktion einer Reproduktionsmaschine [...]."[242] Dieser Ansicht ist nur teilweise zuzustimmen, zumindest ist sie zu präzisieren: Der *Bericht für eine Akademie* beschreibt die evolutionäre Transformation eines natürlichen Wesens, ermöglicht durch die Distanzierung des Subjekts von seinem Körper. Der verbleibende Leerkörper gleicht dann einer Reproduktionsmaschine.[243]

Rotpeters Bericht, seine Transformation zum Leerkörper, beschreibt selbstreferentiell die Entstehung der Erzählung, die ihrerseits selbst einen Leerkörper darstellt, indem sie sich „als eine Art Resonanzkörper größerer diskursiver Zusammenhänge, die sich Kafka durch Lektüre eröffneten"[244], erweist. Andreas Kilcher und Detlef Kremer ist zuzustimmen, wenn sie die Erzählungen Kafkas nicht für die Literarisierung eines „traumhaften innern Lebens" (KKA 10, S. 167) halten. Stattdessen sind Kafkas literarische (und auch seine biografischen) Schriften „als heterogene und fragmentarische Textensembles angelegt [...], in denen die Spuren beliebiger gelesener Texte kryptisch verstellt und teilweise bis zur Unkenntlichkeit entstellt sind". Das Prinzip der Montage „thematisiert der *Bericht für eine Akademie* als kontingentes Diskurs- und Lektüreprotokoll, in dem Kafka einen literarischen Karneval voller Ironie und Maskierung inszeniert"[245].

---

[241] KITTLER, Schreibmaschinen, Sprechmaschinen, S. 155.
[242] Ebd., S. 156.
[243] Nach Manfred Schneiders Überzeugung sollte das Schreiben Kafka „in eine tote, aber schreibende symbolische Maschine verwandeln", weil er das „körperliche Dilemma, die Unmöglichkeit, den organischen Automatismus in einen Gleichklang mit anderen zu bringen", nicht anders zu kompensieren vermochte. Die Transformation in eine Schreibmaschine erfordert das Aushungern der physischen Existenz: „*Instrument* sein, Schreibinstrument werden durch organische Auszehrung." (SCHNEIDER, Kafkas Tiere, S. 93f.)
Der entsinnlichte Körper bietet nicht mehr das Material für das ‚freie Spiel der Verstandeskräfte'; nicht die Realität – oder richtiger: die Empirie – befriedigt die Gier der *res cogitans* nach Eindrücken, sondern technische Imitationen der Realität. Der Anschauung der Wirklichkeit wird die Anschauung der bereits in kulturelle Zeichen übersetzten Natur vorgezogen, und das bedeutet, Kafkas „Selbst-Beschreibung geht nicht vom realen Leben aus, sondern vom ‚inszenierten Augenblick', dem Simulakrum der Wirklichkeit" (NEUMANN, Singende Maus, S. 231).
[244] KILCHER / KREMER, Genealogie der Schrift, S. 70.
[245] Ebd., S. 51.

VI. Abschlussbericht

1. Die Abrechnung mit der Hungerkunst: *Forschungen eines Hundes*

In der zweiten Fassung der *Beschreibung eines Kampfes* hat Kafka mit der Definition der „Seekrankheit auf festem Lande" das Wesen der medialen Lebensform charakterisiert. Dieses Wesen besagt, „daß Ihr vor lauter Hitze mit dem wahrhaftigen Namen der Dinge Euch nicht begnügen könnt, davon nicht satt werdet und über sie jetzt in einer einzigen Eile zufällige Namen schüttet." (KKA 5, S. 126) Aus dieser kognitiven Disposition ist die Idee der medialen Lebensform entstanden, und zwar als Möglichkeit, mit der inneren Unruhe, dem unstillbaren Appetit umzugehen, den das empirische Leben nicht mehr zu stillen vermag. Was in der Interaktion zum Problem wird, kann in der Kunst ausgelebt werden: die Gier nach immer neuen Namen, die Freude an der Begriffsbildung, der Verzicht auf Eindeutigkeit. Der Preis für diese Befriedigung der ‚Lust an Informationen' ist die Negation des biografischen Subjekts.

Indem eine nicht ungewöhnliche, aber individuell sehr ausgeprägte Disposition wie ein enorm wissbegieriger Geist in den Status des Außergewöhnlichen gesetzt wird, wird sie zur Kunst – zur Hungerkunst. Deren Eigenheit besteht gerade darin, dass sie nicht auf einem besonderen Können beruht, sondern im Gegenteil auf einer Unfähigkeit, so die spät formulierte Einsicht Kafkas. 1922, also elf Jahre nachdem sie gedanklich entwickelt wurde, rekapituliert er das Wesen der Hungerkunst in der Erzählung *Ein Hungerkünstler*. Die Unersättlichkeit erscheint hier nicht mehr wie in der zweiten Fassung der *Beschreibung eines Kampfes* als Rebellion gegen Fortschrittsoptimismus und Rationalismus, im Gegenteil: Als Ursprung der Hungerkunst wird ein individuelles Defizit eingestanden.[246] Keine gesellschaftskritische Haltung, sondern eine Unfähigkeit liegt dem Außenseitertum des Künstlers zugrunde. Auf die Frage, weshalb er nicht bewundert werden wolle für seine Leistung, antwortet der sterbende Hunger-

---

[246] Was in den Briefen an Felice wie eine Selbstinszenierung erscheint, gewinnt in den Briefen an Milena Pollak an Glaubwürdigkeit: Kafkas Selbstzweifel. 1920 beginnt er die Korrespondenz. Das zentrale Thema seiner Briefe ist nicht mehr wie in den Briefen an Felice das Schreiben, sondern die Angst und ihr Gegenpol das Begehren. Mit den Begriffen „strach" und „touha" („Angst" und „Begehren") charakterisiert Kafka in einem Brief an Milena sein Verhältnis zu Frauen. (Vgl. M, S. 196) Diese Ambivalenz bildete den Ausgangspunkt für seinen Entwurf einer neuen Lebensform, die sowohl seine Angst mindern als auch sein Begehren befriedigen sollte. Aus Furcht vor dem „Risiko des Lebens" (E, S. 466), wie es in der Erzählung *Der Bau* heißt, hat sich Kafka vom Leben distanziert – allerdings erfolglos. An Milena schreibt er: „Meine Angst wird doch immer größer, denn sie bedeutet ja ein Zurückweichen vor der Welt, daher Vergrößerung ihres Drucks, daher weiterhin Vergrößerung der Angst [...]." (M, S. 60)
Seine Angst erscheint als Ursache für sein eingeschränktes Urteilsvermögen, denn aus Angst hat er die Fähigkeit, zwischen „Scherz und Ernst" zu unterscheiden, verloren. Diese verlorene Urteilsfähigkeit bezeichnet er als „Mikroskop-Augen und wenn man die einmal hat, kennt man sich überhaupt nicht mehr aus" (M, S. 70).

künstler: „weil ich nicht die Speise finden konnte, die mir schmeckt. Hätte ich sie gefunden, glaube mir, ich hätte kein Aufsehen gemacht und mich vollgegessen wie du und alle." (E, S. 403) Mit diesen Worten gesteht er, worin die Täuschung des Publikums über seine ästhetische Lebensform besteht: „Seine Kunst entspringt einem Mangelzustand, den sie ihrerseits nur ausstellt, indem sie unter der Regie des Impresario einen Zwangscharakter simuliert, der ihr nicht anhaftet."[247] Die Hungerkunst ist das Produkt einer mentalen Disposition. Diese ist gekennzeichnet durch eine unstillbare Gier. Das Wesen der Hungerkunst besteht darin, dass sie infinit ist. Sie ist unabschließbar, weil demjenigen, der sie ausübt, die Fähigkeit des Schließens fehlt. Der Künstler ist nicht herausragend, sondern er kultiviert und inszeniert seine Entschlussunfähigkeit.

Aus der direkten Anschauung schien Kafka keine Vorstellungen gewinnen zu können. Er war offenbar derart apprehensiv, dass er eine Sinnesverwirrung fürchtete, sobald er in der zwischenmenschlichen Begegnung die Unmittelbarkeit der Anschauung mit der Abstraktionsleistung des Denkens verknüpfen musste. Diese mangelnde Konzentrationsfähigkeit stellt in der direkten Interaktion ein Problem dar, so dass eine alternative Möglichkeit gefunden werden musste, am Leben teilzunehmen, und zwar vermittels Briefen. Das fehlende Subsumtionsvermögen glaubte Kafka dadurch ersetzen zu können, dass er durch mediale Interaktion mittelbar Vorstellungen vom Leben erhält, indem der Adressat die Anschauung bereits in Zeichen abstrahiert hat, ob nun in der Schrift oder im Foto. Die mangelnde Urteilskraft, die zur Ermüdung führt, so dass der Kontakt zur Welt schließlich abbricht, hoffte Kafka mit Hilfe dieser Medien kompensieren zu können. Sie sollten ihn unablässig mit seinen Mitmenschen verbinden und auf diese Weise den drohenden ‚Weltverlust' verhindern. Die Bedingung für diese Art der Weltrezeption ist allerdings die Entsinnlichung des Körpers, da die Affizierbarkeit nur das Denken stört, sich aber nicht in Vorstellungen transformieren lässt.[248] Um den Appetit der *res cogitans* zu stillen, muss

---

[247] ALT, Der ewige Sohn, S. 650.
[248] Schon während seines Selbstversuches äußerte Kafka Zweifel an den Möglichkeiten medialer Interaktion. Der Glaube an die Gemeinschaft stiftende Funktion von technischen Medien war die Prämisse für den Entwurf der medialen Lebensform. An dieser Prämisse zweifelte Kafka immer stärker. Durch den Glauben, dass technische Medien die Distanz zwischen Menschen überbrücken könnten, ist nach Kafkas Ansicht „eine schreckliche Zerrüttung der Seelen in die Welt" gekommen. Milena gegenüber führt er das Unglück seines Lebens auf die „leichte Möglichkeit des Briefeschreibens" zurück. (Vgl. M, S. 302) Nicht die Briefe anderer Menschen hätten ihn getäuscht, sondern seine eigenen, weil er geglaubt habe, mit ihnen die Adressaten seiner Briefe binden zu können.

Rückblickend sieht er in diesem Glauben eine Selbsttäuschung: „Wie kam man nur auf den Gedanken, daß Menschen durch Briefe mit einander verkehren können! Man kann an einen fernen Menschen denken und man kann einen nahen Menschen fassen, alles andere geht über Menschenkraft. Briefe schreiben aber heißt, sich vor den Gespenstern entblößen, worauf sie gierig warten. Geschriebene Küsse kommen nicht an ihren Ort, sondern werden von den Gespenstern auf dem Wege ausgetrunken. Durch diese reichliche Nahrung vermehren sie sich ja so unerhört. Die Menschheit fühlt das und kämpft dagegen, sie hat, um möglichst das Ge-

also die *res extensa* als latente Gefährdung des ästhetischen Zustandes durch Aushungern unschädlich gemacht werden. Die Hungerkunst als mediale Lebensform besteht darin, dass das biografische Subjekt zugunsten eines medialen Stellvertreters negiert wird und dass dieser Stellvertreter zwar nicht wirklich leben kann, aber doch ‚so tut, als ob', also *Leben spielen* kann. Neben der im *Bericht für eine Akademie* problematisierten Schwierigkeit, den ästhetischen Zustand aufrechtzuerhalten und damit die eigene Natur – ob nun die psychische durch Selbstvergessenheit oder die physische durch Askese – zu verleugnen, steht die Erkenntnis, dass nicht nur die mediale Lebensform gescheitert ist, sondern dass außerdem das biografische Subjekt für den Selbstversuch ein nichtgelebtes Leben geführt hat, dass sein Leben im Moment vor seinem Beginn als „Zögern vor der Geburt" (KKA 11, S. 207) stagniert.[249] Das Scheitern der medialen Lebensform gleicht insofern einer doppelten

---

spenstische zwischen den Menschen auszuschalten, und den natürlichen Verkehr, den Frieden der Seelen zu erreichen, die Eisenbahn, das Auto, den Aeroplan erfunden, aber es hilft nichts mehr, es sind offenbar Erfindungen, die schon im Absturz gemacht werden, die Gegenseite ist soviel ruhiger und stärker, sie hat nach der Post den Telegraphen erfunden, das Telephon, die Funkentelegraphie. Die Geister werden nicht verhungern, aber wir werden zugrundegehn." (M, S. 302.)

Kommunikationsmedien erwecken nur die Illusion, Nähe herzustellen, tatsächlich aber trennen sie die Menschen. Erst in der Korrespondenz mit Milena ist Kafka nach Ansicht von Doris Kolesch bewusst geworden, dass aus der Medialität eine „Überlastung menschlicher Perzeptionsvermögen ebenso wie die Entsinnlichung zwischenmenschlicher Beziehungen" (KOLESCH, Aufbauende Zerstörung, S. 76) resultieren kann.

[249] Kafkas Einsicht, sich nicht im Leben bewährt zu haben, folgte auf die Erfahrung seines Blutsturzes in der Nacht vom 12. zum 13. August 1917, die ihm vor Augen hielt, dass sein Leben gestundet ist, er aber noch keinen Platz im Leben eingenommen hat. In einem Brief an Max Brod gesteht er ein, sich „in der Stadt, in der Familie, dem Beruf, der Gesellschaft, der Liebesbeziehung [...], der bestehenden oder zu erstrebenden Volksgemeinschaft" nicht bewährt zu haben. Sein Scheitern bezieht er selbst wesentlich auf sein Unvermögen, eine dauerhafte Partnerschaft zu führen, denn er fordert Brod auf: „Setz sie [d. i. die Liebesbeziehung] wenn Du willst an die erste Stelle [...]." (B, S. 194)

Sein Scheitern veranschaulicht er durch das Bild eines Kreises: War im Frühwerk die zentripetale Bewegung Ausdruck der Weltflucht in die Innerlichkeit, der Selbstvergessenheit, verwendet Kafka nun die zentrifugale Bewegung als Bild für die Selbstverwirklichung, wie einem Tagebucheintrag von 1922 zu entnehmen ist. Hier legt er den Bauplan, der seinem Leben hätte zugrunde liegen sollen, dar: „Unruhe daraus, daß mein Leben bisher ein stehendes Marschieren war, eine Entwicklung höchstens in dem Sinn, wie sie ein hohlwerdender, verfallender Zahn durchmacht. Es war nicht die geringste sich irgendwie bewährende Lebensführung von meiner Seite da. Es war so als wäre mir wie jedem andern Menschen der Kreismittelpunkt gegeben, als hätte ich dann wie jeder andere Mensch den entscheidenden Radius zu gehen und dann den schönen Kreis zu ziehn. Statt dessen habe ich immerfort einen Anlauf zum Radius genommen, aber immer wieder gleich ihn abbrechen müssen [...]. Es starrt im Mittelpunkt des imaginären Kreises von beginnenden Radien, es ist kein Platz mehr für einen neuen Versuch, kein Platz heißt Alter, Nervenschwäche, und kein Versuch mehr bedeutet Ende. Habe ich einmal den Radius ein Stückchen weitergeführt als sonst, etwa bei Jusstudium oder bei den Verlobungen, war alles eben um dieses Stück ärger, statt besser." (KKA 11, S. 206)

Bankrotterklärung, als nicht nur der Versuch misslungen ist, dauerhaft eine mittelbare Beziehung zur Welt aufrechtzuerhalten, sondern zudem auch noch das biografische Subjekt auf seine Lebensmöglichkeit verzichtet hat.

Ausgehend von dieser Einsicht, rekapituliert eine späte Erzählung Kafkas die Beweggründe für ein der Forschung gewidmetes Leben, den Selbstversuch ebenso wie sein Scheitern. 1922, kurz nach seiner Pensionierung, beginnt Kafka mit der Niederschrift der *Forschungen eines Hundes*. Die Erzählung kann gleichsam als Abschlussbericht zum imaginierten Selbstversuch gelesen werden: Aus der Perspektive des gealterten Erzählers, eines Hundes, werden die Ereignisse seines Lebens reflektiert, das von einem starken Forschungsdrang geprägt war. Zu Beginn seiner Autobiografie resümiert er: „Wie sich mein Leben verändert hat und wie es sich doch nicht verändert hat im Grunde!" (E, S. 411)

Seine Stellung zur Gemeinschaft ist unverändert: Auch als gealterter Forscher ist er ein Außenseiter, aber er versucht seine Isolation nicht mehr zu überwinden, weil er sein ‚ungeselliges Wesen' als sein „eingeborenes Wesen" (E, S. 420) erkennt und anerkennt.[250] Er akzeptiert seine Eigenart und versucht sie

---

Ob das konstatierte Scheitern das Resultat von Kafkas Lebensunfähigkeit oder Ausdruck seiner Verweigerungshaltung gegen eine gesellschaftliche Involvierung ist, kann nicht entschieden werden. Tagebuchaufzeichnungen und Briefe lassen beide Vermutungen zu. Eindeutig ist jedoch, dass Kafka sich in seinen späten Erzählungen von der im Frühwerk entworfenen Lebensform distanziert.

[250] In einem Ende 1917 verfassten Brief an Max Brod formuliert Kafka nicht nur eine Bankrotterklärung für sein Leben, sondern er sieht zugleich einen „bisher nicht für möglich gehaltenen Ausweg". Der „Ausweg" hätte sein Scheitern nicht in einen Erfolg umkehren können, sondern wäre vielmehr einer eidesstattlichen Erklärung gleichgekommen: „Er besteht darin, […] daß ich nicht nur privat, nicht nur durch Bei-Seite-Sprechen, sondern offen, durch mein Verhalten eingestehe, daß ich mich hier nicht bewähren kann." Würde er diesen Ausweg wählen, wüsste er, was zu tun wäre: „Ich muß ja zu diesem Zweck nichts anderes tun, als die Umrisse meines bisherigen Lebens mit voller Entschiedenheit nachziehen." (B, S. 195) Ob ihm dies im Leben gelungen ist, ist fraglich. Aber in seiner Literatur lässt sich dieses Bestreben nach Offenheit erkennen. Nicht nur die *Forschungen eines Hundes*, sondern auch *Ein Hungerkünstler* und *Josefine, die Sängerin oder Das Volk der Mäuse* lassen sich insofern gleichsam als ‚Bekenntnisliteratur' lesen, als hier die Kunstproduktion wie dort die Forschungen kritisch reflektiert werden.

Nicht nur die exponierte Stellung des Hungerkünstlers, sondern auch Josefines Kunst entspringt insofern einem individuellen Defizit, als sie das Produkt der Weigerung des Erwachsenwerdens ist. Indem Josefine gegen eine bürgerliche Existenz „rebelliert" (E, S. 525) und fordert, „man solle ihr […] die Sorge um das tägliche Brot und alles, was sonst mit unserem Existenzkampf verbunden ist, abnehmen" (E, S. 532), ist es ihr möglich, „etwas von der armen kurzen Kindheit […], etwas von verlorenem, nie wieder aufzufindendem Glück" in ihrer Kunst zu bewahren. (E, S. 530) In der Aufrechterhaltung ihrer Kindlichkeit liegt ihre Verfehlung, denn „wir können die Kinder vom Existenzkampfe nicht fernhalten, täten wir es, es wäre ihr vorzeitiges Ende" (E, S. 528). Das „selbstvergessene kindliche Gepfeife" Josefines verstößt gegen ein Gesetz, das Kafka Anfang 1920 im Tagebuch notierte und das lautet: „Alles ist ihm erlaubt nur das Sich-vergessen nicht" (KKA 11, S. 183); und das bedeutet: Die Negation des biografischen Subjekts ist eine Verfehlung des Lebens und als solche verboten.

nicht mehr zu überwinden. Früher war er darum bemüht, durch seine Forschungen Eingang in die Gemeinschaft zu finden. Würden seine wissenschaftlichen Ergebnisse besprochen, so hoffte er damals, werde er, „während ich mich bisher im Innersten ausgestoßen fühlte und die Mauern meines Volkes berannte wie ein Wilder, in großen Ehren aufgenommen werden" (E, S. 445). Diese Hoffnung entlarvt der gealterte Erzähler als Selbsttäuschung.

Seine Feststellung, dass sich sein Leben eigentlich nicht verändert habe, ist nicht nur ein Urteil über sein bisheriges Leben, sondern zugleich über seine wissenschaftliche Tätigkeit. Die Forschungen bildeten insofern den Lebensinhalt des Hundes, als er sie im Selbstversuch betrieben hat, als Hungerkunst. Getrieben von einem permanenten Erkenntnistrieb, widmete er sein Leben dem „Hauptgegenstand unseres Nachdenkens", nämlich der Beantwortung der Frage, „wovon sich die Hundeschaft nährte" (E, S. 421).

Der Forscher betätigt sich nicht, wie der Gegenstand seiner Untersuchungen nahe legen würde, als Ökotrophologe, sondern als Erkenntnistheoretiker. Doch die beiden Bereiche liegen enger beieinander als auf den ersten Blick vermutet: „Essen und Erkennen entspringen", so konstatiert Alois Wierlacher, „nicht nur mythologisch derselben Wurzel, sondern auch ontogenetisch: Kleinkinder nehmen alles ihnen Habhafte zur wahrnehmenden Prüfung in den Mund."[251] Und Richard Jayne betont, dass entsprechend der gemeinsamen Wurzel von Sprache und Ernährung „der Mythos des Ursprungs der Nahrung [...] ein logozentrischer Mythos"[252] ist.

Seine Forschungen ließen sich insofern als erkenntnistheoretische bezeichnen, als der Hund zu eruieren versucht, auf welche Weise Anschauungen zu Vorstellungen werden. Diese Lesart wird auch dadurch bestärkt, dass nicht nur in der *Beschreibung eines Kampfes* die *res cogitans* durch ihren „Appetit" charakterisiert wurde, sondern auch in den *Forschungen eines Hundes* die Verstandestätigkeit, hier: der Forschertrieb des Erzählers, als „Lufthunger" (E, S. 432) bezeichnet wird.

Dieser „Lufthunger" charakterisiert ihn zwar als sein „eingeborenes Wesen" (E, S. 420); der Erzähler erinnert sich aber eines Vorfalls, der seinen Forscherdrang erst initiiert hat und so zum Ausbrechen dieses Wesens geführt hat: das Konzert von sieben Musikhunden. Die Begegnung mit ihnen hat ihn aus der Ge-

---

Für Peter-André Alt drückt sich in einer solchen Einschätzung von Josefines Kunst „eine antibürgerliche Positionsbestimmung ab, die Kafka mit dem sozialistischen Flügel der zionistischen Bewegung verbindet" und die sich in besonderer Eindringlichkeit bereits in dem 1917 entstandenen Entwurf *Die besitzlose Arbeiterschaft* widerspiegelt. Die „moralische Dimension" unterscheidet die späteren von den früheren Erzählungen und lässt sich nach Alt in der Ansicht zusammenfassen: „Weder die Kunst noch das Subjekt, das sie ausübt, können dem Lethe-Strom entkommen, der durch die Historie rollt. Nicht als Individuum, sondern, so lautet die daraus ableitbare Quintessenz, als Glied in der Kette der Generationen ist der Mensch nützlich. Seine Lebensentscheidung verfehlt er, wenn er sich dieser Kette entzieht, indem er willentlich aus ihr austritt." (ALT, Der ewige Sohn, S. 666)
[251] WIERLACHER, Essen in der deutschen Literatur, S. 26.
[252] JAYNE, Erkenntnis und Transzendenz, S. 53.

borgenheit seiner Kindheit gerissen. Konnte er bis dahin sagen: „alles hatte Bezug zu mir" (E, S. 413), fühlt er sich seit diesem Ereignis als Ausgestoßener, als Außenseiter.

Die existentielle Verunsicherung, die der Forscher durch diese Begegnung erfährt, ist das Befremden über die Körperlichkeit, die plötzlich in einem neuen Licht gesehen wird: der Sexualität. Nicht zufällig fällt die befremdende Erfahrung mit den Musikhunden in die Zeit der Pubertät. In seiner „Jugend", erinnert sich der gereifte Erzähler, war er „in einer jener seligen unerklärlichen Aufregungen", in „den wilden Erwartungen" eines außerordentlichen Ereignisses. (Vgl. E, S. 413) Umhergetrieben von einem „unbestimmten Verlangen", hat er eine Befriedigung dieses blinden Bedürfnisses gesucht und gefunden: „Da – als hätte ich sie heraufbeschworen – traten aus irgendwelcher Finsternis unter Hervorbringung eines entsetzlichen Lärms, wie ich ihn noch nie gehört hatte, sieben Hunde ans Licht [...]." (E, S. 414) Die Begegnung ist nicht von außen an ihn herangekommen, sondern steht in direkter Beziehung zu ihm. Angelockt von seinem Verlangen, erscheinen die Musiker plötzlich, als die Zeit reif war: „Sie sind ein Einbruch eines dem Bewußtsein des Hundes verborgenen Bereichs der Erfahrung, der sein Selbstbild radikal negiert."[253]

Die Irritation, die der Vorfall auslöst, ist bedingt durch die Erfahrung unmittelbarer physischer Präsenz, denn die Kunst der Hunde ist eine lautlose, nur auf Körperlichkeit bezogene:

> Sie redeten nicht, sie sangen nicht, sie schwiegen im allgemeinen fast mit einer gewissen Verbissenheit, aber aus dem leeren Raum zauberten sie die Musik empor. Alles war Musik. Das Heben und Niedersetzen ihrer Füße, bestimmte Wendungen des Kopfes, ihr Laufen und ihr Ruhen, die Stellungen, die sie zu einander einnahmen, die reigenmäßigen Verbindungen, die sie mit einander eingiengen, indem etwa einer die Vorderpfote auf des andern Rücken stützte und sie es dann alle sieben so durchführten, daß der erste die Last aller andern trug, oder indem sie mit ihren nah am Boden hinschleichenden Körpern verschlungene Figuren bildeten und niemals sich irrten, nicht einmal der letzte, der noch ein wenig unsicher war, nicht immer gleich den Anschluß an die andern fand, gewissermaßen im Anschlagen der Melodie manchmal schwankte, aber doch unsicher war nur im Vergleich mit der großartigen Sicherheit der andern und selbst bei viel größerer, ja bei vollkommener Unsicherheit nichts hätte verderben können, wo die andern, große Meister, den Takt unerschütterlich hielten. (E, S. 414f.)

Die Hunde führen weniger Musik als einen Tanz vor. Sie vereinigen sich in immer neuen Formationen, ohne dass ihre Kette unterbrochen würde. Die Bewegungen selbst erscheinen als Musik. Der Rhythmus ihrer Bewegungen, die der Erzähler als Musik wahrnimmt, betört seine Sinne und ruft in ihm das Gefühl der Fremdheit hervor. Der junge Hund fühlt „die gute vertraute hündische Verbindung mit den sieben", die erst durch die Musik zerstört wird, denn in diesen

---

[253] Ebd., 35.

Momenten des aufkommenden Nähegefühls „war wieder ihre Musik da, machte mich besinnungslos, drehte mich im Kreise herum, als sei ich selbst einer der Musikanten, während ich doch nur ihr Opfer war" (E, S. 416).

Die körperliche Verbindung zwischen den Musikhunden ist nicht ihr einziger Zusammenhalt. Nachdem er sich von dem ersten Schrecken erholt hat, bemerkt der junge Hund, dass sie miteinander reden. Die äußere Geschlossenheit der Gruppe ist das Ergebnis eines lebendigen Traditionszusammenhangs, denn der Erzähler hörte „bei genauerem Hinhorchen sogar leise Zurufe, mit denen sie einander befeuerten, auf Schwierigkeiten aufmerksam machten, vor Fehlern warnten" (E, S. 417). Ihre besondere Aufmerksamkeit gebührt dem letzten Glied ihrer Kette, dem „letzten kleinsten Hund". Da sich die Gruppe der Musikhunde zu ihrem letzten Glied hin buchstäblich verjüngt, kann vermutet werden, dass es sich um eine Generationenkette handelt. Eine Vermutung, die sowohl durch die Fortpflanzung, daher die sexuelle Konnotation ihrer Bewegungen, als auch durch eine kulturelle Tradition wie in der offenbaren Sozialisation des kleinsten Hundes bestärkt wird.

Nach Ekkehard W. Harings Ansicht spielt Kafka in der Darstellung dieses frühen Initiationserlebnisses des Forscherhundes „auf die jiddische Wanderbühne Jizchak Löwys und den Jargon an"[254]. Dieser Auffassung ist nur bedingt zuzustimmen. In der Darstellung der Musikhunde hat Kafka seine Faszination für das jiddische Theater zweifellos insofern literarisiert, als es „vor allem [...] Mimik und Gestik, [...] eine ostjüdische, expressive, mit dem ganzen Körper arbeitende Zeichensprache"[255] war, die seine Aufmerksamkeit erregte. Dass Kafka in den Musikhunden allerdings auf seine konkreten Erfahrungen mit dem jiddischen Theater anspielt, ist einerseits aufgrund des geschilderten Zugehörigkeitsgefühls und andererseits aufgrund der abschreckenden Wirkung, die die Darbietung auf den jungen Hund auslöst, fraglich.

Für Andrea Pesch erblickt der Erzähler in den Musikhunden das „Ideal einer sich ergänzenden Gemeinschaft"[256]. Diese Gemeinschaft ist nicht explizit das Ostjudentum, sondern die Kette der Generationen, die sowohl durch Fortpflanzung als auch durch die Überlieferung einer geistigen Tradition verbunden ist. Dass die Hunde in der Ausübung der „dem Hundegeschlecht verliehenen Musikalität" „die reigenmäßigen Verbindungen" eingehen und mit ihren „Körpern verschlungene Figuren" bilden, ist eindeutig. Ihre Körperhaltung zeigt sie in einem ekstatischen Zustand. Nicht genug damit, dass sie „die Beine spreizen" (E, S. 418), sondern: „sie hatten ja alle Scham von sich geworfen, die Elenden taten das gleichzeitig Lächerlichste und Unanständigste, sie gingen aufrecht auf den Hinterbeinen. [...] Sie entblößten sich und trugen ihre Blöße protzig zur Schau [...]." (E, S. 417) Natürlicherweise würden sich die Hunde auf allen vieren fortbewegen. Indem sie sich aber aufrichten, sich also über ihre bloße Natur erheben und in dieser unnatürlichen Haltung eine eindeutig sexuelle Konnotation deut-

---

[254] HARING, Spätwerk, S. 231.
[255] STACH, Kafka, S. 50.
[256] PESCH, Genealogie und Geschichte, S. 79.

lich wird, ist es den Musikhunden gelungen, Natur und Kultur zu synthetisieren. Diese idealistische Vorstellung ist dem jungen Hund fremd. Er steht außerhalb der modernen Tradition, die bestimmt ist durch die Überzeugung einer vernünftigen Durchdringbarkeit der Natur, sie ist für ihn „gänzlich unanknüpfbar" (E, S. 416).

Der junge Hund erscheint aufgrund seines fehlenden Subsumtionsvermögens als Außenseiter und erinnert damit an den Erzähler aus der *Beschreibung eines Kampfes*. Diesem war es nicht möglich, „Ruhe in dem Gedränge" der Wahrnehmung herzustellen, im Gegensatz zu seinen Mitmenschen: „Die Herren und Damen, die auf den Steinen gehen sollten, schweben. Wenn der Wind Athem holt, bleiben sie stehn, sagen einige Worte zu einander und verneigen sich grüßend, stößt aber der Wind wieder, können sie ihm nicht widerstehn, und alle heben gleichzeitig die Füße." (KKA 5, S. 77) Ein ähnliches Bild stellen die schwebenden Musikhunde in den *Forschungen* dar. Der junge Hund fürchtet sich vor diesem Anblick ebenso wie der Erzähler in der *Beschreibung*. Beide, so kann man daher wohl sagen, leiden an der ersten Definition der „Seekrankheit auf festem Lande", also an einer Urteilskraft, die nicht zu subsumieren vermag, weil die Allgemeinbegriffe vergessen wurden.

Was der junge Hund erfährt, ist sein Unvermögen, Anschauungen zu apperzipieren. Er ist nicht in der Lage, die auf ihn einströmenden Sinneseindrücke zu abstrahieren und auf diese Weise eine Vorstellung von dem zu gewinnen, was er gerade anschaut. Dass es ihm nicht gelingt, sich das empirische Erleben bewusst zu machen, seine physische Affizierbarkeit also kognitiv zu bewältigen, erweckt in ihm das Gefühl der Ohnmacht. Die Tatsache, dass er sich von der Vorführung überwältigt fühlt, so dass er die Kontrolle über sich verliert, löst Furcht bei ihm aus. So erweckt der Vorfall in ihm die ambivalenten Gefühle von Anziehung und Angst. Der Transformationsprozess von der sinnlichen Anschauung zur Vorstellung erscheint bei Kafka als Bewegung von der Unruhe zur Ruhe: „Es entsteht ein wenig Lärm, dazwischen dieses bedrängte Lustgefühl, aber bald muß alles in seinen gehöhlten Lagern ruhen." (KKA 5, S. 12) Die Musik, die den jungen Hund so bezaubert und zugleich ängstigt, ist somit möglicherweise keine wirkliche Musik, sondern stellt die Wirkung der Anschauung der musizierenden Hunde auf ihn dar. Diese vermag er nicht zu apperzipieren, er bleibt stattdessen im Zustand der Affizierung, den er als „bedrängte[s] Lustgefühl" wahrnimmt.[257]

---

[257] Dass im Bild der Musikhunde die Sprachproblematik eine sexuelle Konnotation erhält, ist nicht überraschend. Bereits in der *Beschreibung eines Kampfes* wurde die Sprach- und Erkenntnisreflexion durch ein Liebeserlebnis ausgelöst, und zwar deshalb, weil die sinnliche oder emotionale Erfahrung nicht adäquat in Vorstellungen transformiert werden konnte. Das Scheitern der Vermittlung von Natur und Kultur, ihren jeweiligen Zeichensystemen, bildet nach Ansicht Gerhard Neumanns das Zentrum von Kafkas Poetologie: „Die Liebe, die sich nicht mehr erzählen läßt, ist also der Ausgangspunkt von Kafkas Kunst." (NEUMANN, Nachrichten vom ‚Pontus', S. 175)

Überwältigt von dem Anblick der Musikhunde, versucht er sich das Erlebnis bewusst zu machen und zu verstehen: „Wer zwang sie denn zu tun, was sie hier taten?" (E, S. 416) Die Reaktion auf seine Frage ist Schweigen. Für den Erzähler ist das „unbegreiflich": Warum antworteten sie ihm nicht, obwohl sie, so erscheint es ihm, doch auf seine Frage eingehen wollen? Aus einem weder bekannten noch einsichtigen Grund unterdrücken sie ihren Impuls, so dass sich der Erzähler fragt: „Aber warum durfte es nicht sein, warum durfte denn das, was unsere Gesetze bedingungslos immer verlangen, diesmal nicht sein?" (E, S. 417)

Nimmt man an, dass für den Erzähler die Tatsache rätselhaft ist, wie die Musikhunde ein natürliches Begehren in aller Öffentlichkeit, also gesellschaftlich legitimiert leben können, verstoßen sie gar nicht gegen die „Gesetze". So versucht der Erzähler auch nicht die „Gesetze" an sich zu verstehen, sondern vielmehr deren Grundlage zu erforschen, nämlich die Transformation von natürlichen in kulturelle Zeichen. Diesen Mechanismus kann ihm niemand erklären. Möglicherweise, so glaubt der gereifte Erzähler, haben die Musikhunde ihm sogar zu antworten versucht, aber er konnte ihre Antwort nicht verstehen, weil sein Denken durch die Anschauung verwirrt war. Die Verarbeitung der Sinneseindrücke haben ihn derart überfordert, dass „der Musik-Ungewohnte [...] die Antwort von der Musik nicht sondern [konnte]." (E, S. 419)

Damals aber hat der Erzähler eine Überforderung des Perzeptionsvermögens als Ursache für sein Unverständnis nicht in Betracht gezogen. Für ihn ist das Angeschaute buchstäblich unvorstellbar, eine Vereinigung von Natur und Kultur nicht denkbar. Unfähig, das Erlebte mit Erfahrungen zu verknüpfen, versucht er seine Verunsicherung durch die Ablehnung dessen zu kompensieren, was ihn befremdet: die Körperlichkeit und die Verwirrung, die sie auslösen kann. Weil er das Unverständliche nicht *beurteilen* kann, *verurteilt* er es, indem er das Verhalten der Musiker als „ein Vergehn gegen die guten Sitten" (E, S. 417) bezeichnet.

Die Vorführung der Musikhunde ist „nichts Außerordentliches", weiß der Erzähler rückblickend. Sie verhalten sich im Gegenteil ganz natürlich in ihrer Kunstausübung, wenn sie der „nur dem Hundegeschlecht verliehenen Musikalität" nachgehen, denn sie gehört wesenhaft zum Hundsein. Seine damalige Überreaktion erklärt der Erzähler mit seiner Überraschung über das Erlebte. Er war auf einen Anblick wie den der Musikhunde nicht vorbereitet. Im Nachhinein ist ihm zwar bewusst, dass das Erlebnis „nichts Außergewöhnliches" war, aber es war insofern entscheidend für sein weiteres Leben, als es ihn damals „mit dem starken ersten unverwischbaren, für vieles folgende richtungsgebenden Eindruck [traf]." (E, S. 414)[258]

---

[258] Wenn man annimmt, dass es sich bei dem Erlebnis mit den Musikhunden um die Irritation darüber handelt, dass es möglich ist, sinnliches Begehren und Verstand nicht nur im Einzelnen zu vereinen, sondern auch in der Interaktion, dann kann das Rätsel, das sich dem jungen Forscherhund stellt, formuliert werden in der Frage: Wie ist es möglich, eine natürliche, auf Anziehung beruhende Verbindung in ein vernunftbestimmtes kulturelles Beziehungssystem zu überführen? Mit dieser Frage hat sich Kafka möglicherweise deshalb auseinandergesetzt, weil

Die Einsicht, dass die Irritation, die das Konzert in ihm auslöste, nur auf eine persönliche Disposition zurückzuführen ist, ist erst dem gereiften Erzähler möglich. Als junger Hund fühlte er sich durch das Erlebnis gezwungen, sich eine neue Heimat, neue Artgenossen zu suchen, nachdem er sich aus der Gemeinschaft der Musikhunde ausgeschlossen fühlte. Seine Forschungen beginnt er getrieben von dem Wunsch, seine Isolation zu überwinden und „Artgenossen" (E, S. 433) zu finden. Sein „Lufthunger" beschreibt seine Sehnsucht nach Gemeinschaft, denn in ihm drückt sich der Wunsch aus, das Schweigen „durchbrechen" (E, S. 432) zu können, das die Hunde voneinander trennt.

Der Erzähler möchte die Widersprüchlichkeit von Individuum und Gemeinschaft, von Vereinzelung und Zugehörigkeit, ergründen. Er fragt sich, wodurch die Individuen zu einer Gemeinschaft verbunden werden. Die Beobachtung der Widersprüchlichkeit stellt ihn vor ein Rätsel: Denn einerseits streben die Hunde zueinander, stellt das „höchste Glück" doch „das warme Beisammensein" dar, andererseits aber gibt es zu dieser Annäherungsbewegung ein „Gegenspiel", nämlich die Zerstreuung der Hundeschaft.

Dem Bedürfnis nach Zugehörigkeit stehen „gar nicht übersehbare Unterschiede der Klassen, der Arten, der Beschäftigungen" gegenüber, die alle in dem Bedürfnis nach Individuation münden. (Vgl. E, S. 413) Während seiner Anschauung nach seine Artgenossen trotz dieser Widersprüche leben können, ist es dem Forscherhund nicht möglich, sich in die Gemeinschaft einzufinden. Das Ziel seiner Untersuchungen besteht darin, die Ursache für sein Fremdheitsgefühl zu ermitteln, denn:

> Wenn ich jetzt zurückdenke und die Zeiten mir zurückrufe, da ich noch inmitten der Hundeschaft lebte, teilnahm an allem was sie bekümmert, ein Hund unter Hunden, finde ich bei näherem Zusehn doch, daß hier seit jeher etwas nicht stimmte, eine kleine Bruchstelle vorhanden war, ein leichtes Unbehagen inmitten der ehrwürdigsten volklichen Veranstaltungen befiel, ja manchmal selbst im vertrauten Kreise, nein, nicht manchmal, sondern sehr oft, der bloße Anblick eines mir lieben Mithundes, der bloße Anblick, irgendwie neu gesehn, mich verlegen, erschrocken, hilflos, ja mich verzweifelt machte. (E, S. 411)

Trotz der äußeren Zugehörigkeit bleibt „ein leichtes Unbehagen" als Ausdruck des Widerspruchs zwischen Individuum und Gemeinschaft. Der Einzelne geht nicht im Kollektiv auf, so dass er sich „in Hinblick auf die Gemeinschaft als ‚Bruchstelle' wahrnimmt, an der sich die Zugehörigkeit zur Gruppe und die subjektive Eigentümlichkeit des je Singulären kreuzt". Andrea Pesch formuliert

---

für ihn das Problem verspätet virulent wurde: Als ‚Spätzünder' konnte er den Eindruck gewonnen haben, er müsse seine Verspätung auch ohne Bedürfnis nach einer Verbindung kompensieren. Dass für ihn die Sexualität zum Problem wurde, offenbart er im *Brief an den Vater*: „Das Kind hatte sich so langsam entwickelt, diese Dinge lagen ihm äußerlich gar zu abseits, hie und da ergab sich die Notwendigkeit daran zu denken; daß sich hier aber eine dauernde, entscheidende und sogar die erbittertste Prüfung vorbereitete, war nicht zu erkennen." (KKA 7, S. 52)

die Frage, die die Forschungen des Hundes zu beantworten versuchen: „Kann es eine glückliche Verbindung geben zwischen der Eigentümlichkeit des vereinzelten Subjektes und den Gesetzen und Lebensformen der Gemeinschaft?"[259]

Was Pesch als Forschungsthema des Erzählers angibt, ist die intersubjektive Konsequenz eines intrasubjektiven Konflikts. Als Ausgangspunkt der Forschungen kann die Erfahrung einer Unvereinbarkeit von Anschauung und Vorstellung, also eine defizitäre Urteilskraft genannt werden. Das Unvermögen, Einzelnes unter Allgemeinbegriffe zu subsumieren, bezeichnet ein epistemisches Problem. Die sozialen Folgen einer fehlenden Urteilskraft sind in der *Beschreibung eines Kampfes* aufgezeigt worden: Wer an der „Seekrankheit auf festem Lande" leidet, wird zum Außenseiter, weil er ohne eindeutige Begriffe nicht kommunizieren kann.

Für den Erzähler ist die direkte Interaktion behindert durch sein Unvermögen, die Sinneseindrücke zu verarbeiten und trotzdem auf das Gespräch konzentriert zu bleiben, weil „der bloße Anblick eines mir lieben Mithundes, der bloße Anblick, irgendwie neu gesehn, mich verlegen, erschrocken, hilflos, ja mich verzweifelt machte" (E, S. 411). Nur wenn der Erzähler für sich einen Weg gefunden hat, zwischen Anschauung und Begriff eine Vermittlung zu finden, kann es zur Kommunikation oder, das Bild der Nahrung aufgreifend, zur Kommunion kommen. Die Nahrung als Forschungsgegenstand verweist auf die beiden Aspekte seines Unternehmens, denn sie kann als Lebensmittel der Existenzerhaltung des Einzelnen dienen und zugleich Gemeinschaft stiften. Einerseits versucht der Forscherhund zu ergründen, auf welche Weise Selbsterhaltung des Individuums möglich ist, und andererseits, auf welche Weise durch die Nahrung „als gemeinschaftsstiftendes Mahl die vielen vereinzelten Subjekte"[260] zu einer Gemeinschaft vereint werden können.

Das Forschungsprojekt des Erzählers lässt sich mit der Frage überschreiben: Auf welche Weise erlangt die *res cogitans* eine Vorstellung von der Welt? Die für den Erzähler durch die Begegnung mit den Musikhunden erfahrene Unvereinbarkeit von *res extensa* und *res cogitans* wirft die Frage auf, wie eine Verbindung zwischen ihnen möglich ist. Denn dem Empfinden ihrer Unvereinbarkeit steht die zweifellose Beobachtung entgegen, dass es „Mithunde" gibt, die durch den Dualismus ihrer Natur in der Lebensführung nicht beeinträchtigt sind.

Zweifellos ist für den Erzähler die Empirie die Grundlage jeder Vorstellung. So teilt er mit der Wissenschaft die Ansicht, dass die Nahrung von der Erde hervorgebracht wird. Dazu bedarf es der „Bodenbearbeitung". Nun müsse aber auch derjenige, der untätig bleibt, nicht verhungern, sondern würde auch ohne tätigen Einsatz Nahrung auf der Erde finden. Diese allerdings hat einen anderen Ursprung als die durch Bodenbearbeitung erlangte: „Wer sich nur ein wenig Unbefangenheit gegenüber der Wissenschaft bewahrt hat [...] wird [...] leicht erkennen, daß der Hauptteil der Nahrung, die dann auf der Erde liegt, von oben he-

---

[259] PESCH, Genealogie und Geschichte, S. 80.
[260] Ebd., S. 71.

rabkommt, wir fangen ja je nach unserer Geschicklichkeit und Gier das Meiste sogar ab ehe es die Erde berührt." (E, S. 439)

Gelangt man zu Vorstellungen „von oben", also durch Einfälle, oder entstammen sie aus der Empirie, der „Bodenbearbeitung"? Der Erzähler geht davon aus, dass die Erfahrung zweifellos die Quelle der Erkenntnis darstellt. Daher sind auch die Einfälle immer *a posteriori*. Auch bei ihnen handelt es sich um Vorstellungen von der Welt, denn „die Erde bringt ja auch diese Nahrung natürlich hervor, ob sie die eine heraufzieht oder die andere aus der Höhe herabruft" (E, S. 439f.). Interessant ist, auf welche Art man Vorstellungen von der Welt gewinnt. Die Wissenschaft unterscheidet zwischen „zwei Hauptmethoden der Nahrungsbeschaffung": Sie kennt „nämlich die eigentliche Bodenbearbeitung und dann die Ergänzungs- und Verfeinerungsarbeit in Form von Spruch, Tanz und Gesang" (E, S. 440). Diese „Hauptmethoden" lassen sich mit der Wissenschaft und der Kunst als Erkenntnisquelle identifizieren. Keine von beiden vermittelt jedoch eine unverfälschte Vorstellung von der Welt, solange das Begehren des Subjekts die Erkenntnis bestimmt, also die Nahrung sofort gierig verschlungen wird. Der Erzähler ist aber genau daran interessiert: „Um zur Wahrheit hinüber zu kommen, aus dieser Welt der Lüge" (E, S. 450), ersinnt er einen Selbstversuch, mit dem er zu ermitteln versucht, ob es möglich ist, eine objektive, von keiner Subjektivität verfälschten Vorstellung der Welt zu erlangen.

Den Erzähler interessiert nicht, wie sich die Hundeschaft, sondern *wovon* sie sich nährt. Auf diese Frage erhält er allerdings keine Antwort, weil die Nahrung – gleichgültig, auf welche Weise sie beschafft wurde – sogleich verspeist wird. Seine Frage nach der Beschaffenheit der Nahrung ist für die Wissenschaft nicht von Interesse, „heißt es doch: ‚Hast Du den Fraß im Maul, so hast Du für diesmal alle Fragen gelöst.'" (E, S. 440) Um doch noch zu einer Antwort zu gelangen, entscheidet sich der Erzähler für ein „abseitiges Experiment" (E, S. 442). Um herauszufinden, wovon sich die Hundeschaft nährt, muss er eine Methode entwickeln, mit der er die Nahrung beschafft und die es erlaubt, diese Nahrung zum Erkenntnisgegenstand zu machen, indem sie nicht verspeist wird. Durch Askese hofft er den Willen, der normalerweise die Erkenntnis bestimmt, negieren zu können und auf diese Weise eine wahrhaftige Ansicht der Welt zu gewinnen.

Durch sein Fasten will er herausfinden, ob „die Nahrung von oben selbst herabkäme und, ohne sich um den Boden zu kümmern, an mein Gebiß klopfen würde, um eingelassen zu werden" (E, S. 443f.). Den Einlass möchte er jedoch verwehren. Ohne die Inkorporation unterbleibt die Transformation von Anschauungen in Vorstellungen, und das wiederum bedeutet, dass es keine Entwicklung des Subjekts gibt, weil die Vorstellungen nicht zu Erfahrungen verbunden werden. Die fehlende Erfahrung zeigt sich in der Entwicklungslosigkeit des gealterten Erzählers: „Ich [...] habe dieses kindhafte Wesen behalten und bin darüber ein alter Hund geworden." (E, S. 420)

Im Hungerexperiment hat sich der Forscher gleichsam die Unschuld des Blickes bewahren wollen, weil er verhindert hat, dass sich aus den Erfahrungen ein Wertesystem herausbildet. Ein solches ist für Kant das Produkt der reflexiven Urteilskraft, die „sich für die Erfahrung als System und daher zu ihrem eigenen Bedarf ein Prinzip [festsetzt]."[261] Dieses System wird „nach dem allgemeinen, aber zugleich unbestimmten Prinzip einer zweckmäßigen Anordnung der Natur" von der Urteilskraft entworfen und dient der bestimmenden Urteilskraft gleichsam als ‚subjektiver Allgemeinbegriff', unter dem die Vorstellungen zu Erfahrungen subsumiert werden können.[262]

Die Besonderheit des Experiments besteht darin, dass das Prozedere der Nahrungsbeschaffung insofern eine Scheinaktivität darstellt, als es nicht Mittel zum Zweck, nämlich der Nahrungsaufnahme ist, sondern *Selbst*zweck: Der Erkenntnishunger des Erzählers wird nicht in Erfahrungen transformiert. Er selbst will sich völlig passiv verhalten, und das bedeutet, dass er mit seinem Leben spielt: Kann er seine These verifizieren, werden die Lebensmittel auch ohne sein Zutun den Weg zu ihm finden; irrt er sich jedoch, wird er verhungern. Die ausbleibende Erfahrung führt zu einer Liquidierung des biografischen Subjekts. Statt expansiv seinen Lebensradius zu erweitern, verzehrt sich der Forscher bei seinem Versuch, sich den unvoreingenommenen Blick aufs Leben zu bewahren.

Tatsächlich quält den Erzähler neben seinen körperlichen Leiden zunehmend die Frage nach der Legitimität seines Experiments. Schon zu Beginn ist er sich bewusst, dass er sich damit „gegen den üblichen Verlauf der Dinge stemmte" (E, S. 445). Mit seinem Experiment bewegt er sich in einer rechtlichen Grauzone. Gegen die Gebote der „Urväter" wagt er nicht zu verstoßen, denn ihr Wissen „kam aus Quellen, die wir nicht mehr kennen". Diesen überlieferten Geboten fühlt er sich verpflichtet. Er würde „niemals ihre Gesetze geradezu überschreiten", aber „durch die Gesetzes-Lücken, für die ich eine besondere Witterung habe schwärme ich aus" (E, S. 447).

Das Gesetz, auf das sich der Erzähler beruft, bezieht sich auf die Frage, ob die Konservierung der Kindlichkeit als Verweigerung gegen Erfahrung, Entwicklung und damit schließlich erwachsen werden, eine naturwidrige Form der Lebensführung darstellt. Darüber herrscht keine Klarheit. Der Erzähler begründet die Legitimität seines Versuches mit dem Hinweis auf „das berühmte Gespräch, im Laufe dessen einer unserer Weisen die Absicht aussprach, das Hungern zu verbieten, worauf ein Zweiter davon abriet mit der rhetorischen Frage: ‚Wer wird denn jemals hungern?'" (E, S. 447)

Die „Gesetzes-Lücke", die der Erzähler ausnutzt, beruht auf der Unklarheit des Gesetzes. Der Vorschlag, ein Gesetz zu erlassen, wurde mit der Begründung seiner Überflüssigkeit abgewiesen: Da es also kein Gesetz gibt, ist das Hungern kein justiziabler Tatbestand. Die Rechtunsicherheit in der Frage, ob das Hungern letztlich doch verboten sei, ist durch „die kommentatorische Wissenschaft" geklärt worden: „Die große Mehrzahl der Kommentatoren verneint sie, sieht das Hungern für freigegeben an, hält es mit dem zweiten Weisen und befürchtet

---

[261] KANT, Kritik der Urteilskraft, WA 10, S. 23.
[262] Vgl. Ebd., S. 26.

deshalb auch von einer irrtümlichen Kommentierung keine schlimmen Folgen." (E, S. 448)

Auf diesen Stand des Gesetzes beruft sich der Erzähler zwar zu Beginn seines Experiments, aber während des Hungerns gelangt er zur Einsicht, dass seinen Forschungen eine Rechtsgrundlage fehlt:

> Ich verfluchte die kommentatorische Wissenschaft, ich verfluchte mich der ich mich von ihr hatte irreführen lassen, das Gespräch enthielt ja, wie ein Kind erkennen mußte – freilich ein hungerndes – mehr als nur ein einziges Verbot des Hungerns, der erste Weise wollte das Hungern verbieten, was ein Weiser will, ist schon geschehn, das Hungern war also verboten, der zweite Weise stimmte ihm nicht nur zu, sondern hielt das Hungern sogar für unmöglich, wälzte also auf das erste Verbot noch ein zweites, das Verbot der Hundenatur selbst, der Erste erkannte dies an und hielt das ausdrückliche Verbot zurück, d. h. er gebot den Hunden nach Darlegung alles dessen, Einsicht zu üben und sich selbst das Hungern zu verbieten. Also ein dreifaches Verbot statt des üblichen einen und ich hatte es verletzt. (E, S. 448)

Die Erkenntnis seines Irrtums führte nicht dazu, sein Experiment abzubrechen, denn das Hungern war zur Sucht geworden und entzog sich auf diese Weise seiner Kontrolle: „Ich konnte nicht aufhören [...]." (E, S. 448) Das Hungerexperiment hat sich verselbstständigt. Die Lust am Spiel mit Vorstellungen gerät in einen existentiellen Konflikt mit der Angst des biografischen Subjekts vor der endgültigen Liquidierung: dem Tod. Im Falle des Forschers „hieße [Sterben] nichts anderes als ein Nichts dem Nichts hingeben" (KKA 10, S. 211).

Das Spiel mit den Vorstellungen, das aufrechterhalten wird, indem die Entwicklung eines erfahrenen biografischen Subjekts verhindert wird, stellt eine Form der Lebensverweigerung dar und ist einerseits ein asozialer, andererseits ein selbstzerstörerischer Akt. Es sollte sich daher von selbst verbieten, auch wenn kein ausdrückliches Gesetz darüber besteht. Das ungeschriebene Gesetz „regelt die Beziehungen zwischen dem Individuum und seiner Umwelt, und die intensivste Art dieser Beziehung sind die geschlechtliche Liebe und die Einverleibung als Nahrung"[263]. Indem der Erzähler zwar gleichsam ‚Lebensmöglichkeiten' anlockt, sie aber nicht wahrnimmt, also die Lebensmittel nicht einverleibt, wird er nicht Teil der Gemeinschaft, weil er nicht wirklich am Leben teilnimmt.

Durch sein Hungerexperiment nähert sich der Erzähler optisch den Lufthunden an. Er hat sich von seinem Körper distanziert, um zu erfahren, „wie weit bei völligem Außer-sich-sein wir gelangen können" (E, S. 453). Durch diesen Distanzierungsakt, veranschaulicht durch das Hungern, dürfte er selbst „nicht viel mehr als ein schönes Fell" (E, S. 431) sein, also ein Leerkörper. Seine Lebensform hat sich nicht bewährt, wie auch Karin Keller konstatiert: „Das an den Lufthunden sichtbar gewordene Dilemma der mit der Ferne von praktischer Tätigkeit nur größer werdenden Abhängigkeit von der Produktivität der Hunde-

---

[263] HÖFLE, Von der Unfähigkeit, S. 258f.

schaft, der nur scheinbaren Freiheit, dem scheinbaren Hinausgelangen ist für den Forscherhund nicht zu lösen."[264]

Der Selbstversuch des Erzählers, der die Hungerkunst als Lebensform auf ihre Praktikabilität hin erproben sollte, wurde initiiert durch das Konzerterlebnis. In den Lufthunden präsentiert sich dem Erzähler weniger ein alternatives Lebenskonzept als vielmehr eine alternative Haltung zum Leben. Die Produktivität der Musikhunde kann als Ausdruck einer fortschrittsgläubigen, teleologischen Geisteshaltung gelesen werden, die dem Erzähler offenbar so närrisch erscheint, dass er sich von den Musikhunden ab- und der Erforschung der Lufthunde zuwendet, denn „das Unsinnigste erschien mir in diesem unsinnigen Leben wahrscheinlicher als das Sinnvolle und für meine Forschungen besonders ergiebig" (E, S. 429).

Während die Gemeinschaft der Musikhunde durch die Zweckmäßigkeit ihrer Lebensführung charakterisiert ist – der Erzähler wundert sich „über ihren Mut, sich dem, was sie erzeugten, völlig und offen auszusetzen und über ihre Kraft, es ohne daß es ihnen das Rückgrat brach, ruhig zu ertragen" (E, S. 416) –, führen die Lufthunde offenbar eine völlig zweckfreie, „selbstgenügsam[e]" (E, S. 431) Existenz. Sie verrichten „keine sichtbare Arbeit", sondern ruhen nur, und zwar „hoch in der Luft" (E, S. 429). Sie sind „getrennt von der nährenden Erde, säen nicht und ernten doch, werden angeblich sogar auf Kosten der Hundeschaft besonders gut genährt" (E, S. 429).

Die Lufthunde sind nicht produktiv, sie führen ein parasitäres Dasein. Um mit Leben erfüllt zu werden, sind sie von ihren produktiven „Mithunden" abhängig. Allein gewinnen sie keine Anschauung vom Leben, sondern nur durch die Vermittlung. Durch ihre Abhängigkeit sind sie verpflichtet, ihre Existenz zu legitimieren, so dass sie „für ihre Lebensweise Verzeihung zu erlangen suchen oder wenigstens von ihr ablenken, sie vergessen machen". Diese Entschuldigung bringen sie so vor, wie es ihnen bei ihrer fehlenden Substanz möglich ist, nämlich „durch eine fast unerträgliche Geschwätzigkeit" (E, S. 430).

Die Existenz der Lufthunde ist unsinnig. Sie versinnbildlicht möglicherweise eine ästhetische Haltung zum Leben: Die Lufthunde sind nicht unmittelbar ins Leben involviert, sondern beobachten nur aus der Distanz. Eigene Erlebnisse können sie kaum machen, denn sie haben „die Beine, den Stolz des Hundes, verkümmern" (E, S. 429) lassen. An die Stelle des Erlebens tritt bei ihnen, so ließe sich vor dem Hintergrund der bisherigen Erkenntnisse sagen, das Denken. Ihre Verstandestätigkeit scheint allerdings keinen Bezug zur Welt zu haben. Dieser fehlende Realitätsbezug wird nicht nur durch ihren erhöhten Standpunkt anschaulich, der die Distanz ihres Denkens zum empirischen Leben offenbart, sondern auch dann, wenn sie hin und wieder auf den Boden der Realität zurückkehren: Aber auch „wenn sie einmal zu laufen sich herablassen, geschieht es nur ein kleines Weilchen lang, paar gezierte Schritte und immer wieder nur streng

---

[264] KELLER, Gesellschaft, S. 145.

allein und in angeblichen Gedanken, von denen sie sich, selbst wenn sie sich anstrengen, nicht losreißen können, wenigstens behaupten sie das" (E, S. 431).

Dass die Existenz der Lufthunde möglicherweise nur eine Verstandestätigkeit bezeichnet, legt auch ihre Erscheinung nahe, oder genauer: die Vorstellung von ihnen, denn ob es sie wirklich gibt, ist zweifelhaft. Für den Erzähler zumindest ist es zunächst unglaublich, dass es „einen Hund von allerkleinster Art geben" soll, der „nicht größer als mein Kopf" ist und der auch nicht weiter wächst. Das Denken der Lufthunde scheint also ohne Realitätsbezug und gleichsam „selbstgenügsam" zu sein.

Die Sinnlosigkeit eines der Erfahrungswelt entfremdeten Denkens, wie es sowohl im Hungerexperiment als auch in Gestalt der Lufthunde beschrieben ist, besteht einerseits darin, dass die Produkte einer solchen Verstandestätigkeit „wertlos und lästig" (E, S. 431) sind. Die Verstandestätigkeit ist offenbar durch ihre Daseinsform beeinflusst, denn die Beschäftigung des Erzählers mit den Lufthunden zeigt, dass sie sich „durch Geisteskraft nicht sehr auszeichnen"; was allerdings auch nicht verwunderlich sei, sondern „bei einem solchen Lotterleben selbstverständlich" (E, S. 430). Andererseits liegt die Sinnlosigkeit einer Lust am Spiel mit den Vorstellungen, die nicht zur Erfahrung verknüpft werden, in ihrer praktischen Wertlosigkeit. Ohne Urteilsvermögen können einerseits weder die sinnlichen Anschauungen zu definitiven Begriffen subsumiert, andererseits aber die, gegebenenfalls auf medialem Wege erhaltenen, Vorstellungen nicht auf den einzelnen Fall angewandt werden. Nicht nur die theoretische, sondern auch die praktische Vernunft ist von einer Deformation der Urteilskraft – Deformation insofern, als sie nur spielerisch wirksam wird – betroffen. Stand in der *Beschreibung eines Kampfes* die epistemische Dimension im Zentrum, richtet sich die Aufmerksam in den *Forschungen eines Hundes* auch auf die praktische Relevanz der Erkenntnis.[265]

Peter-André Alt liest die *Forschungen eines Hundes* als „ironische Geschichte über scheiternde Erkenntnissuche unter den Bedingungen eines eingeschränkten Bewußtseins".[266] Seiner Ansicht nach liegt die Ursache des Scheiterns im Bereich der Apprehension: „Die Irrtümer der Erkenntnis entstehen nicht

---

[265] Die Dimension der praktischen Urteilskraft wird nicht erst in den *Forschungen eines Hundes*, sondern bereits in der 1914 entstandenen Erzählung *In der Strafkolonie* aufgezeigt. In der Figur des Forschungsreisenden hat Kafka die ethisch bedenklichen Folgen der medialen Lebensform beschrieben. Das Wissen, das sich der Forscher über das Leben durch seine Beobachtungen aneignet, wird nicht durch ein couragiertes Eingreifen in die Praxis umgesetzt. Die Gründe für die Passivität des Forschers werden in der Erzählung zwar nicht explizit genannt, eine mögliche Erklärung dafür, weshalb er der Hinrichtung des Offiziers tatenlos zusieht, gibt aber ein 1917 entstandenes Fragment zur *Strafkolonie*. Der Forscher vermag aus seinen Beobachtungen keine handlungsrelevanten Schlüsse zu ziehen, denn: „Meine Urteilskraft ist zuhause im Norden geblieben." (KKA 11, S. 153) Der kindliche – das heißt bei Kafka: der wertfreie – Blick auf die Welt droht zur Ursache für ein moralisches Versagen zu werden. Solange die Urteilskraft negiert wird, weil ihre subjektive Perspektive für eine objektive Erkenntnis als hinderlich angesehen wird, ist die praktische Vernunft blind.
[266] ALT, Der ewige Sohn, S. 654.

durch den Mangel an innerer Rationalität, sondern durch das Problem einer defizitären Wahrnehmung, die das, was jenseits der Hundewelt liegt, nicht erfassen kann."[267] Folgt man jedoch der Argumentation der hier vorliegenden Untersuchung, so liegt das Problem des Hundes weniger in seiner „defizitären Wahrnehmung" (denn mit der damit implizierten Frage nach der Möglichkeit einer objektiv existierenden Wirklichkeit setzt er sich gar nicht auseinander) als vielmehr darin, dass er die Allgemeinbegriffe und seine Anschauungen nicht vereinbaren kann.

Die Ergebnisse seiner autodidaktischen Experimente haben ihm ebenso wenig bei der Bewältigung des Lebens geholfen wie die Ergebnisse der Wissenschaft, denn:

> Die Wissenschaft gibt zwar die Regeln, aber sie auch nur von der Ferne und in den gröbsten Hauptzügen zu verstehn ist gar nicht leicht und wenn man sie verstanden hat, kommt erst das eigentlich Schwere, sie nämlich auf die örtlichen Verhältnisse anzuwenden, hier kann kaum jemand helfen, fast jede Stund gibt neue Aufgaben und jedes Fleckchen Erde seine besondern; daß er für die Dauer irgendwo eingerichtet ist und daß sein Leben nun gewissermaßen von selbst verläuft, kann niemand von sich behaupten, nicht einmal ich, dessen Bedürfnisse sich förmlich von Tag zu Tag verringern. (E, S. 434f.)

Die wirkliche Herausforderung beginnt jenseits der Wissenschaft, in der Bewährung des Lebens. Das Leben bedeutet Vitalität, unablässige Entscheidungen, für die es keine Regeln gibt. Der Sprung von der Forschung ins Leben kann nach Ansicht von Detlef Kremer nur „mit dem Bewußtsein der größten denkbaren Banalität ihrer [d. i. die Wissenschaft] Forschungsergebnisse"[268] erfolgen. Am Ende der wissenschaftlichen Untersuchungen des Hundes bleibt die Einsicht bestehen: „Das Leben ist schwer, die Erde spröde, die Wissenschaft reich an Erkenntnissen, aber arm genug an praktischen Erfolgen [...]." (E, S. 422)

Seine Forschungen haben den Erzähler nicht ins Leben geführt, sondern im Gegenteil von ihm entfremdet. Rückblickend fragt er sich, ob sein Eindruck der Fremdheit nicht eine Selbsttäuschung war, hält es für möglich, dass er in Wirklichkeit nicht ausgeschlossen aus der Gemeinschaft ist, sondern er „vielmehr in allen seitjeher Genossen" hat. Beruhten seine Forschungen etwa auf falschen Prämissen?

Der Fehler, den der Erzähler selbst vermutet, liegt in seinem Forschungsgegenstand. Bereits die Tatsache, dass der Lebensbericht überhaupt verfasst werden konnte, beweist, dass der Erzähler seinem „Lufthunger" nicht erlegen ist. Das Scheitern seines Selbstversuches führt nicht zum Untergang, auch wenn man es in Anbetracht des existentiellen Risikos des Experiments annehmen würde: Statt wie befürchtet zu sterben, fällt er während seines Selbstversuches lediglich in Ohnmacht. Als er wieder erwacht, erblickt er einen Hund, der sich

---

[267] Ebd., S. 656.
[268] KREMER, Erotik des Schreibens, S. 76.

als Jäger vorstellt und den Forscher auffordert, sich aus seiner Bewegungslosigkeit zu erheben. Die Natur des Jägers ist das Jagen, also die Aktivität. Seine Vitalität lässt sich nicht unterdrücken, ist sie doch Ausdruck der dem „Hundegeschlecht verliehenen Musikalität" (E, S. 414). Die sich in der Musik zeigende Vitalität, die ihn in der Begegnung mit den Lufthunden aus dem Leben getrieben hat, weil er sie fürchtete, führt den Erzähler nun wieder ins Leben zurück. Seine Hoffnung, die Nahrung würde ohne sein Eingreifen in ihn eindringen, erfüllt sich schließlich – allerdings auf andere Weise als gedacht.

Die bloße Anwesenheit des Jägers revitalisiert ihn. Vom Jäger geht ein Gesang aus, ohne dass dieser es bemerken würde. Diese Musik erfasst den Erzähler, denn er bemerkt, „daß die Melodie, von ihm [d. i. der Jäger] getrennt, nach eigenem Gesetz durch die Lüfte schwebte und über ihn hinweg, als gehöre er nicht dazu, nach mir, nur nach mir hin zielte" (E, S. 452f.). Die Musik untersteht nicht dem Willen, sondern unterliegt „eigenen Gesetzen", denen sich auch der Erzähler nicht mehr widersetzen kann:

> Unter gewöhnlichen Umständen wäre ich schwer krank gewesen, unfähig mich zu rühren, aber der Melodie, die nun bald der Hund als die seine zu übernehmen schien, konnte ich nicht widerstehn. Immer stärker wurde sie; ihr Wachsen hatte vielleicht keine Grenzen und schon sprengte sie mir fast das Gehör. Das Schlimmste aber war, daß sie nur meinetwegen vorhanden zu sein schien, diese Stimme, vor deren Erhabenheit der Wald verstummte, nur meinetwegen, wer war ich, der ich noch immer hier zu bleiben wagte und mich vor ihr breitmachte in meinem Schmutz und Blut. Schlotternd erhob ich mich, sah an mir herab, ‚dieses wird doch nicht laufen', dachte ich noch, aber schon flog ich von der Melodie gejagt in den herrlichsten Sprüngen dahin. (E, S. 453)

Der Erzähler widersteht dem Leben nicht mehr länger, sondern nimmt es in sich auf, so dass er revitalisiert wird. Er ergreift die Gelegenheit, die sich ihm im Jäger bietet. „Also ist das Hungern an sich nicht schuldhaft […], sondern die Tatsache, daß es als ein *Locken* an die Stelle tätiger Nahrungsbeschaffung tritt, für die am Ende der Hungerohnmacht der Jägerhund steht."[269] Das Leben, das sich in der Musik als Vitalität offenbart, erfordert Demut. Der Erzähler erkennt, dass er sich nicht widersetzen darf. Er wagt nicht mehr, sich dem natürlichen Lauf entgegenzustellen.

Bei seiner Rückkehr erzählt er zwar seinen Freunden nichts von seinen Erlebnissen, verändert aber seinen Forschungsgegenstand, indem er seine Untersuchungen auf die Musik der Hunde, eine Musik, die er zweimal in seinem Leben in ihrer Eigengesetzlichkeit als Vitalität erfahren hat, erweitert. Für sein Vorhaben, „in das Wesen der Hunde einzudringen", hielt er die Wissenschaft von der Nahrung besonders geeignet. Im Nachhinein aber erscheint ihm seine Wahl zweifelhaft, und er bereut, sich nicht intensiver mit der Musik beschäftigt zu haben.

---

[269] HÖFLE, Von der Unfähigkeit, S. 259f.

Nur beide Wissenschaften zusammen erlauben eine Annäherung an das Wesen der Hunde. Die Wissenschaft von der Musik ist umfangreicher als die von der Nahrung: „Es ist das dadurch zu erklären, daß auf diesem Gebiet leidenschaftsloser gearbeitet werden kann als auf jenem, und dass es sich hier mehr um bloße Beobachtungen und Systematisierungen handelt, dort dagegen vor allem um praktische Folgerungen." (E, S. 453f.)

Seine bisherigen Forschungen haben sich mit der Theorie beschäftigt und darüber die Praxis vernachlässigt; diesen Mangel plant er durch sein neues Forschungsvorhaben zu beheben. Er möchte die „Körperwahrheit der Hundegesellschaft" begreifen: „den Zusammenhang zwischen der Nahrung, die das Leben der Hunde ermöglicht, und der Musik, die zeichenloser Ausdruck des Wesens der Hundeschaft zu sein scheint [...]."[270]

Kafka gibt die Arbeit an den *Forschungen eines Hundes* im Oktober 1922 auf, die Erzählung blieb Fragment. Es ist fraglich, ob eine Fortsetzung als Bericht über die Untersuchung über die Wissenschaft der Musik möglich gewesen wäre, denn die Musik als naturhafte Wesensäußerung entzieht sich einer Überführung in ein kulturelles Zeichensystem. Die Musik, die den Erzähler schließlich ergreift, will gelebt und beschrieben werden. Indem er zu der Erkenntnis durchbricht, sich mit der Musik beschäftigen zu müssen, distanziert sich der Erzähler letztlich von seinen Forschungen.[271]

2. Exkurs: Entwurf einer tätigen Gemeinschaft

Die Kritik an der im Frühwerk entworfenen medialen Lebensform wird nicht nur in den literarischen Schriften formuliert, sondern auch, wenn man die Aufzeichnungen als solche bezeichnen möchte, in den theoretischen. Seit 1917 begann Kafka „verstärkt nach den Brüchen seiner aufs Schreiben gegründeten Existenz zu suchen"[272]. Zunehmend kritischer sah er die Möglichkeit, sich schreibend eine Heimat zu schaffen. Er teilte Max Brods Glauben einer Einheit von Literatur und Zionismus nicht. (Vgl. B, S. 196) Kafka sah im Kulturzionis-

---

[270] NEUMANN, Kafka und die Musik, S. 393.
[271] Aus der veränderten Erzählhaltung können keine Rückschlüsse auf das Leben Kafkas gezogen werden. Im Gegensatz zu dem Forscherhund scheint er bis zu seinem Tode „der ewige Sohn" geblieben zu sein, als den Peter-André Alt ihn charakterisiert. Aber nach dem Scheitern des Versuches, mit Hilfe medialer Stellvertreter Aufnahme in die Gemeinschaft zu finden, also nach den Verlobungsexperimenten, spätestens aber nach seinem Blutsturz, gelangte Kafka offenbar zunehmend zu der Einsicht, gerade die „Totalität", gegen die er durch die Entwicklung einer neuen Lebensform opponieren wollte, „als Bedingung geglückten Lebens fordern" (ALT, Der ewige Sohn, S. 261) zu müssen. Eine Antwort auf die sich aufdrängende Frage, weshalb Kafka diese Einsicht nicht für sein eigenes Leben umsetzte, weshalb also „der ewige Sohn" – zuletzt wenigstens kurz vor seinem Tod – nicht endlich erwachsen geworden ist, scheint Kafka selbst zu geben: Es war ihm nicht möglich. „Ich selbst [...] kann nicht weiterleben, da ich ja nicht gelebt habe, ich bin Lehm geblieben, den Funken habe ich nicht zum Feuer gemacht, sondern nur zu Illuminierung meines Leichnams benützt." (B, S. 379)
[272] HARING, Spätwerk, S. 9.

mus keine Möglichkeit, ein Gemeinschaftsgefühl künstlich zu rekonstruieren. Er war sich bewusst, „dass seine Literatur weder Identität verleihen noch erlösen kann"[273]. Weder der von seinem Vater eingeschlagene Weg der Assimilation an die deutsche Oberschicht in Prag, also die Abkehr von den jüdischen Wurzeln, noch der Versuch Max Brods, im Zionismus eine religiöse Identität zu rekonstruieren, erschienen Kafka als geeignete Lösung für die Bewältigung der Krise des modernen Subjekts.

In einem Brief an Brod von 1921 wird die Möglichkeit einer Identitätsbildung durch das Schreiben negiert. Den Versuch der jungen Generation, sich durch das Schreiben vom Judentum ihrer Väter zu emanzipieren, sah Kafka als dreifache Unmöglichkeit an: als die „Unmöglichkeit nicht zu schreiben", die „Unmöglichkeit deutsch zu schreiben" und die „Unmöglichkeit anders zu schreiben" (Vgl. B, S. 360). Diese Feststellung ist in zweifacher Hinsicht bemerkenswert: Zum einen erscheint das Schreiben als Emanzipationsmöglichkeit nicht mehr genuin als Kafkas Idee, sondern als Befreiungsversuch seiner Generation. Aus dieser Beobachtung lässt sich zum anderen ableiten, dass das Scheitern nicht auf eine individuelle Unfähigkeit, sondern auf die Unzulänglichkeit der Methode zurückzuführen ist.

Sowohl in der Problematik der Identitätsfindung als auch in der gewählten Lösung zeichnet sich Kafka als Zeitgenosse aus. Die Bemühungen der Schriftsteller seiner Generation, sich von dem „Nichts an Judentum" (KKA 7, S. 42), das ihnen von ihren assimilierten Vätern vermittelt wurde, zu befreien und schreibend eine neue, eine eigene Identität zu gewinnen, beurteilte Kafka als gescheitert, denn „mit den Hinterbeinchen klebten sie noch am Judentum des Vaters und mit den Vorderbeinchen fanden sie keinen neuen Boden. Die Verzweiflung darüber war ihre Inspiration." Ihr Schreiben bezeichnete Kafkas als „ein Provisorium, das ja recht gut ein Leben lang dauern kann" (B, S. 360).

Kafkas auf der Literatur begründetes Leben war lange Zeit ein „Provisorium". Die Unklarheit eines solchen behelfsmäßigen Lebens wollte er schließlich beseitigen, indem er die Zerrissenheit seiner Existenz offen eingestand. Im Winter 1917/18 konstatiert Kafka nicht nur das Scheitern seines Lebens, sondern zugleich auch die Einsicht, dass ihm die Aufgabe obliegt, durch das offene Eingeständnis dieses Scheiterns einen Neubeginn zu konstituieren:

> Es ist nicht Trägheit, böser Wille, Ungeschicklichkeit – wenn auch von alledem etwas dabei ist weil ‚das Ungeziefer aus dem Nichts geboren wird' – welche mir alles mißlingen oder nicht einmal mißlingen lassen: Familienleben, Freundschaft, Ehe, Beruf, Litteratur, sondern es ist der Mangel des Bodens, der Luft, des Gebotes. Diesen zu schaffen ist meine Aufgabe. [...] Ich habe von den Erfordernissen des Lebens gar nichts mitgebracht, so viel ich weiß, sondern nur die allgemeine menschliche Schwäche, mit dieser – in dieser Hinsicht ist es eine riesenhafte Kraft – habe ich das Negative meiner Zeit, die mir ja sehr nahe ist, die ich nie zu bekämpfen sondern gewissermaßen zu vertreten das Recht habe, kräftig aufgenommen, an dem

---

[273] Ebd., S. 8.

geringen Positiven sowie an dem äußersten, zum Positiven kippenden Negativen hatte ich keinen ererbten Anteil. Ich bin nicht von der allerdings schon schwer sinkenden Hand des Christentums ins Leben geführt worden wie Kierkegaard und habe nicht den letzten Zipfel des davonfliegenden jüdischen Gebetsmantels noch gefangen wie die Zionisten. Ich bin Ende oder Anfang. (KKA 6, S. 215)

Kafka sah sich gleichsam als absterbendes Glied einer Tradition, so dass er keine Verwurzelung in einem lebendigen Zusammenhang besaß. Die Anknüpfung an die Vergangenheit ist nicht möglich, denn er bezeichnet sich als „Ende", aber nicht als Schlusspunkt, hat er doch zugleich auch die Hoffnung, „Anfang" zu sein, also eine neue Tradition zu begründen. „Die Aufgabe, die Kafka sich selbst stellt, besteht demnach nicht nur darin, seine eigene Bodenlosigkeit zu diagnostizieren, sondern auch darin, selbst Boden, Luft und Gebot zu konstruieren."[274]

Isak Winkel Holm liest in der Aufzeichnung Kafkas „ein literarisches Programm […]: Es ist der Schriftsteller Kafka, dem die Aufgabe obliegt, das Leben neu zu begründen."[275] Diese Neubegründung bedeutete das Eingeständnis der Negativität und nicht die Rekonstruktion einer jüdischen Tradition, um die sich der Kulturzionismus bemühte. Weder Sören Kierkegaards Christentum noch die Zionisten haben ihm eine Heimat vermitteln können.

Seine persönliche Problematik, seine Heimatlosigkeit, erkannte Kafka als Dilemma seiner Generation. Er sah sich nicht länger als Außenseiter, sondern realisierte, dass die Identitätskrise das Charakteristikum des modernen Menschen ist. Des modernen Menschen und nicht nur des Juden, weil durch die Assimilationsbewegung das Westjudentum eine Emanzipation von ihren Wurzeln vollzogen hat und diese Befreiung kennzeichnend für den Übergang vom 19. zum 20. Jahrhundert war. Der Westjude erscheint daher als Inbegriff des modernen Menschen. Und als solchen sah sich auch Kafka, bekannte er sich doch gegenüber Milena dazu, der „westjüdischste" Westjude zu sein, und „das bedeutet, […] daß mir keine ruhige Sekunde geschenkt ist, nichts ist mir geschenkt, alles muß erworben werden, nicht nur die Gegenwart und Zukunft, auch noch die Vergangenheit, etwas das doch jeder Mensch vielleicht mitbekommen hat, auch das muß erworben werden" (M, S. 294).

Durch das Scheitern seiner Beziehung zu Felice, aber auch durch seinen Blutsturz fühlte sich Kafka gezwungen, sein bisheriges Leben zu überdenken. Er verurteilte sein „Beamtenlaster der Schwäche, Sparsamkeit, Unschlüssigkeit, Berechnungskunst, Vorsorge" (KKA 11, S. 136), das ihn bisher vom Leben abgehalten habe. Von Flaubert und Kierkegaard unterscheide er sich, denn sie „wußten ganz genau wie es mit ihnen stand, hatten den geraden Willen, das war nicht Berechnung, sondern Tat". Kafka musste sich eingestehen: „Man kann sich nicht schonen, nicht vorausberechnen." (KKA 11, S. 137) Der Versuch, das Leben theoretisch zu entwerfen und auf diese Weise nur ein potentielles Leben zu

---

[274] HOLM, Atlas und Tribunal, S. 97.
[275] Ebd.

führen, führt nicht in die Praxis. Im Gegensatz zu seinen „eigentlichen Blutsverwandten" (F, S. 469), als die er Grillparzer, Dostojewski, Kleist und Flaubert und möglicherweise auch Kierkegaard ansah, hatte Kafka den Eindruck, sein Leben untätig verbracht zu haben. Hatte er lange Zeit geglaubt, in den Biografien dieser Männer eine Bestätigung seiner Lebensproblematik zu finden, verurteilt er dieses Vergleichen nun als „Knabenart": „Als Glied in der Kette der Berechnungen sind die Beispiele gewiß zu brauchen oder vielmehr mit den ganzen Berechnungen unbrauchbar, einzeln in Vergleich gesetzt sind sie aber schon von vornherein unbrauchbar." (KKA 11, S. 137) Eine punktuelle Ähnlichkeit in einer Problematik darf nach Kafkas Ansicht nicht dazu verführen, Konsequenzen für die eigene Lebensführung abzuleiten. Seine Einsicht leitet einen Reifungsprozess ein, in dessen Verlauf er zunehmend an Eigenständigkeit gewinnt.

Die Emanzipation von seinen „eigentlichen Blutsverwandten" lässt sich besonders deutlich im Falle Kierkegaards verfolgen. Bei seiner Schwester Ottla in Zürau, wo er sich im Winter 1917 von seinem Blutsturz erholen wollte, suchte Kafka auf seine Lebenskrise Antworten und begann sich intensiv mit der Philosophie Sören Kierkegaards auseinander zu setzen. Schon einmal hatte der Philosoph ihm in einer schwierigen Phase Halt geben können. Als er 1913 vor einer wichtigen Entscheidung bezüglich seiner Beziehung zu Felice Bauer stand, notierte er: „Er bestätigt mich wie einen Freund." (KKA 10, S. 191) Er fühlte sich durch Kierkegaard bestätigt, weil dieser, wie Kafka, mit sich gerungen hat, ob er seine Verlobte heiraten sollte, und sich schließlich gegen die Ehe entschieden hat.

In Kafkas zweiter Kierkegaard-Lektüre steht nicht mehr nur die Frage nach der Rechtfertigung der ehelosen, literarischen Existenz im Zentrum, sondern die Frage nach dem Verhältnis von Individuum und Gemeinschaft. Die frühere Bestätigung fand Kafka nicht mehr. Anfang 1918 konstatierte er: „aus dem Zimmernachbar ist irgendein Stern geworden, sowohl was meine Bewunderung, als eine gewisse Kälte meines Mitgefühls betrifft." (B, S. 240)

Kafkas Distanzierung resultiert aus seiner Beschäftigung mit Kierkegaards Vorstellung des Glaubens und der mit ihr zusammenhängenden Auffassung des Verhältnisses zwischen dem Individuellen und dem Allgemeinen. Gewöhnlich ist der Einzelne dem Allgemeinen untergeordnet: „Das Ethische ist als solches das Allgemeine, und als das Allgemeine das, was für jedermann gültig ist. [...] Unmittelbar sinnlich und seelisch bestimmt ist der Einzelne ein Einzelner, der sein Telos in dem Allgemeinen hat, und es ist seine ethische Aufgabe, sich beständig in diesem auszudrücken, seine Einzelheit aufzuheben, um das Allgemeine zu werden."[276] Das Individuum ist dem Allgemeinen untergeordnet, allerdings kann es sich aus dieser Subordination befreien – womit sich die Frage stellt, auf welche Weise eine „teleologische Suspension des Ethischen" möglich ist, welche Wertsetzung also eine Überschreitung des Ethischen rechtfertigt?

---

[276] KIERKEGAARD, Furcht und Zittern, S. 57.

Kierkegaard unterscheidet zwischen zwei Möglichkeiten einer Veränderung des Verhältnisses vom Einzelnen zum Allgemeinen: zwischen dem egoistisch motivierten Verstoß gegen das Ethische einerseits und der durch den Glauben begründeten Suspension des Ethischen andererseits. Im ersten Fall wird der individuelle Wille über die allgemeine Wertsetzung gestellt, im zweiten das Gebot des Glaubens.

Wenn sich der Einzelne individuiert, sich also gegen das Ethische stellt, steht er „in Anfechtung" zum Allgemeinen. Die Erhebung des Einzelnen über das Allgemeine bewirkt keine Aufhebung des Ethischen, sondern versetzt denjenigen, der seine eigene über die allgemeine Wertsetzung stellt, nur in ein Missverhältnis zum Ethischen: „Sobald der Einzelne dem Allgemeinen gegenüber sich in seiner Einzelheit geltend machen will, sündigt er und kann nur dadurch, daß er dies anerkennt, sich wieder mit dem Allgemeinen versöhnen." Das Missverhältnis kann aufgelöst werden, „indem er vermöge der Reue sich als Einzelnen an das Allgemeine aufgibt".[277]

Eine Aufhebung des Allgemeinen kann für Kierkegaard durch den Glauben erfolgen. Indem der Einzelne nicht mehr im Ethischen, sondern im Absoluten sein Ziel findet, kommt es zur Umkehrung des Verhältnisses zwischen dem Individuum und dem Allgemeinen. Durch die Transzendierung des Telos im Glauben ist der Einzelne dem Ethischen nicht mehr untergeordnet, sondern übergeordnet, weil er „in einem absoluten Verhältnis zum Absoluten steht"[278]. Statt dem Ethischen untergeordnet zu sein, ist der Einzelne im Glauben dem Absoluten unterstellt. Die Aufhebung des Allgemeinen ist in diesem Falle keine Sünde wie bei der Anfechtung, weil nicht der individuelle Wille, sondern das Absolute das Telos bildet. Der Mensch bleibt also in einer untergeordneten Position, lediglich die Wertsetzungen haben sich verändert.

Äußerlich ist zwischen dem Verstoß des Einzelnen gegen das Allgemeine und der Aufhebung des Allgemeinen kein Unterschied zu erkennen. Allerdings kann die Überschreitung des Allgemeinen nicht begründet und kommuniziert werden, „denn alle Vermittlung geschieht gerade in kraft des Allgemeinen"[279].

Kierkegaard erläutert die Unterscheidung zwischen Verstoß und Überschreitung des Allgemeinen anhand der Geschichte Abrahams. Dessen Bereitschaft, seinen Sohn Isaak zu opfern, ist für Kierkegaard Ausdruck des Glaubens: Hierbei folgt der Einzelne dem inneren Gebot des Glaubens und übertritt das Ethische. Diese Überschreitung im Glauben ist „ein Paradox, welches einen Mord zu einer heiligen, Gott wohlgefälligen Handlung zu machen vermag"[280].

Im Glauben steht Abraham dem Allgemeinen nicht in Anfechtung gegenüber, sondern in Angst. Die Anfechtung kann durch die Auflösung des Missverhältnisses, also durch die Subordination des Einzelnen unter das Allgemeine, beseitigt werden. Die Angst aber resultiert aus dem Paradox des Glaubens, das

---

[277] Ebd.
[278] Ebd., S. 59.
[279] Ebd.
[280] Ebd., S. 56.

nicht aufgelöst werden kann. Im Glauben ist Abraham vor das Dilemma gestellt, entweder seiner ethischen oder seiner religiösen Pflicht zu gehorchen. Durch die Verlagerung des Telos vom Ethischen zum Absoluten ist der Mensch im Glauben dem religiösen Gebot verpflichtet, ohne dass dieses Gebot definiert oder auch nur rational erfasst werden könnte, „weil der Glaube eben da beginnt, wo das Denken aufhört"[281].

Kafka widerspricht Kierkegaards Auffassung entschieden, indem er seine Bestimmung des Glaubens als Paradox gleichsam säkularisiert. Im Glauben sieht er keinen Widerspruch zwischen dem Einzelnen und dem Allgemeinen. Selbst wenn die „Nichtmitteilbarkeit des Paradoxes" bestehen sollte, „äußert [es] sich aber nicht als solche, denn Abraham selbst versteht es nicht". Nicht im Glauben, sondern im Ethischen offenbart sich nach Kafkas Ansicht das Paradox zwischen Individuellem und Allgemeinem.

Kierkegaards Auffassung, dass mit der Umkehr der Anfechtung der Widerstreit aufgehoben sei, teilt er nicht, denn: „Auch das Allgemeine ist in diesem Sinne nicht eindeutig [...]." (KKA 6, S. 219) Im Gegensatz zu Kierkegaard ist für Kafka das Streben des Einzelnen nach dem Ethischen problematisch. „Es ist nämlich nicht so, daß sich der wahre Weg mühelos erkennen läßt, daß uns das Gesetz eindeutig und souverän erscheint." Kafka säkularisiert Kierkegaards Glaubensparadox, wenn er die Ansicht formuliert: „Auf dem Gebiet des Ethischen, nicht auf dem des Glaubens, werden die wahren Kämpfe geliefert."[282]

Für Kafka findet der Widerstreit zwischen dem Individuellen und dem Ethischen nicht in der Transzendenz, sondern im Leben statt. Es gibt keine „Ruhe im Allgemeinen", sondern, im Gegenteil, ein beständiges Ringen zwischen dem Allgemeinen und dem Einzelnen. Kafka sieht keine Dialektik des Glaubens, sondern des Lebens: „Es ist so wie wenn das Hin und Her zwischen Allgemeinem und Einzelnem auf der wirklichen Bühne stattfände, dagegen das Leben im Allgemeinen nur eingezeichnet würde auf der Hintergrundkulisse." (KKA 6, S. 219)

Kafka entlarvt Kierkegaards Hochschätzung von Abrahams Glaubensgehorsam als Weltflucht. Für ihn ist Abrahams „Klage über die Einförmigkeit der Welt [...] eigentlich eine Klage über nicht genügend tiefe Vermischung mit der Mannigfaltigkeit der Welt". Diese Klage ist allerdings eine „Täuschung", denn die Welt ist „bekanntlich ungemein mannigfaltig, was jederzeit nachzuprüfen ist, indem man eine Handvoll Welt nimmt und näher ansieht" (KKA 6, S. 220). Für den späten Kafka obliegt die Verantwortung für eine mangelnde „Vermischung mit der Welt" dem Einzelnen, denn: „Man erstickt im allgemeinen nicht, weil es an Luft, sondern weil es an Lungenkraft mangelt." (Br, S. 368)

Dasselbe, was Kafka bei Abraham kritisiert, lehnt er auch bei Kierkegaard ab. Wie Abraham weiche dieser ins Irrationale aus. Kafka wirft ihm seine intellektuelle Ignoranz vor, denn „den gewöhnlichen Menschen [...] sieht er nicht und malt den ungeheueren Abraham in die Wolken" (B, S. 240). Aus Maßlosig-

---

[281] Ebd.
[282] DAVID, Die Geschichte Abrahams, S. 82.

keit, weil er „zuviel Geist" hat, fliehe Kierkegaard vor der vermeintlichen „Einförmigkeit der Welt" und „fährt mit seinem Geist wie auf einem Zauberwagen über die Erde, auch dort wo keine Wege sind. Und kann es von sich selbst nicht erfahren daß dort keine Wege sind. Dadurch wird seine demütige Bitte um Nachfolge zur Tyrannei und sein ehrlicher Glaube ‚auf dem Wege' zu sein zum Hochmut." (KKA 6, S. 220f.)

Der Geist, der sich von der empirischen Welt entfernt, weiß nichts über sie, zu groß ist die Distanz zu ihr geworden. Die Bitte, diesem geistigen Höhenflug zu folgen, kritisiert Kafka als Hochmut. Claude David resümiert, dass Kafka Kierkegaard den „intellektuelle[n] Leichtsinn, der ihn allzu leicht (durch die Bezauberung) die irdische Schwere vergessen läßt"[283], vorwirft.

In einem Brief an Robert Klopstock greift Kafka 1921 das Abraham-Thema wieder auf. In unterschiedlichen Abrahamfiguren resümiert er seine Auffassung des Glaubens. Der Abraham, auf den sich Kierkegaard bezieht, lebte, so Kafka, nicht in einem Widerspruch zwischen ethischem und religiösem Gebot, denn er „wurde von der Kindheit an dazu geführt", dem Gebot zu folgen. Dieser Abraham ist als Vorbild nicht mehr zeitgemäß, „es sind alte Geschichten, nicht mehr der Rede wert" (Br, S. 333).

Dem im Glauben Verwurzelten stellt Kafka moderne Varianten entgegen. So könne er sich einen Abraham vorstellen, der zwar bereit wäre, das Opfer „wie ein Kellner zu erfüllen", dies jedoch nicht vermag, weil er zu Hause „unentbehrlich" ist. Die Anforderungen des alltäglichen Lebens stehen dem Glauben entgegen. Der moderne Abraham kann sein Heim nicht verlassen, denn „wenn er nicht das Haus gehabt hätte, wo hätte er denn sonst den Sohn aufgezogen, in welchem Balken das Opfermesser stecken gehabt?"

Nicht nur die Anforderungen des Lebens verhindern, dass ein moderner Abraham es „bis zum Ersatzvater bringen" kann, sondern auch die Tatsache, dass der bedingungslose Glaube nicht mehr zeitgemäß ist. In seiner dritten Abrahamfigur zeichnet Kafka einen Mann, der zwar die Bereitschaft zum Opfern hat, „aber nicht glauben kann, daß er gemeint ist". Ohne eine innere Berufung zu fühlen, kann er nicht vertrauensvoll einem Glaubensgebot folgen: „Er fürchtet, er werde zwar als Abraham mit dem Sohne ausreiten, aber auf dem Weg sich in Don Quixote verwandeln." (Br, S. 333) Sein Verhalten würde nicht mehr das Entsetzen der Mitmenschen hervorrufen, sondern ihr Gelächter. „Das, was früher zu den biblischen Zeiten notwendig, was zur Zeit Kierkegaards wenigstens als Sehnsucht noch möglich war, würde heute einfach als das Gehaben eines Wahnsinnigen erscheinen."[284]

Im Brief an Klopstock spiegelt sich Kafkas 1917 erlangte Erkenntnis wider, dass eine Rekonstruktion des verlorenen Glaubens nicht möglich ist. Es bedarf einer Konzentration aufs Diesseits, um eine Gemeinschaft zu begründen. Unmittelbar nach den Notizen zu seiner Kierkegaard-Lektüre entwickelte Kafka ein

---

[283] Ebd., S. 87.
[284] Ebd., S. 89.

Konzept einer Gemeinschaft, die nicht durch den Glauben an eine transzendente Macht, sondern durch den Glauben zum Mitmenschen verbunden ist.

Die Auseinandersetzungen mit der Frage nach dem Verhältnis zwischen dem Einzelnen und dem Allgemeinen, die nach Kafkas Ansicht keine metaphysische, sondern eine ethische Problematik bezeichnen, prägen den Entwurf seines neuen Gemeinschaftskonzepts. Deutlich ist in diesem Entwurf seine Abkehr von der medialen Lebensform zu erkennen, in der die Mitmenschen nur ein Fenster zur Welt darstellen und in der sich der Einzelne hinter den Aktionen eines medialen Stellvertreters versteckt und schützt. Im Entwurf *Die besitzlose Arbeiterschaft* steht die gemeinschaftliche Tätigkeit aller Mitglieder im Vordergrund.

Dieses neue Gemeinschaftskonzept unterscheidet sich grundsätzlich von Kafkas Idee eines „Literaturstaates". In der Konzeption der „besitzlosen Arbeiterschaft" soll nicht die Literatur die Gemeinschaft begründen, sondern die gemeinsame Arbeit, die „als eine Angelegenheit des Gewissens und eine Angelegenheit des Glaubens an die Mitmenschen" (KKA 6, S. 222) angesehen werden soll. Nicht mehr das Betrügen ohne Betrug soll eine Verbindung stiften, sondern ein säkularisierter Glaube:

> Die Demut gibt jedem, auch dem einsam Verzweifelnden, das stärkste Verhältnis zum Mitmenschen und zwar sofort, allerdings nur bei völliger *und* dauernder Demuth. Sie kann das deshalb, weil sie die wahre Gebetsprache ist, gleichzeitig Anbetung und festeste Verbindung. Das Verhältnis zum Mitmenschen ist das Verhältnis des Gebetes, das Verhältnis zu sich das des Strebens. Aus dem Gebet wird die Kraft für das Streben geholt. (KKA 6, S. 213)

Die Demut ermöglicht die Begründung einer pluralistischen, nicht hierarchisch konzipierten Gesellschaft, weil sie als „Anbetung" eine Distanz schafft, aber zugleich die „festeste Verbindung" gestattet. Der Gedanke der Demut wird in der Lebensführung aufgegriffen. Jede Maßlosigkeit ist untersagt, stattdessen wird gefordert: „Mäßigstes Leben. Nur das unbedingt Notwendige essen, z.B. als Minimallöhnung, die in gewissem Sinne auch Maximallöhnung ist, Brot, Wasser, Datteln." (KKA 6, S. 221)

Trotz dieser asketischen Lebensweise ist auf die Gesundheit zu achten. Von der Arbeit soll nur dann abgesehen werden, wenn „schwere Gesundheitsrücksichten" eine Schonung verlangen. An jeden ergeht die Aufforderung: „Vor keiner Arbeit sich scheuen, zu welcher die Kräfte ohne Schädigung der Gesundheit hinreichen. Entweder selbst die Arbeit wählen oder falls dies nicht möglich sich der Anordnung des Arbeitsrates fügen, welcher sich der Regierung unterstellt." (KKA 6, S. 221)

Der Solidaritätsgedanke soll durch den Verzicht auf Privateigentum einerseits und die Bereitschaft, jede anfallende Arbeit zu übernehmen, andererseits verwirklicht werden. Der Einzelne soll „kein Geld, keine Kostbarkeiten besitzen oder annehmen" (KKA 6, S. 221), und er soll außerdem auch „mitgebrachten Besitz dem Staat schenken zur Errichtung von Krankenhäusern, Heimen" (KKA 6, S. 222). Ohne dass es deutlich ausgesprochen wird, scheint aus Kafkas Gesellschaftsentwurf das Geld als abstraktes Tauschmittel durch Naturalienzahlung ersetzt zu sein. Die Bezahlung der Arbeiter erfolgt durch Nahrungsmittel, die dem „Lebensunterhalt" für „zwei Tage" (KKA 6, S. 221) dienen. Das Geld ermöglicht es, jegliche Form von Arbeit und Materialität in einem abstrakten Medium zu vereinheitlichen. Der Ausschluss des Geldes aus Kafkas Gesellschaftsentwurf erscheint vor diesem Hintergrund nur konsequent.

Die Mitglieder der „besitzlosen Arbeiterschaft" sollen ihr „Verhältnis zum Arbeitgeber als Vertrauensverhältnis" behandeln und „niemals Vermittlung der Gerichte verlangen" (KKA 6, S. 221). In der „besitzlosen Arbeiterschaft" sind keine „Veredlung und Besprechungsmöglichkeit" (KKA 9, S. 243) vorgesehen, durch die gesellschaftliche Gegensätze abgeschwächt werden könnten, sondern dem Einzelnen ist die Verantwortung auferlegt, Konflikte selbständig zu lösen. Wie in seinem Entwurf einer „Literaturgesellschaft" ist auch in der „besitzlosen Arbeiterschaft" die Gleichheit der zentrale Gedanke.

Allerdings beschränkt sich diese Gleichheit auf bestimmte Männer, denn „Selbstständigen, Verheirateten und Frauen" soll der Zugang zumindest temporär verstellt werden. Der vorläufige Ausschluss und die Festsetzung einer „Höchstgrenze" der Mitglieder, die zunächst ein „Probejahr" (KKA 6, S. 222) bestehen müssen, weisen darauf hin, dass die Gemeinschaft als Provisorium konzipiert ist. Dušan Glišvić hebt den politischen Kontext des Entwurfs hervor: „Kafkas utopische Skizze weist auf künftige Kibbuzim hin." Dabei gleiche Kafkas Entwurf der „besitzlosen Arbeiterschaft" „eher einer Sekte von Arbeitsfanatikern als einer Gemeinschaft gewöhnlicher Menschen"[285]. Gegen diese Ansicht Glišvićs spricht die Begrenzung der Arbeitszeit auf „sechs Stunden". Für „körperliche Arbeit" ist sogar nur eine maximale Arbeitszeit von „vier bis fünf" Stunden vorgesehen.

Über die Freizeitgestaltung äußert sich Kafka nicht. Auffällig ist aber, dass dem Einzelnen, dem ansonsten ein beinahe asketisches Leben vorgeschrieben wird, der Besitz von Büchern gestattet ist: Aus dem tätigen Gesellschaftskonzept ist die Literatur nicht verbannt. „Kafka wollte die geistige Arbeit mit einer physischen, unmittelbar gemeinnützigen Arbeit aufwiegen und verband diesen Wunsch mit seiner Sehnsucht nach einer nationalistischen Gemeinschaft, die in einer Kommune organisiert den Aufbau ihres eigenen Staates verwirklichen will."[286]

Vergleicht man den ersten Gesellschaftsentwurf mit der Idee der *Besitzlosen Arbeiterschaft*, wird deutlich, dass das Scheitern seines Selbstversuchs mit Felice Bauer eine Wende in Kafkas Schaffen darstellte. Sowohl die späten Reflexionen über das Verhältnis zwischen Individuum und Gemeinschaft in seinen literarischen Schriften als auch seine sonstigen Aufzeichnungen unterscheiden sich von den im Frühwerk formulierten Ansichten. Nachdem Kafka seinen Irrtum über die Möglichkeit einer Generierung menschlicher Gemeinschaft vermittels Me-

---

[285] GLIŠVIĆ, Politik im Werk Kafkas, S. 43.
[286] Ebd., S. 41.

dien erkannt hat, reflektierte er über alternative Formen eines gesellschaftlichen Zusammenhalts. Auffällig ist dabei, dass nun die Tätigkeit im Zentrum der Gemeinschaft steht. Sie ist es, die als gemeinsames Anliegen die einzelnen Mitglieder zur Gemeinschaft verbindet.

Die Tatsache, dass von der „besitzlosen Arbeiterschaft" in beinahe übertriebener Art eine Gleichschaltung ihrer Mitglieder gefordert wird, zeigt die Abkehr von der früheren Egozentrik: Das Individuum soll sich nicht mehr länger vor einer Vereinnahmung durch das Allgemeine schützen, sondern in ihm aufgehen. Dieser Wandel im Verhältnis des Einzelnen zur Gemeinschaft ist wohl der entscheidende Unterschied zwischen der frühen und der späten, nach der Korrespondenz mit Felice beginnenden Schaffenszeit Kafkas.

Literaturverzeichnis

Werke von Kafka: Siglenverzeichnis

B	Max Brod / Franz Kafka: Eine Freundschaft. Briefwechsel. Hg. v. Malcolm Pasley, Frankfurt a. M. 1989.
Br	Franz Kafka: Briefe 1902-1924. Hg. v. Max Brod, Frankfurt a. M. 1958.
E	Franz Kafka: Die Erzählungen und andere ausgewählte Prosa. Hg. von Roger Hermes. Auf der Textgrundlage der Kritischen Ausgabe, Frankfurt a. M. 1996.
F	Franz Kafka: Briefe an Felice und andere Korrespondenz aus der Verlobungszeit. Hg. v. Erich Heller und Jürgen Born, Frankfurt a. M. 1976.
KKA 1	Franz Kafka: Ein Landarzt und andere Drucke zu Lebzeiten, in: ders.: Gesammelte Werke in zwölf Bänden. Hg. von Hans-Gerd Koch, Bd. 1, Frankfurt a. M. 1994.
KKA 2	Franz Kafka: Der Verschollene, in: ders.: Gesammelte Werke in zwölf Bänden. Hg. v. Hans-Gerd Koch, Bd. 2, Frankfurt a. M. 1994.
KKA 3	Franz Kafka: Der Proceß, in: ders.: Gesammelte Werke in zwölf Bänden. Hg. v. Hans-Gerd Koch, Bd. 3, Frankfurt a. M. 1994.
KKA 4	Franz Kafka: Das Schloß, in: ders.: Gesammelte Werke in zwölf Bänden. Hg. v. Hans-Gerd Koch, Bd. 4, Frankfurt a. M. 1994.
KKA 5	Franz Kafka: Beschreibung eines Kampfes und andere Schriften aus dem Nachlaß, in: ders: Gesammelte Werke in zwölf Bänden. Hg. v. Hans-Gerd Koch, Bd. 5, Frankfurt a. M. 1994.
KKA 6	Franz Kafka: Beim Bau der chinesischen Mauer und andere Schriften aus dem Nachlaß, in: ders.: Gesammelte Werke in zwölf Bänden. Hg. v. Hans-Gerd Koch, Bd. 6, Frankfurt a. M. 1994.
KKA 7	Franz Kafka: Zur Frage der Gesetze und andere Schriften aus dem Nachlaß, in: ders.: Gesammelte Werke in zwölf Bänden. Hg. v. Hans-Gerd Koch, Bd. 7, Frankfurt a. M. 1994.
KKA 8	Franz Kafka: Das Ehepaar und andere Schriften aus dem Nachlaß, in: ders.: Gesammelte Werke in zwölf Bänden. Hg. v. Hans-Gerd Koch, Bd. 8, Frankfurt a. M. 1994.

KKA 9   Franz Kafka: Tagebücher 1909-1912, in: ders.: Gesammelte Werke in zwölf Bänden. Hg. v. Hans-Gerd Koch, Bd. 9, Frankfurt a. M. 1994.

KKA 10   Franz Kafka: Tagebücher 1912-1914, in: ders.: Gesammelte Werke in zwölf Bänden. Hg. v. Hans-Gerd Koch, Bd. 10, Frankfurt a. M. 1994.

KKA 11   Franz Kafka: Tagebücher 1914-1923, in: ders.: Gesammelte Werke in zwölf Bänden. Hg. v. Hans-Gerd Koch, Bd. 11, Frankfurt a. M. 1994.

KKA 12   Franz Kafka: Reisetagebücher. Mit parallel geführten Aufzeichnungen von Max Brod im Anhang, in: ders.: Gesammelte Werke in zwölf Bänden. Hg. v. Hans-Gerd Koch Bd. 12, Frankfurt a. M. 1994.

KKABr   Franz Kafka: Schriften, Tagebücher, Briefe. Kritische Ausgabe. Briefe 1900-1912, hg. v. Gerhard Neumann / Malcom Pasley / Jost Schillemeit, unter Beratung von Nahum Glatzer / Rainer Gruenter / Paul Raabe / Marthe Robert, Frankfurt a. M. 1999.

M   Franz Kafka: Briefe an Milena. Erweiterte und neu geordnete Ausgabe, hg. v. Jürgen Born / Michael Müller, Frankfurt a. M. 1986.

Sonstige Literatur

Adorno, Theodor W.: Interesse am Körper, in: ders: Gesammelte Schriften, hg. v. Rolf Tiedemann unter der Mitwirkung von Gretel Adorno / Susan Buck-Morss / Klaus Schulz, Bd. 3: Dialektik der Aufklärung. Philosophische Fragmente, Frankfurt a. M. 1969, S. 265-270.

Allemann, Beda: Stehender Sturmlauf. Zeit und Geschichte im Werk Kafkas, in: Zeit und Geschichte im Werk Kafkas, hg. v. Diethelm Kaiser / Nikolaus Lohse, Göttingen 1998, S. 15-37.

„Als Kafka mir entgegenkam...". Erinnerungen an Franz Kafka, hg. v. Hans-Gerd Koch, Berlin 1995.

Alt, Peter-André: Franz Kafka. Der ewige Sohn. Eine Biographie, München 2005.

Anders, Günther: Kafka pro und contra. Die Prozeß-Unterlagen, in: ders.: Mensch ohne Welt. Schriften zur Kunst und Literatur, München 1993, S. 45-131.

Anders, Günther: Die Antiquiertheit des Menschen. Über die Seele im Zeitalter der zweiten industriellen Revolution, München 2002.

Anderson, Mark M.: Kafka's Clothes. Ornament and Aestheticism in the Habsburg Fin de Siècle, New York 1992.

Arendt, Hannah: Vita activa oder Vom tätigen Leben, München 2002.

Baioni, Giuliano: Kafka. Literatur und Judentum, Stuttgart 1994.

Baudrillard, Jean: Der symbolische Tausch und der Tod, München 1991.

Baudrillard, Jean: Laßt euch nicht verführen! Berlin 1983.

Baudrillard, Jean: Der unmögliche Tausch, Berlin 2000.

Baudrillard, Jean: Videowelt und fraktales Subjekt, in: Philosophien der neuen Technologie, hg. v. ARS ELECTRONICA, Berlin 1989, S. 113-133.

Baumgart, Reinhard: Selbstvergessenheit. Drei Wege zum Werk: Thomas Mann, Franz Kafka, Bertolt Brecht, München 1989.

Benthien, Claudia: Haut. Literaturgeschichte – Körperbilder – Grenzdiskurse, Reinbek b. Hamburg 1999.

Bergmann, Hugo: Schulzeit und Studium, in: „Als Kafka mir entgegenkam…", S. 13-25.

Bernheimer, Charles: Psychopoetik. Flaubert und Kafkas Hochzeitsvorbereitungen auf dem Lande, in: Der junge Kafka, S. 154-184.

Bezzel, Christoph: Natur bei Kafka. Studien zur Ästhetik des poetischen Zeichens, Nürnberg 1964.

Brecht, Christoph: Ein Fall für sich. Kafkas befremdliche Modernität, in: Textverkehr, S. 17-45.

Bridgwater, Patrick: Kafka and Nietzsche, Bonn 1974.

Cannetti, Elias: Der andere Prozeß. Kafkas Briefe an Felice, in: ders.: Das Gewissen der Worte. Essays, München u.a. 1981, S. 78-170.

Corngold, Stanley: Kafka's Zarathustra, in: Journal of the Kafka Society of America 1/2, 1995, S. 9-15.

David, Claude: Die Geschichte Abrahams. Zu Kafkas Auseinandersetzung mit Kierkegaard, in: Bild und Gedanke. Festschrift für Gerhart Baumann zum 60. Geburtstag, hg. v. Günter Schnitzler / Gerhard Neumann / Jürgen Schröder, München 1980, S. 79-91.

Deleuze, Gilles / Felix Guattari: Kafka. Für eine kleine Literatur, Frankfurt a. M. 1976.

Der junge Kafka, hg. v. Gerhard Kurz, Frankfurt a. M. 1984.

Descartes, René: Meditationes de prima philosophia. Lateinisch-deutsch, auf Grund der Ausgaben von Artur Buchenau neu hg. v. Lüder Gäbe, Hamburg 1992.

Disselnkötter, Andreas / Claudia Albert: „Grotesk und erhaben in einem Atemzug". Kafkas Affe, in: Euphorion 96, 2002, S. 127-145.

Ellrich, Lutz: Diesseits der Scham. Notizen zu Spiel und Kampf bei Plessner und Kafka, in: Textverkehr, S. 243-273.

Fingerhut, Karl-Heinz: Die Funktion der Tierfiguren im Werke Franz Kafkas. Offene Erzählgerüste und Figurenspiele, Bonn 1969.

Franz Kafka. Schriftverkehr, hg. v. Wolf Kittler / Gerhard Neumann, Freiburg i. Br. 1990.

Gliŝović, Dušan: Politik im Werk Kafkas, Tübingen 1996.

Guntermann, Georg: Vom Fremdwerden der Dinge beim Schreiben. Kafkas Tagebücher als literarische Physiognomie des Autors, Tübingen 1991.

Habermas, Jürgen: Strukturwandel der Öffentlichkeit. Untersuchungen zu einer Kategorie der bürgerlichen Gesellschaft, Frankfurt a. M. 1999.

Haring, Ekkehard W.: Auf dieses Messers Schneide leben wir ... . Das Spätwerk Franz Kafkas im Kontext jüdischen Schreibens, Wien 2004.

Hattori, Seiji: Kafka und die Sprachkrise. Zum Hinausspringen aus der Totschlägerreihe, in: Sprachproblematik und ästhetische Produktivität in der literarischen Moderne. Beiträge der Tateshina-Symposien 1992 und 1993, hg. v. d. Japanischen Gesellschaft für Germanistik, München 1994, S. 29-43.

Heidsieck, Arnold: Kafkas fiktionale Ontologie und Erzählperspektive. Ihre Beziehungen zur österreichischen Philosophie der Jahrhundertwende, in: Poetica 21 (1989), S. 389-402.

Hiebel, Hans H.: Franz Kafka: Form und Bedeutung. Formanalysen und Interpretationen von 'Vor dem Gesetz', 'Das Urteil', 'Bericht für eine Akademie', 'Ein Landarzt', 'Der Bau', 'Der Steuermann', 'Prometheus', 'Der Verschollene', 'Der Proceß' und ausgewählten Aphorismen, Würzburg 1999.

Hobbes, Thomas: Leviathan oder Stoff, Form und Gewalt eines kirchlichen und bürgerlichen Staates. Herausgegeben und eingeleitet von Iring Fetscher, Frankfurt a. M. 1998.

Höfle, Peter: Von der Unfähigkeit, historisch zu werden. Die Form der Erzählung und Kafkas Erzählform, München 1998.

Holm, Isak Winkel: Atlas und Tribunal. Franz Kafka und die literarische Rechtfertigung, in: Franz Kafka, S. 85-111.

Jayne, Richard: Erkenntnis und Transzendenz. Zur Hermeneutik literarischer Texte am Beispiel von Kafkas 'Forschungen eines Hundes', München 1983.

Kamper, Dietmar: Ästhetik der Abwesenheit. Die Entfernung der Körper, München 1999.

Kant, Immanuel, Werkausgabe in 12 Bänden, hg. v. Wilhelm Weischedel, Frankfurt a. M. 1968ff. [zit. WA].

Kassel, Norbert: Das Groteske bei Franz Kafka, München 1969.

Keller, Karin: Gesellschaft in mythischem Bann. Studien zum Roman 'Das Schloß' und anderen Werken Franz Kafkas, Wiesbaden 1977.

Kierkegaard, Sören: Gesammelte Werke, hg. v. Emanuel Hirsch / Hayo Gerdes, 36 Abteilungen in 26 Bänden Düsseldorf 1950-1969 [zit. GW].

Kilcher, Andreas / Detlef Kremer: Die Genealogie der Schrift. Eine transtextuelle Lektüre von Kafkas 'Bericht für eine Akademie', in: Textverkehr, S. 45-73.

Kilcher, Andreas B.: Dispositive des Vergessens bei Kafka, in: Erfahrung und Zäsur: Denkfiguren der deutsch-jüdischen Moderne, hg. v. Ashraf Noor, Freiburg i. Breisgau 1999, S. 213-253.

Kittler, Friedrich A.: Aufschreibesysteme 1800 · 1900. 3. vollständig überarbeitete Auflage, München 1995.

Kittler, Wolf: Schreibmaschinen, Sprechmaschinen. Effekte technischer Medien im Werk Franz Kafkas, in: Franz Kafka. Schriftverkehr, S. 75-164.

Kittler, Wolf: Brief oder Blick. Die Schreibsituation der frühen Texte von Franz Kafka, in: Der junge Kafka, S. 40-68.

Kleinschmidt, Erich: Verschiebungen. Zu einer Kulturtheorie der Vergessenheit in Friedrich Nietzsches 'Also sprach Zarathustra', in: Nietzsches 'Also sprach Zarathustra'. 20. Silser Nietzsche-Kolloquium 2000, hg. v. Peter Villwock, Basel 2001, S. 125-143.

Kolesch, Doris: Aufbauende Zerstörung. Zur Paradoxie des Geschichts-Sinns bei Franz Kafka und Thomas Pynchon, Frankfurt a. M. 1996.

Kremer, Detlef: Kafka. Die Erotik des Schreibens. 2. verbesserte Auflage, Bodenheim b. Mainz 1998.

Krolop, Kurt: Kafkas vollkommener Narr und Goethes entsetzliches Wesen. Variationen zu zwei Tagebuchthemen, Wien 1989.

Kurz, Gerhard: Der neue Advokat. Kulturkritik und literarischer Anspruch bei Kafka, in: „Was bleibt von Franz Kafka?". Positionsbestimmung. Kafka-Symposion, Wien 1983, hg. v. Wendelin Schmidt-Dengler, Wien 1985, S. 115-129.

Kurz, Gerhard: Schnörkel und Schleier und Warzen. Die Briefe Kafkas an Oskar Pollak und seine literarischen Anfänge, in: Der junge Kafka, S. 68-102.

Lehmann, Hans-Thies: Der buchstäbliche Körper. Zur Selbstinszenierung der Literatur bei Franz Kafka, in: Der junge Kafka, S. 213-242.

Liebrand, Claudia: Kafkas Kleist. Schweinsblasen, zerbrochne Krüge und verschleppte Prozesse, in: Textverkehr, S. 73-101.

Mach, Ernst: Die Analyse der Empfindungen und das Verhältnis des Physischen zum Psychischen, Jena 1923.

Magris, Claudio: Franz Kafka oder Die aufbauende Zerstörung der Welt, in: Monatshefte 73, 1981, Nr. 1, S. 23-34.

Matt, Peter von: Verkommene Söhne, mißratene Töchter. Familiendesaster in der Literatur, München 1995.

Neumann, Gerhard: Franz Kafka. Der Name, die Sprache und die Ordnung der Dinge, in: Franz Kafka. Schriftverkehr, S. 11-30.

Neumann, Gerhard: „Nachrichten vom 'Pontus'". Das Problem der Kunst im Werk Franz Kafkas, in: Franz Kafka. Schriftverkehr, S. 164-199.

Neumann, Gerhard: Kafka und die Musik, in: Franz Kafka. Schriftverkehr, S. 391-399.

Neumann, Gerhard: Der Wanderer und der Verschollene. Zum Problem der Identität in Goethes 'Wilhelm Meister' und in Kafkas 'Amerika'-Roman, in: Path and Labyrinths. Nine Papers read at the Franz Kafka Symposium held at the Institute of Germanic Studies on 20 and 21 October 1983, hg. v. J. P. Stern / J. J. White, London 1985, S. 43-66.

Neumann, Gerhard: ‚Ein Bericht für eine Akademie'. Erwägungen zum ‚Mimesis'-Charakter Kafkascher Texte, in: DVjS 49 (1975), S. 166-183.

Neumann, Gerhard: Hungerkünstler und singende Maus. Franz Kafkas Konzept der ‚kleinen Literaturen' in: Metamorphosen des Dichters. Das Rollenverständnis deutscher Schriftsteller vom Barock bis zur Gegenwart, hg. v. Gunter E. Grimm. Frankfurt a. M. 1992, S. 228-248.

Neumann, Michael: Die „Zunge", die „Ruhe", das „Bild" und die „Schrift". Franz Kafkas Phänomenologie des Photographischen, in: DVjS 76, 2002, Nr. 4, S. 672-695.

Neumeister, Sebastian: Der Dichter als Dandy. Kafka, Baudelaire, Thomas Bernhard, München 1973.

Nietzsche, Friedrich: Sämtliche Werke. Kritische Studienausgabe in 15 Einzelbänden, hg. von Giorgio Colli / Mazzino Montinari, Berlin/New York 1967-1977 [zit. KSA].

Oellers, Norbert: Die Bestrafung der Söhne. Zu Kafkas Erzählungen 'Das Urteil', 'Der Heizer' und 'Die Verwandlung', in: ZfdPh 97, 1978, S. 70-87.

Oellers, Norbert: Keine Hilfe für Karl Roßmann – Musik in Kafkas Roman ‚Der Verschollene', in: Dialog der Künste. Intermediale Fallstudien zur Literatur des 19. und 20. Jahrhunderts. Festschrift für Erwin Koppen, hg. v. Maria

Moog-Grünewald / Christoph Rodiek, Frankfurt a. M/Bern u.a. 1989, S. 259-268.

Osten, Manfred: Das geraubte Gedächtnis: Digitale Systeme und die Zerstörung der Erinnerungskultur. Eine kleine Geschichte des Vergessens, Frankfurt a. M./Leipzig 2004.

Pesch, Andrea: Genealogie und Geschichte im Werk Kafkas, Bonn 1993.

Petr, Pavel: Kafkas Spiele. Selbststilisierung und literarische Komik, Heidelberg 1992.

Peyer, Beatrix: Die Rolle von Körper und Körperlichkeit bei Franz Kafka, in: Symbolik des menschlichen Leibes, hg. v. Paul Michel, Bern u.a. 1995, S. 329-349.

Politzer, Heinz: Franz Kafka. Der Künstler, Frankfurt a. M. 1978.

Robertson, Ritchie: Kafka als religiöser Denker, in: Franz Kafka, S. 135-151.

Rother, Anne: „Vielleicht sind es Tenöre". Kafkas literarische Erfindungen in den frühen Tagebüchern, Bielefeld 1995.

Ryan, Judith: Die zwei Fassungen der 'Beschreibung eines Kampfes'. Zur Entwicklung von Kafkas Erzähltechnik, in: Jahrb. d. Dt. Schillergesellschaft 14, 1970, S. 546-573.

Schärf, Christian: Franz Kafka. Poetischer Text und heilige Schrift, Göttingen 2000.

Schillemeit, Jost: Kafkas 'Beschreibung eines Kampfes'. Ein Beitrag zum Textverständnis und zur Geschichte von Kafkas Schreiben, in: ders.: Kafka-Studien, hg. v. Rosemarie Schillemeit, Göttingen 2004, S. 181-211.

Schneider, Manfred: Kafkas Tiere und das Unmögliche, in: Menschengestalten. Zur Kodierung des Kreatürlichen im modernen Roman, hg. v. Rudolf Behrens / Roland Galle, Würzburg 1995, S. 83-103.

Schopenhauer, Arthur: Die Welt als Wille und Vorstellung. Bd. I, in: ders.: Sämtliche Werke, textkritisch bearb. u. hg. v. Wolfgang Frh. v. Löhneysen, Frankfurt a. M. 1960.

Schur, David M.: Kafka's Way of Transcendence, in: Seminar 30, 1994, S. 395-409.

Schwarz, Sandra: „Verbannung" als Lebensform. Koordinaten eines literarischen Exils in Franz Kafkas „Trilogie der Einsamkeit", Tübingen 1996.

Sebald, W.G.: Tiere, Menschen, Maschinen – Zu Kafkas Evolutionsgeschichten, in: Literatur und Kritik 21, 1986, S. 194-201.

Sokel, Walter H.: Franz Kafka. Tragik und Ironie. Zur Struktur seiner Kunst, München 1964.

Sokel, Walter H.: Von der Sprachkrise zu Franz Kafkas Poetik, in: Österreichische Gegenwart. Die moderne Literatur und ihr Verhältnis zur Tradition, hg. v. Wolfgang Paulsen, Bern 1980, S. 39-59.

Sokel, Walter H.: Narzißmus, Magie und die Funktion des Erzählens in Kafkas Beschreibung eines Kampfes. Zur Figurenkonzeption, Geschehensstruktur und Poetologie in Kafkas Erstlingswerk, in: Der junge Kafka, S. 133-154.

Soldo, Ivan: Franz Kafka: Offene Lebensform – Offene Kunstform, Frankfurt a. M. u.a. 1984.

Stach, Reiner: Kafka. Die Jahre der Entscheidung, Frankfurt a. M. 2002.

Textverkehr. Kafka und die Tradition, hg. v. Claudia Liebrand / Franziska Schößler, Würzburg 2004

Theisen, Bianca: Naturtheater. Kafkas Evolutionsphantasien, in: Textverkehr, S. 273-291.

Theweleit, Klaus: Buch der Könige. Bd. 1: Orpheus und Eurydike. Frankfurt a. M. u.a 1988.

Trabert, Lukas: Erkenntnis- und Sprachproblematik in Franz Kafkas 'Beschreibung eines Kampfes' vor dem Hintergrund von Friedrich Nietzsches 'Über Wahrheit und Lüge im außermoralischen Sinne', in: DVjS 61, 1987, Nr. 2, S. 298-324.

Vogl, Joseph: Ort der Gewalt. Kafkas literarische Ethik, München 1990.

Wiegerling, Klaus: Medienethik, Stuttgart 1998.

Wierlacher, Alois: Vom Essen in der deutschen Literatur. Mahlzeiten in Erzähltexten von Goethe bis Grass, Stuttgart/Berlin u.a. 1987.

Wolff, Kurt: Der Autor Franz Kafka, in: „Als Kafka mir entgegenkam...", S. 95-103.

Wolfradt, Jörg: Der Roman bin ich. Schreiben und Schrift in Franz Kafkas 'Der Verschollene', Würzburg 1996.

Zima, Peter V.: Theorie des Subjekts. Subjektivität und Identität zwischen Moderne und Postmoderne, Tübingen/Basel 2000.

Zima, Peter V.: Das literarische Subjekt. Zwischen Spätmoderne und Postmoderne, Tübingen/Basel 2001.